|光明社科文库|

优秀传统文化
与当代中国公共政策

黄晓洪 ◎ 著

光明日报出版社

图书在版编目（CIP）数据

优秀传统文化与当代中国公共政策 / 黄晓洪著．--北京：光明日报出版社，2023.4
ISBN 978-7-5194-7303-7

Ⅰ.①优… Ⅱ.①黄… Ⅲ.①中华文化—关系—公共政策—研究—中国 Ⅳ.①D63

中国国家版本馆 CIP 数据核字（2023）第 105220 号

优秀传统文化与当代中国公共政策
YOUXIU CHUANTONG WENHUA YU DANGDAI ZHONGGUO GONGGONG ZHENGCE

著　　者：黄晓洪	
责任编辑：李月娥	责任校对：鲍鹏飞　李海慧
封面设计：中联华文	责任印制：曹　净

出版发行：光明日报出版社
地　　址：北京市西城区永安路 106 号，100050
电　　话：010-63169890（咨询），010-63131930（邮购）
传　　真：010-63131930
网　　址：http://book.gmw.cn
E - mail：gmrbcbs@gmw.cn
法律顾问：北京市兰台律师事务所龚柳方律师
印　　刷：三河市华东印刷有限公司
装　　订：三河市华东印刷有限公司
本书如有破损、缺页、装订错误，请与本社联系调换，电话：010-63131930
开　　本：170mm×240mm
字　　数：213 千字　　　　　　　　印　张：13
版　　次：2023 年 10 月第 1 版　　　印　次：2023 年 10 月第 1 次印刷
书　　号：ISBN 978-7-5194-7303-7
定　　价：85.00 元

版权所有　翻印必究

前　言

中国成功崛起之后，怎样解释中国的成功几乎成为世界性的课题。用西方理论很难解释中国的成功，在大部分西方学者看来，西方道路是唯一正确的选择，尤其是在苏联解体之后，美国著名学者弗朗西斯·福山（Francis Fukuyama）抛出所谓的"历史终结论"，依据这一理论，任何国家想取得现代化的成功都必须以西式民主和价值观做指引，但中国不是在西式民主和价值观指引下取得的成功，所以，不能用西方的理论来解释中国的成功。那么，怎么解释中国的成功？有人提出如下十五种理论：①港、澳、台因素论；②华人经济圈（吸纳海外华人投资）论；③儒家文化决定论；④伟大人物决定论；⑤政府功能（"看得见的手"，如五年计划、宏观调控）论；⑥政治体制决定论；⑦反腐败坚决论；⑧明智外交（国际战略、外交政策）决定论；⑨投资环境决定论（吸引外资到中国安家落户）；⑩政治稳定决定论；⑪政策（"解放思想，实事求是"的思想路线，试错法，灵活、一贯且有预测性的经济政策）决定论；⑫劳动力素质决定论；⑬人口分布集中（人流物流成本低）决定论；⑭远东地理位置决定论；⑮国际形势有利论。

著名学者宁骚选择"政策决定论"来解释中国的成功。在人们所做的这些严肃认真的或主观随想式的因果关系分析中，值得我们特别重视的是"政策决定论"，也就是从党的十一届三中全会以来，党和政府制定与实施的一系列重大决策是正确的，正确的政策产生了巨大的效果，使中国发生了惊人的变化。虽然其他因素也不容忽视，但都是伴随着这些政策的出台而发生作用、产生影响的。那么，中国的政策调整是如何办到的？换言之，我们主要是从哪种文化中吸收滋养去推动国内的改革，从而实现伟大的经济崛起的？

从西方文化中吸收滋养？这显然不对，中国在改革开放初期就已经明确向世界宣称，中国不会走西方自由资本主义的道路（我们现在称西方自由资本主义的道路为"邪路"，"邪路"是一条会断送我们前途的道路，我们当然不走"邪路"）。事实上，在改革开放的过程中，无论是政治决策还是经济决策，中国的思维方式都不是西方式的，办事的理念也往往与西方背道而驰，所以，从西方的文化中吸收滋养的假设明显不能成立。从传统的马克思主义文化中吸收滋养？这有一定的道理，但中国的改革从来就是"摸着石头过河"，我们在改革开放的过程中摒弃了许多传统社会主义的政策模式，比如，传统的计划体制，传统的平均主义分配方式，传统的僵硬基层社会管理模式。我们只是在大体的方向上坚持社会主义的基本原则，也就是"四个坚持"，打个比方，把中国的改革开放比作一次长途赛跑，马克思主义基本原理只是中国改革开放的方向标，但它不是中国改革前行的滋养源泉，所以，从传统马克思主义文化中吸收滋养的假设也不成立（我们现在形容传统社会主义的道路为"老路"，也明确对外宣传：我们不走"老路"，走"新路"，走中国特色社会主义道路）。那么就只剩下一种可能：从中国传统文化中吸取滋养。事实上，我们在改革开放的道路上艰难探索的时候，总能从传统文化中得到启发，在具体的政策制定过程中吸收传统文化的滋养，推陈出新，制定适合现代社会的公共政策，去指导当今中国的社会实践。尽管西方的学者不愿意完全承认这一点，但有敏感观察能力的学者似乎已经悟出这一规律：中国的成功（特别是改革开放以来的成功）是基于自身的价值观，在中国优秀传统文化中吸收滋养，走出了一条中国特色社会主义道路。英国学者马丁·雅克非常准确地解释了中国崛起的原因，他形容中国的崛起为文明的崛起，"中国从来都不只是国家，而是'伪装'成国家的文明"。在马丁·雅克看来，正是因为拥有儒家历史文明及文化传统，中国才能在现代纷繁复杂的世界中找到最高效与最成熟的社会治理方式，中国在面对两次金融危机（一次是亚洲金融危机，一次是美国次贷危机）的时候都能从容面对，并迅速找到解决金融危机的有效方法，这次新冠危机也不例外。对于这次新冠危机，马丁·雅克表达了自己独到的见解：不仅是中国，凡历史上曾受过儒家文化熏染的国家和地区——日本、韩国、台湾地区、香港地区对新冠肺炎疫情的防控，都比西方国家做得好。美国学者弗朗西斯·福山（Francis Fukuyama）曾经武断地做出"历史终结"的判断，他之所以做出"历史终结"的判断是基于暂时的现象（苏联的崩溃和东欧社会主义国家的改弦易辙），但任何理论都得经过实践的长期检验，当他看到美国经济逐渐衰落，民主、共和两党没有底线的恶性竞争现象之后，他开始修正之前的学术观点。在弗朗西斯·福山看来，"中国之所以成功地应对包括金融危机在内的各种危机，是基于她（中国）的政治体制能力，能够迅速作出重大的、复杂的决策，并有效地实施决策，至少在经济政策领域是如此"。从以上表态中，我们依稀看出弗朗西斯·福山大略知晓中国成功崛起的原因，中国能够成功崛起不是偶然因素在起作用，而是中国独特文明强力支撑的必然结果。

中国成功崛起之后，不少西方学者开始从中国文明的角度来解释这种成功，但对中国文明有独到见解的西方学者还是英国著名历史学家阿诺德·约瑟夫·汤因比，在中国还处于贫穷落后状态的时候，他就预言中国会成功崛起，中国不但会崛起，中华文明还将引领世界！在汤因比看来，中国人完整守护了一个超级文明，他预测中国的崛起是基于中国独特的文明。这和马丁·雅克的观点不谋而合。汤因比从漫长庞杂的历史图鉴中总结出一条铁律——分裂终将灭亡，统一才能长存，但西方的文化却在分裂的路上越走越远。①中国在两千多年王朝中经历了多次朝代更迭、大小战争、分裂统一，但中华文化和中华文明始终稳定延续，这种经过验证的超长、超大文明模式足以应用于全世界。②中国人不以种族主义划分人群，认为天下为天下人的天下，这种更为高级的公平才是真正的长久之道。③儒道和佛道的价值观更为包容、更为文明、更为平和、更为有序。④道家的理念提出了更为科学、理性的人与自然、人与万物、人与自我的共存之法。⑤中国的哲学和宗教没有偏执的一神论，主张非攻、和谐，可以消除人的暴力邪念，减少战争。⑥东方在科学技术前景方面不逊于西方国家。⑦亚洲人并不是懦弱的待宰羔羊，他们有强大的反抗意志和领导能力。⑧中华文化有着极强的同化能力，能统一所有人群。中国在五千年历史中几乎经历了所有形式的毁灭与重生，但中华文化始终传承不灭，这足以证明这种文化本身已经具备了强韧不朽的科学性、合理性，有着短暂、混乱的西方文化不可比拟的优势，只有这样的文化才能引导人类文明生存、发展下去。

上述学者仅仅是从文明的大角度论证中国崛起的必然性，但具体而言，"中国崛起"的政策密码在哪里？换言之，中国当代的政策是如何从优秀的传统文化中吸取滋养的，就成了当代中国学人不得不完成的重大课题。

"监察"传统思想与新中国监察公共政策。在民主集中制下，为了保证政权的稳定和政令的畅通，新中国建立了监察制度，当代中国的监察制度继承了传统的监察思想，在机构设置和人员编排上也继承了古代的传统，但又克服了古代监察制度的缺点，古代监察制度的缺点是在君主的授意下，以一部分官员去监督另一部分官员，没有调动广大人民群众对官员进行监督的积极性。新中国的监察制度在古代监察制度的基础上进行了大量的改革，使之能够起到监督广大干部的作用。

"谏议"传统思想与当代中国政治协商公共政策。为了保证执政党大政方针的正确性，并确保民主党派、其他社会团体和党外人士参政议政的权利，中国政府在体制内设立了有中国特色的政治协商制度，人民政协是其主体部分，保证了民主党派参与制定国家大政方针的权利，还在体制外设立了相关制度，保证了党外人士和其他社会团体参政议政的权利。当代中国的政治协商公共政策是对古代"谏议"制度的继承。在古代，一个贤能君主能够纳谏，听取群臣的建议，防止恶政和暴政的产生；在当代中国，作为执政党应该倾听民主党派的政治建议，防止政府的政策出现重大偏差，在这里，无党派人士、社会团体也有向执政党提出政治建议的权利，只有这样，政府的政策才能真正反映民意，顺应民意。

"施仁政"传统思想与当代中国"基层民主自治"公共政策。在中国政治传统中，"施仁政"是政权合法性的基本要素，中国古代君主治理天下的合法性并非完全建立在武力（强权）的基础之上。中国古代的思想家很早就对君主治国设立了诸多"条款"，符合这些"条款"的是"施仁政"，统治者有资格继续执政，不符合这些"条款"的统治者是在施"暴政"或者"恶政"。对于施"暴政"或者"恶政"的统治者，如果不及时"改弦易辙"，那么古代思想家制定这些"条款"等于是"号召"民众去推翻它。中国共产党要长期执政，当然要"施仁政"，如果长期出现违背民众意愿的公共政策，其合法性必然会受到广泛的质疑。中国共产党在经济领域不断地听取民众的呼声，制定出了许多超出经典马克思主义理论框架的公共政策，也正是这种与时俱进的精神促成了中国今天的经济繁荣。不仅如此，中国共产党还本着"施仁政"的基本精神，在基层民主自治领域进行政策实践，"仁政"中两个最活跃、最基本的要素是"与民同欲"和"选贤与能"，我们的政府要真正做到在基层"施仁政"，就必须在上述两个方面都有所突破。

"重民生"民本思想与当代"以经济建设为中心"公共政策。中国历朝历代都有"重民生"的传统，"重民生"就是在民众的生存条件方面满足他们的基本要求，"富民"政策是其主要表现形式，古代的统治者明白一个基本的道理，生存是第一位的，没有经济基础，政府的任何其他形式的宣传都没有实际意义，所以，古代社会的统治者都非常注重农业生产，这是农业社会民众赖以生存的基础。该政策运用到现代社会，便是一个国家要以经济建设为中心。在"以经济建设为中心"公共政策推出之前，我们曾经以意识形态为中心，忽视经济建设的重要性，但在任何社会，没有实实在在的利益（物质）支撑，任何政策都不可能长久地执行下去，将来国家任何长远发展目标的制定都离不开具体的经济指标，离开发展经济谈其他事项到头来定是一句空话。

"上情下达、下情上达"传统思想与"上下来去"公共政策。"下情上达"和"上情下达"是中国古代政治的一大传统，为了解民情，统治者需要地方官员不断地将当地的信息及时向上（君主）传达，上面（君主）了解这些情况之后，又要及时地与群臣商议，做出政策的决策。当代中国政府将"上情下达、下情上达"传统思想发展成"上下来去"政策模型，即公共政策不仅是领导者集体决策的产物，而且是群众与领导、地方与中央、下级与上级、间接决策者与直接决策者、外围决策者与核心决策者互动的结果。一些外国观察者认为，社会集体决策可以解释改革开放以来中国为什么能够迅速崛起。例如，德国《新德意志报》2006年2月8日载文《是什么让中国人齐心协力》，文章提出："究竟是什么让中国社会尽管矛盾重重仍然齐心协力？是什么让中国在没有西方式民主和价值观的情况下取得如此成功？"答案是：中国的公共决策体制"在直接关系到人民生活和工作条件的问题上，给予他们更多的发表意见和参与决策的权利。只有这样，国家政策才能更加有效和透明地传达到基层"。西班牙《先锋报》2007年10月18日的一篇报道说："在中国，政策的制定是一种集体行为，是由社会各界做出比西方国家更具有确定性的决策。这解释了过去三十年中国发生的一切。"与此不同的是，其他政策过程模型则是把公共决策设定为某一国家机构（如立法机构、行政官僚机构）或某些利益集团的相互博弈并对公共决策机构输入利益诉求的行为。"上下来去"模型与其他模型的这种差异，实际上是决策体制之间的差异。美国未来学家约翰·奈斯比特对当代中国的公共决策体制的描述是："国家的长远目标通过自上而下与自下而上的程序形成，政府制定优先政策和优先发展重点，而人民各尽其责，在保持和谐与秩序的同时允许多样性的存在。"

"不患寡而患不均"传统思想与扶贫公共政策。社会财富如何分配，是任何社会成员都关心的一个问题。中国自古就有"均贫富"思想，最早实现财富平均的办法是以政府的力量"夺富贫济"，后来发展成限高的方法，这样社会才能稳定下来，随着社会发展的不可逆，新的思想诞生，不限制富人们的发展，在今天，如何规范富人的发展，如何处理富人与穷人的关系仍然具有现实意义，像这样的问题还有所有制问题，国有企业的问题，以及国家直接控制财富还是藏富于民的问题等。在社会主义中国，控制贫富差距不单单是关系到社会的稳定问题，还关系到执政党执政的合法性问题。如何在效率和稳定之间取舍是永恒的课题。

礼乐文化传统思想与精神文明公共政策。中国传统思想非常注重对人的伦理和道德的教化，不仅形成了以"仁、义、礼、智、信"为核心的传统价值体系，而且这个价值体系（礼乐）在中国古代曾经发挥了巨大的作用，它不仅是稳定社会这么简单，它还为个人修养和国家发展方向提供了价值指导。今天的精神文明在社会建设中起到什么作用，是我们需要特别关注的内容，因为在中国的物质财富得到极大的发展之后，人民的精神层面的内容显得至关重要，没有精神层面的支持和指导，物质的发展必然失去动力和方向。从个人角度看，精神文明关系到个人的修为；从国家层面看，精神文明关系到国家发展的方向。例如，像西方的价值观看齐的利己主义，必然走向霸权的漩涡，反之，则是维护整个世界的整体利益。

尚"和合"传统思想与"和平友好"外交政策。"尚和合"是中国传统思想，"和为贵"是中国传统社会倡导的道德实践基本原则。在与邻国相处方面，中华文明蕴含着"亲仁善邻""协和万邦"的外交之道，以及以和为贵、好战必亡的和平理念；在世界各国共同发展方面，中华文明蕴含着"大道之行、天下为公"的大同理想。中华民族经历过被外国列强侵略的痛苦，经过新民主主义革命，中国人民站起来了；新中国成立之后，中国对于战争历来非常慎重，在没有受到极大威胁的情况下，中国政府一般不轻易开启战事，即使不得不开启战事，也是尽量保持克制的态度，以尽快结束战争为宜，不希望通过战争的形式获取国家利益；经过改革开放40多年的发展，中华民族迎来了从站起来、富起来到强起来的伟大飞跃，我国的综合国力有明显的提升，但我们仍然坚定不移地走和平发展道路，坚持中国的发展不对任何国家构成威胁。"好战必亡"是中国古代思想家总结的经验教训（也是规律），在今天仍然有现实意义。

目 录
CONTENTS

第一章 "监察"传统思想与新中国监察制度 …………………… 1
  一、监察思想的起源与中国古代监察制度的演变 …………………… 1
  二、新中国监察制度的理论渊源及其历史演变过程 ………………… 13
  三、新中国监察制度对古代监察思想的传承与超越 ………………… 18

第二章 "谏议"传统思想与当代中国政治协商公共政策 ………… 24
  一、"谏议"思想的起源发展及在中国古代"政治协商"中的运用 …… 24
  二、以执政党为核心的当代政治协商制度 …………………………… 30
  三、当今政治协商政策对传统"谏议"思想的传承与发展 ………… 35

第三章 "施仁政"传统思想与当代中国"基层民主自治"公共政策 … 44
  一、"仁政"思想的发轫及其内涵 …………………………………… 44
  二、当代中国"基层民主自治"公共政策 …………………………… 50
  三、民主自治思想对仁政思想的继承和发展 ………………………… 57

第四章 "重民生"民本思想与当代"以经济建设为中心"公共政策 … 66
  一、传统"重民生"民本思想的起源、发展和其在古代社会的实践 …… 66
  二、"以经济建设为中心"的公共政策的缘起和其在当代中国的
     社会实践 ……………………………………………………………… 83

1

三、"以经济建设为中心"思想对中国传统"重民本"思想的
　　传承与超越 ………………………………………………… 89

第五章　"上情下达、下情上达"传统思想与"上下来去"公共政策 … 95
　一、"上情下达、下情上达"传统思想与古代公共政策过程 ……… 95
　二、当代中国"上下来去"公共政策 ……………………………… 102
　三、"上下来去"公共政策对"上情下达、下情上达"思想的
　　传承与发展 ………………………………………………… 110

第六章　"不患寡而患不均"传统思想与扶贫政策 …………………… 118
　一、"不患寡而患不均"的内涵及其在古代的积极意义 ………… 118
　二、新中国扶贫政策的演变与控制贫富差距的努力 …………… 128
　三、扶贫政策与"不患寡而患不均"思想的关系 ………………… 136

第七章　"礼乐"文化传统思想与精神文明公共政策 ………………… 145
　一、"礼乐"内涵及其对传统社会的影响 ………………………… 145
　二、新文化运动对传统礼乐文明的彻底否定的局限性 ………… 153
　三、社会主义精神文明公共政策与传统礼乐文明的关系 ……… 156

第八章　尚"和合"传统思想与和平友好外交政策 …………………… 164
　一、和合传统思想的起源与发展 ………………………………… 164
　二、"和合"思想在古代外交政策上的实践 …………………… 168
　三、中国当代"和平友好"外交政策与和合思想的关系 ………… 173

参考文献 ……………………………………………………………… 183

第一章

"监察"传统思想与新中国监察制度

中国古代政府为了维护中央政府的绝对权威,精心设计了从上到下的监察系统,虽然设计该系统的主要目的是为了维护君主专制,但实际上也起到了维护国家政权稳定、防止官员腐败、保证中央政策的顺利实施和缓和社会矛盾的作用,它对促进传统社会的繁荣稳定所起的作用是不可估量的。新中国成立之初继承了这一优秀传统思想,并在全国范围内成立了监察机构,毋庸置疑,新中国成立监察系统的主要目的同样是为了维护国家政权稳定、防止官员腐败、保证中央政策的顺利实施,这是历史的传承。但新中国的监察系统又在传统监察系统的基础上有所超越。从功能上说,新中国的监察系统有所突破,它成为政府密切联系群众的一种方式,该方式也吸引着广大的人民群众积极参与国家权力的监督;从手段上说,新中国的监察方式也有所创新,不是像古代社会那样完全依靠一些官员来监督另一些官员,而是也依靠广大的人民群众来监督各级官员,使得各级官员大体上能够自觉执行中央的政策而不得"为非"。

一、监察思想的起源与中国古代监察制度的演变

(一)监察思想的起源

在战国时期,由于战争频发,各国的政权极不稳定,整个社会都处在一个动荡不安的情况下,各国君主为了稳固自己的统治,确保对国家的掌控,掠夺更多的地盘,他们通过论功行赏、以才能论官级的政策来确定官级。以官僚体制取代了世袭制,官员们不可以通过世袭来继承官位了,而是通过君主进行任免,也没有了封地,而是领取固定的薪酬。官员们不但要定期地接

受中央对自己吏治政绩的绩效评估考核，还要受到国君的监察，以此方式来保证官员行政吏治的健康有序发展。

随着生产力的发展，井田制逐渐走向崩溃，而地主经济慢慢地发展壮大。新兴地主阶层需要社会对它的认可，也需要足够的权力，使自己能够对君主的政策产生影响。于是，一个代表新兴地主阶层利益的组织出现，他们成为新兴地主阶层的代言人。紧接着，中央集权的官僚制和法治形式慢慢受到重视，各国君主也纷纷开始在自己的国家实行这一制度，而郡县制就是其中的代表。

在这种治理的形式下，中央需要对地方进行严格的把控，地方需要严格执行国君下发的命令，要形成全国一盘棋的态势，地方听命于中央，在相同的制度体系下运行。而履行制度规定则是官员的义务，他们不再是受益于世袭制的继承者，而是筛选出来的、具有才干的官员，他们受统治者的委派，获得一定的权力和报酬，对地方进行监督。在这样治理制度和方式下就可能会出现如何让官员们执行君主所发布的命令以确保统治者在中央集权的地位，以及如何防止官员们不滥用自身的职务和权力等问题。于是，加强对官员的监督也成了一个重点。

臧哀伯谏鲁桓公曰："国家之败，由官邪也。"[1]《吕氏春秋·知度》提到"故治天下之要，存乎除奸；除奸之要，存乎治官"[2]。法家强调"明主治吏不治民"[3]，通过法治加强对官员的监督，并以此形成了以法治思想为核心的监督体制。管仲认为"治国有三本"[4]，而三本的关键在于对官员的管理，如果不能对官员很好地进行监督，使他们有恃无恐，即使"属数虽众，非以尊君也，百官虽具，非以任国也"[5]。他还主张设置专门的机构，对官员进行监察，以防止徇私枉法、官官相护的情况出现。所谓"有道之君，上有五官以牧其民，则众不敢逾轨而行矣。下有五横以揆其官，则有司不敢离法而使

---

[1] 左丘明．左传·桓公二年 [M]．长沙：岳麓书社，1988：15.
[2] 高诱．吕氏春秋：卷十七审分览第五·知度 [M]．上海：上海书店，1986：208.
[3] 王先慎．韩非子集解：卷十四外储说右下 [M]．北京：中华书局，1998：332.
[4] 黎翔凤．管子校注：卷一立政·三本 [M]．北京：中华书局，2004：59.
[5] 黎翔凤．管子校注：卷十五明法·区言 [M]．北京：中华书局，2004：916-917.

第一章 "监察"传统思想与新中国监察制度

矣"①。"明主者,有术数而不可欺也,审于法禁而不可犯也,察于分职而不可乱也。故群臣不敢行其私,贵臣不得蔽贱……此之谓治国。"②

我国古代监察制度萌芽于夏商周时期。国家是一个利益集团,处于领导地位的人民为了保护他们的利益,便以某种方式组建了"国家",所以,国家是维护处于领导地位利益集团的产物,国家能够通过有效统治人民群众和广大社会而产生巨大的利益,当然,统治阶级统治社会的时候,也同步实现了对整个社会的有效管理,换言之,国家有双重职能,一方面代表统治阶级统治整个社会,另一方面又有效地(或无效地)管理整个社会。在国家产生之后,新的问题又出现了,怎样保证整个国家机器的安全有效运转,这种运转必须是国家机器之间的彼此配合与相互牵制。最终,一种协调各种职位分工和保障官员廉洁的政治制度——监察制度便由此产生了。夏商周时期,虽然国家还没有完全产生专门的监察机构、监察法规和监察人员,但具有类似的监察法规和监察人员已经初步显现,即使不十分规范,但大致上能够起到一定的监察效果。如夏朝时期,就设立了"啬夫"(类似于监察官员),以之约束朝廷百官并监视广大民众;殷商时期,甚至出现了管理官吏的《官刑》(类似于法律制度);到了西周,周天子为了有效管理其下的诸侯和被分封出去的土地,设立了御史等官职去执行类似于监察的任务。

我国古代监察制度在秦汉时期基本成型。公元前221年,六国灭亡,秦朝建立起了中国历史上第一个高度集权的封建王朝,为了加强其在全国的政治统治,秦朝的统治者专门设置了一套相对完善的监察制度,这套政治体制从中央到地方垂直管理。秦朝的中央监察系统有专门的监察机构——御史府,御史府的最高长官为御史大夫,其下又设御史中丞和御史丞,其主要责任是代表皇帝监察中央的行政官员,并直接向皇帝报告监察的结果。地方监察系统则采用御史监郡制,任命地方监御史,负责监察地方行政官员,纠正地方官员的不当行为。

汉武帝时期,秦朝时期的御史府得以保留,但对地方监察机构进行了重

---

① 黎翔凤. 管子校注: 卷十君臣上·短语 [M]. 北京: 中华书局, 2004: 559.
② 黎翔凤. 管子校注: 卷二十一明法解·管子解 [M]. 北京: 中华书局, 2004: 1207.

3

大改革，撤销了地方上的监郡御史，新设十三部刺史，颁布了《六条问事》法规，这是中国历史上最早的地方监察法律规定。虽然《六条问事》仅仅是地方监察法律，且内容不够详细，但该制度的出台填补了中国古代地方监察法律的空白，也使得我国古代地方监察法律逐渐成形。

魏晋南北朝时期，国家处于分裂状态。尽管此时的监察制度能起的作用非常有限，但御史台的完全独立导致了御史监察职权初步统一，从此，御史台成为国家的专职监察机构，由皇帝直接领导。大略言之，魏晋南北朝时期的监察制度得到了一定的发展，随着国家重新统一，隋唐之后中国的监察制度逐渐走向正规。

(二) 中国古代监察政策的历史演变

1. 唐朝监察制度

通过总结以前朝代的经验教训，唐朝监察制度继承了中国古代的立法重刑主义的特征，注重对违反法规制度的行为进行惩罚和处理。其中《唐律疏议》及《唐六典》明确规定了有关监督管理机构的职责设置、权力与官员行为规范等各方面。同时，皇帝会通过专门发布诏令等方式针对里面可能涉及不到的空白层面进行补充。唐朝除了设置了中央监察机关的立法外，还制定了专门的地方性政策和法规，使得唐朝不管是政府中央或者地方性的官员都能够在其行使中央监察权力和履行职责的过程中有法可依，法规的出台也让监察对象和监察事物更加明晰，对维护中央权力起到举足轻重的作用。

唐朝有三个代表性的监察制度：御史台监察制度、谏官制度和封驳官制度。御史制度虽早在秦汉之时就已经开始设立，但论完备程度还是当属唐朝。御史台是唐朝的中央监察机关，它是唐代最高监察权力机关，负责对官员的违法行为进行纠察。其一，不仅可以对在世的官员进行监察和弹劾，即使离世，仍可对违法的官员在世前的违法行为进行揭露，监察范围非常大。其二，具有特有的司法审判权和监督权，具有对官员和冤假错案的司法审判权，"凡天下之人，有称冤而无告者，与三司讯之"，"若有制使覆囚徒，则与刑部尚书参择之"[①]。在唐代，当出现重大的案件时，中央会召集大理寺、刑部、御

---

① 刘昫. 旧唐书·志 [M]. 北京：中华书局，1975：203.

史台对这个案件共同进行审理，除审判权外，御史台还同时承担着对属于大理寺和交由刑部共同负责审理的其他重大案件的司法监督管理职责，监督案件的起诉、判决、执行全程。其三，监察财政官员的经济行为，御史台可以监察户部的财政行为，同时也会被皇帝派往地方监察，以避免官员腐败、官商勾结的现象出现。

谏官管理制度是一种用来规范当时皇帝的日常言行举止的重要法律体系，对于当时维护其作为专制国家统治者的地位具有重要指导意义。唐朝时期曾经设立谏院将它作为对当时谏官的直接管理机构，主要管理职能之一就是正确评价当时各位皇帝的政治得失，纠正当时各位皇帝的错误言行，"谏官职在谏矣；谏者，谏君者也，征声逐色、奖谀斥忠、好利喜功、狎小人。耽逸豫，一有其几，而必犯颜以诤；大臣不道，误国防贤，导主贼民，而君偏任之，则直纠而无隐"①，从此句中便可看出谏官的重要职能便是对皇帝进行一定的劝谏，使皇帝不会被奸诈的小人的言行所引诱。不仅如此，谏官还可能会对唐朝历代皇帝的客观政治和人事决策能力产生深远影响，唐朝在政治上一直要求在议事时必须要有谏官的参加，以此种方式来不断增强唐朝政治和人事决策的客观科学性，减少决策误差和预防决策错误等，并且谏官的上奏时间和普通官员并不一样，他们可随时上奏，不受时间上的制约。

"封驳官"制度最早出现在汉代，经过历朝历代的改革发展，作为防止君主政治决策失误的重要手段得到了重用，"封驳"审议制度则是担任着审议、复核门下省的重要责任，当决策出现错误、不当、赏罚不公时，门下省会及时给予纠正。

制度实际上都是在一定体系下不断发展、衍生的，唐朝对于地方监察制度主要实行两种模式：一种是由中央不定期派出官员对当地政府和官员实施监察，将中央负责人的监察职能权限直接转移给了当地；另一种情况就是派专职的巡查官来检查所在地，人员随机抽调。

2. 宋朝监察制度

在经历了五代十国的政治分裂和大割据之后，宋朝的统治者非常担心在

---

① 王夫之. 读通鉴论三 [M]. 北京：中华书局，2013：99.

自己的统治下也出现前朝的情况，所以非常注意权力的集中，并且加强对各地的监察，其中的监察制度就具有汉唐时期监察制度的影子。宋朝建立起一套自汉唐时期从中央到地方具有独特的时代性和民族特色的监察制度，起到了承前启后的推动作用。宋朝建立的台谏合流制度，允许官员对文武百官进行纠举或弹劾，充分发挥了监察百官的作用，同时也为当地政府建立起了更为完善的行政和人事管理体系，对监察官员进行管理，以保障监察官员正确地行使其职权。为了进一步加强对当地政府和官僚的监察，设置了监司和通判，防止地方势力割据。

宋代监司。宋朝的最高统治者在军事政策上充分汲取唐朝末期地方势力的强化、藩镇割据的历史政治经验，强化了集权统治，巩固封建专制统治，设立监司，主要职责范围有检举官员的贪赃枉法行为，镇压农民起义，各监司之间互不统辖、互相监督。宋朝转运司是最先设立的"路级转运监司"，它的主要职责就是负责管理和监察一路的资产和经费，保障上供的经费，巡察所在辖区，监察人员和官吏；"提点刑狱司"属于"继转运司"后的监事，它的成立主要是为了分化转运使所拥有的权力，专职负责执掌刑狱诉讼之事，亲自审理冤假错案，对于办理"久拖不决""久捕不获"案件的官员进行弹劾。宋朝建立的监司体系对于保证专制政权的维护，制约当地官员的权力，发挥着很大的作用。

宋代走马承受和通判。走马承受通常是由皇帝亲近的使臣或宦官所担任，被当时的皇帝派往各个地方，负责对当时地方各县郡官吏的行政活动进行监督，他的权力范围大小与地方监司一样，除了在国家遇到外患时，每年向当时的皇帝汇报一次，其所监督的范围广，大到对一部法律的审查，决定通过与否，小到普通老百姓，只要涉及地方官员的，都受到他的监督；宋朝在吸取唐末地方势力割据的教训后，专门设置通判这个职位，加强对武将的监管，规定只要是武将担任负责人的地方，对于原本百姓人数并没有达到设置通判的要求的，也要设置通判，从而对他进行监督，防止地方割据的情况出现。通判的职责有："凡兵民、钱谷、户口、赋役、狱讼听断之事，可否裁决，与守臣通签书施行，所部官有善否及职事修废，得刺举以闻"①，凡是涉及州县的公事，需要"知州"和"通判"共同签署才能生效，可见"通判"对于各州县的分权制约之大。

陈亮曾说："汉，任人者也；唐，人法并行者也；本朝，任法者也。"②宋朝吸取前朝的教训，重视监察，整饬朝纲，重视法治建设，将官员纳入监察范围。重视谏官的谏言，以使决策的失误减到最小。宋朝通过各类监察制度对人事、行政、经济、司法、仪制实行监察，以保证各权力机构的相互制衡，消除地方势力割据的隐患，从而维护中央政权的稳定。

3. 元朝监察制度

元朝实行"御史台"制度和"中书省"制度，是与元朝的政治制度和政治思想相契合的。元朝的统治者认为唐朝的地方官吏权力太大，中央无法掌控，而宋朝的地方官吏权力太小，以至于"外患倾国"，所以在中央设"中书省"掌管行政，设"枢密院"掌管军事，设"御史台"掌管监察。以上"三权"（行政、军事和监察）相互牵制，但大权都由皇帝总揽，地方也设置相应的机构，这种巧妙的制度设计，使得内外"均其轻重，以相维系"，这是元朝远超唐朝和宋朝的地方，故忽必烈曾有曰："中书朕左手，枢密朕右手，御史台为朕医（医治的意思）左右手。"

元朝政治制度的总体指导思想是"祖述变通，附会汉法"。所谓的"祖述"是指考察成吉思汗以来蒙古国的政治制度；所谓的"变通"是指参考使用唐、辽、金以来的政治制度；所谓的"附会汉法"是指"以国朝之成法，援唐宋之故典，参辽金之遗制"。就元代的监察制度而言，也是遵循这一原则，因此，元朝的监察制度颇具特色。

元朝的最高检察机关是御史台，它在组织构建上分成"本台组织"和"隶属机关"两部分，前者除了有内部官员之外还有直辖机构，后者设内八道肃政廉访司（管署名）。

元朝在"本台组织"中设四个层级的官员，第一层级是"御史大夫"（2

---

① 马元元. 北宋《国史·职官志》的辑佚与校注——兼与《宋史·职官志》之比较[D]. 保定：河北大学，2012：134.
② 陈亮. 陈亮集[M]. 北京：中华书局，1987：33.

人），为一品官员；第二层级是"御史中垂"（2人），为二品官员；第三层级是"侍御史"（2人），为二品官员；第四层级是"治书侍御史"（2人），为三品官员。这些官员的职责是监察朝廷百官政治得失和善恶行为。"本台组织"的下面又设"殿中侍御史"（2人），为四品官员，这些官员的职责是监察百官的礼仪行为，凡是朝会中，百官有失礼仪的行为，"殿中侍御史"一律给予纠正和处罚，"殿中侍御史"还要监察官员的出勤等事宜。

元代中央御史台的直属监察机关是八道肃政廉访司，所谓的"八道"，是指"山东东西道""河东山西道""燕南河北道""江北河南道""山南江北道""淮西江北道""江北淮东道"和"山北辽东道"。八道之内设有监察官员，这些官员负责京城或者京城附近地区的监察工作，御史台的本台和御史台的直属监察机关互相配合，组成一个严密的系统，监察朝廷百官和京师地方官员的一举一动。

行御史台是元代的地方监察机构，如果说，御史台是监察朝廷百官的善恶与政治得失，那么，行御史台就是监察省级地方官员的善恶与政治得失，它统率"肃政廉访司"监察各级地方。行御史台又分为"南台"和"西台"，"南台"是江南诸道行御史台的简称，"西台"是陕西诸道行御史台的简称。前者负责江西、湖南、湖北、广东、广西、福建等江南诸道的监察工作，后者负责汉中、陇北、四川、云南等诸道的监察工作。

元朝的监察系统有一个奇特的现象是，作为地方监察机构的行御史台与中央监察机构的御史台，在地位上几乎平等，表现为行御史台官员的官品与中央御史台官员的官品相同；在监察的权限上，地方监察机构的监察权限也相对独立；在行文上，中央监察机构（御史台）对地方监察机构（行御史台）都是以平行机构之"咨"进行的。

4. 明朝监察制度。

明朝的统治者对他之前朝代的监察制度进行了总结，并且吸取了其中的优点，对制度进行了升华。他们把明朝的这种监察体系叫作"科道"。在中央，通过设立都察院和六科给事中两种监察体系以稳固中央集权，统治者会对这两种机构的关系进行制衡，以防止权力过大，权压（权力压住）皇帝的情况出现；而在各个地方，明朝设立提刑按察司，把它作为整个地方监察体系的支撑点,通过它来对地方进行监察,并且还任命了总督、巡抚及其他的巡按御史来对其工作进行管理。这些组织及其人员的结合形成了具有明朝特色的监察体系。

都察院。朱元璋建立都察院。设立两名御使,行政级别相当于六部,与之前相比,这次监察官员的级别得到了提升。都御史职责是"纠劾百司,辩明冤枉,提督各道,为天子耳目风纪之司"①。都察院与刑部、大理寺并称三法司,主要负责对官员和机构的弹劾,它可以对审判机关进行监督,除国家大事、社会重大案件外,其他事件均可以通过审判对事情进行判决。

提刑按察司。朱元璋废除了行省制,设立三司。把原来集中在一处的权力分到各个监察部门,避免了地方权力过于集中在一人手中。这三者的权力和级别是一样的,都听命于当朝的统治者,相当于把地方权力归到中央。"提刑按察司"作为地方的司法与监察机构,其职责为"掌一省刑名按劾之事。纠官邪,戢奸暴,平狱讼,雪冤抑,以振扬风纪,而澄清其吏治"②。

督抚。总督和巡抚制度。由于"三司制度"把权力一分为三,统治者为了更好地了解他们对地方监察的效果和情况,把监察御史中的一些官员安排到地方,对地方政府进行一个监察巡视,通过这样的方式来加强中央对地方监察的把控,也是对"三司制度"所造成的权力不够集中、不能更好地进行监察进行补充。明代的总督,一般在有具体事情的情况下才会被中央派往各地。总督的权力比巡抚更大,巡抚受到总督的制约。

明朝所建立的监察制度使监察权力得到了一定的独立,更好地保障了监察权力的运行。同时,严格选拔监察官员,从源头隔断腐败的滋生。在严格的监察官员选拔制度下,被选拔出来的官员有足够的能力和良好的品德来处理监察事宜。在严密的监察体制下,这一套监察制度的建立极大地促进了明朝的发展,虽然明朝中后期监察体制遭到破坏,但也不可磨灭它客观上对明朝发展的推动作用,对我国的巡视制度具有重要的借鉴意义。

---

① 孟森.明清史讲义:上册[M].北京:商务印书馆,2011:189.
② 叶辉,郭培贵.《明史·职官一》考误[C].明太祖与凤阳,2009:201.

5. 清朝监察制度

清朝的监察制度大体上是仿照明朝的监察制度建立起来的，在清朝建立后的100多年时间里，清朝的统治者都在不断地调整其监察机关的设置、监察机关的内部结构，随之而来的是调整其他院部与整个监察系统的关系，到雍正年间，随着"科道"合并的结束，清朝的监察制度才基本确定下来。

与明朝对比，清朝的监督制度有鲜明的特点，主要体现在两方面：其一是在机构的设置上；其二是在具体的职责上。它体现了清朝统治者的专权和对其他民族的歧视。两者的差异体现在以下六方面：第一，在最高监察机构的都察院中，设"满汉"（满族和汉族）都御史和副都御史，满都御史和副都御史的官职都高于汉都御史和副都御史；第二，将明朝的"六科"（具有"封驳"职能）并入都察院，实行"科道"合一；第三，视监察官为皇帝的耳目，重视都察院的作用，都察院中正副长官的地位比明朝有所提高；第四，废除御史出巡制度，督抚不再归口都察院管理，逐渐蜕化为地方行政机构；第五，新设五城察院和五城兵马司，用以管理本城区的治安事宜；第六，新设稽查内务府御史处和宗室御史处，分别监察内务府和宗人府的有关事宜。

都察院是清朝的最高监察机构，下面设立三个分机构（十五道、六科和五城察院等）对京城各衙门进行监察，还负责各省的法律事件，督抚虽然不再归口都察院管理，逐渐蜕化为地方行政机构，但作为地方长官，他又兼有监察地方官员的职责。皇帝对中央和地方的监察系统直接行使权力，由此，在中央和地方形成了一个以皇权为中心的"内外相维、左右相制"的庞大监察体系。

在清朝的监察体系中，左都御史和左副都御史负责都察院的行政工作，其主要职能是监督各级官吏；而右都御史和右副都御史一般由督抚兼职，其职责是协助左都御史和左副都御史工作。这种多元体制有利于对地方官吏和政务的监察，其中，督抚有利用"密折"处理特殊事宜的权力。由于"密折"由皇帝亲自颁发，这有利于皇帝对特殊事件的管理，为了加强对边疆的管理，设有专门监察御史，负责处理边疆具体事务。清朝的监察体系不仅重视对各级官员的监察，还特别重视对法律制度的监察，清朝的中前期已经着手建立完善的法律监察体系，到康雍乾时期，完善的法律监察体系基本上已经建立起来。

（三）中国古代监察制度的作用和局限

1. 中国古代监察制度的作用

确保国家政权的稳定。中国古代的监察制度延续了两千多年，虽然说，这一制度的初衷是维护封建王朝的专制统治，主要是为皇权服务的，但是任何事物都有两面性，监察制度顺利实施的时候，同时也抑制了百官违法行为，确保了国家政治的稳定，保证了国家政策的顺利实施，从而为当时社会的繁荣奠定了基础。在当时社会，皇权的稳定是压倒一切的政治任务，统治者监察的对象，首先就是破坏政治稳定的权臣，特别是有谋逆篡位嫌疑的"乱臣贼子"；其次是破坏朝纲的、扰乱正常社会秩序的各级官员；最后就是不执行朝廷政策、违犯朝仪和不忠不孝的各级官员。总之，凡是有上述行为的官员都是统治者需要重点监察的，特别是前两种官员，一旦其违法犯罪事实被坐实，朝廷都会严加查办，直到事情妥善处理。

纠正政策偏差。任何时代的政府都会出台稳固自己政权、发展社会经济的公共政策，一旦有关政策出台，必然要求地方严格按照规定去执行。但并非所有的政策都能达到政府的最终目的，有些是地方政府官员的能力导致的结果，但也有些是地方政府官员的主观意愿导致的结果。因为，如果坚定执行某些中央的政策可能会损坏其政治利益，或者会影响其管理地区经济利益，这时候，中央的巡查是至关重要的，一旦发现地方政府官员拒不执行上级的有关政策，就要严肃处理此事，直到其改正为止，如果任由政策偏差长期存在而不加以纠正，可能会出现整个社会利益受损，严重的可能会危及政权的稳定。

防止官员腐败。监察的一个重要目标就是防止官员腐败，这是古代监察制度的主要目的之一。没有制约的权力必然会导致腐败，这是永恒不变的真理。如果没有制度的约束，掌握权力的官员要么利用手中的权力获取政治利益（升迁），要么利用手中的权力敛财；如果没有良好的运行监察制度，贪官污吏就会逍遥法外，一旦整个社会的贪污腐化现象严重，国家的政权根基就会出现动摇，严重的可能会导致政权的垮台。中国古代监察系统的存在，虽然不可能完全阻止官员的腐败，但对腐败官员的严厉处罚在一定程度上阻止了官员腐败现象的出现，该制度的存在本身就是对各级官员的一种威慑。

缓和社会矛盾。中国古代社会是一个"官民矛盾"非常突出的社会，这是由于官员的任命不是采用现代的民主程序，而是由皇帝直接选定的，被选定的官员只对朝廷负责，而不对底层的民众负责。所以，一旦基层发生重大案件（刑事或民事案件），或者贪污腐败的现象出现，如果代表皇权的巡视组能够秉公办理（妥善处理）案件，或者严肃处理贪污腐败的官员，这无疑能够起到缓和社会矛盾的作用。在中国古代，由于法律制度不是十分健全，普通民众一旦与权贵或者富甲商人发生利益的冲突，往往是普通民众的正当利益不能得到有效保护，如果社会的重大案件有监察系统介入处理（当然不可能所有的案件都由中央或地方巡视组介入处理），并得到公正的处理，社会矛盾会得到极大的缓解，这对政权的稳定也非常重要。正所谓"大小之狱，虽不能察，必以情"。

2. 中国古代监察制度局限性

由于中国古代监察制度处在封建皇权和封建思想的影响下，其本身存在很大的局限性。

权力过于集中。我国古代的各项权力其实都出自皇帝一人，一人掌控所有权力，包括监察权，而统治者之所以要建立监察制度也是因为要保障好他的统治。其实封建统治者才是封建王朝实际的权力监督者，这些监察制度和机构看起来是独立的，实际上官员所履行和实施的监察是为皇帝服务的；而且国家的权力和机制都依赖于王室的权威，即使监察官员要对所监察的对象实施弹劾，也要由统治者来决定。

位卑责重。要使监察官员能够高效、公正地履行好自己的职责，一方面要让监察官员拥有一定的权力，另一方面又不得不削弱和压低他们的官级，这就会让监察官员在遇到案件时难以办理。职级比他高的不敢办，在办理类似案件时，不仅个人会遭到报复，甚至家人也会受到威胁，这也是"位卑责重"带来的无奈之处，使监察本身变成了走过场、官官相护。提高监察官员职级虽然可以让他们较少地面对比自己职级高的监察对象，但也可能会导致腐败，成为腐败的温床。虽然权大钱多，让监察官员这个岗位变成大家都去追求的目标，但也会导致为贪图名利而滥用权力，这种位卑责重的矛盾光靠提高权力、提升待遇是不能长久的，需要有制度的保障。

监察权力过度膨胀。在封建专制统治下，皇帝为了保障自己独一无二的专制权力、加强中央集权、维护自己的专制统治地位，会不断加强监察官员的权力，让身边的监察官员有足够大的权力为自己服务。随着监察权力的不断扩大，原本负责的监察范围也不断扩大，远远超出了正常的监察范围体系，严重干扰了正常的朝廷运行。同时，由于监察官员的权力扩大，导致贪污腐败在监察官员中盛行，造成原本行之有效的监察制度形同虚设，缩短了封建专制统治的寿命，与封建统治者所建立监察制度的初衷背道而驰。

缺少社会监督。在我国的历史中，统治者基本不会依靠百姓群众去监督官员，主要是为了维护官僚制度、地主阶级和统治阶级的利益，因为如果让对官员具有监督权，那么，地主阶级、官僚阶级的利益也会受到损失，甚至统治阶级的地位也会受到挑战，在那个时代，官与民是对立的。封建体制注定了它会缺失群众监督这一环节，监察官员只能靠着国家权力来监督国家权力。这是封建社会和体制下解决不了的阶级限制，这也决定了封建统治者不会也不可能依靠民众、基层去对官员进行监督。

二、新中国监察制度的理论渊源及其历史演变过程

（一）新中国监察制度的理论渊源

新中国之初，受苏联体制影响，《中国人民政治协商会议共同纲领》第十九条明确规定，我国设立监察机构的目的在于，加强政府与群众的密切联系，吸引广大群众参与国家权力的监督。此时，由于监察机构的职责相对宽泛，监察机构的工作效率不高，1959年4月，国务院提出撤销国家监察部的议案，理由是监察工作只有依靠广大人民群众的共同参与才能做好，所以，该项工作只要由政府机关兼职便可，无单独设立专职部门的必要。八二宪法颁布之后，我国又重新恢复专职监察机构，并赋予了中华人民共和国监察部明确的职能，对国家行政机关和所有公职人员执行国家相关法规的情况，以及违法违纪行为进行监察。十八届中央纪委三次全会之后，为了更好地服务于国家的反腐斗争，中央扩大了监察机关的权力，由原来单纯的检查、建议权力扩大到后来的调查、监督和处理三大权力。这些权限的扩大为监察机构独立处

理案件创造了有利的条件，并最终实现对各种权力的有效监督。

中国传统监察思想。中国历朝历代都有监督政府官员的优秀传统，监察制度在我国已历经两千多年的发展，已经有了成熟的监察思想，通过中央对地方的监督、官员与官员的监督、机构与机构间的监督，保证了权力的稳定运行，对于一个国家的长治久安起到了积极的作用。新中国成立后，依据历史传统，中央政府采用了中央集权的政权组织形式，所谓的中央集权，是指各种权力（行政、立法和司法等诸权力）相对集中于中央，中央政府通过执政党（中国共产党）的治国理念，以政策的形式实现对地方政府的有效治理。而政策制定和政策执行是两个概念，执政党负责制定国家的大政方针，由中央机关和各级地方政府执行这些政策（这和分权制政治体制有根本的区别，在分权制的治理体系中，地方政府有权力制定本地区的公共政策，并负责其具体实施），但要保证中央制定的政策能够被中央机关和各级地方政府忠实地执行，中央就必须进行监察和监督，新中国的监察制度就是实现这种监察和监督的表现形式。抛开政权本质和服务宗旨不说，中国当代的监察制度与古代监察制度存在很多相似之处，至少有如下六点是完全相同的：维护政权的稳定；保证政策的顺利实施；纠正政策偏差；防止官员腐败；缓和社会矛盾；防止结党营私和利益集团的出现。当然，时代不同，古代的监察制度和巡视政策不能照搬照抄，但以史为鉴，去其糟粕，取其精华是正确的政策姿态。

马克思主义政党理论。马克思、恩格斯在创建整个马克思主义理论体系（尤其是科学社会主义理论体系）的过程中，已经注意到了对社会主义公职人员权力的监督问题。公共权力从社会中分离出来，但它却又凌驾于社会之上，对于这种社会管理方式，马克思认为："表面上看，这是这个政府权力对社会的最后胜利；实际上，这是这个社会里一切腐败成分的大泛滥。"[①] 要消灭一切社会里的腐败现象，权力的监督是必然的选择。而怎么监督，马克思认为："旧政权的纯粹压迫性质的机关予以铲除，而旧政权的合理职能则从僭越和凌驾于社会之上的当局那里夺取过来，归还给社会的负责任的勤务员。"列宁继

---

① 中共中央马克思恩格斯列宁斯大林著作编译局. 马克思恩格斯选集：第3卷[M]. 北京：人民出版社，2012：141.

承了马克思恩格斯的政党理论思想,并批判性地吸收了西方政党权力制衡理论思想,根据这两种思想,列宁组建了中央监察委员会,该委员会与党的中央委员会完全平行、互不从属且相互监督,在列宁看来,国家干部在行使权力的过程中,有以权谋私的危险,这会给国家和社会造成危害,因此,他们是需要重点监督的对象,一旦发现贪污腐败现象"一切可疑的、不可靠的和不坚定的俄共党员都必须清除出党"①。列宁的这些思想非常深刻,可以作为新中国监察制度的重要理论根据。

西方权力制衡论。我国的政治体制与西方国家不同,西方通常有多个党派轮流执政,分为执政党和在野党,而在野党往往会花费大量精力对其他党派在国家治理层面以及该党派所颁布的政令进行监督,形成了特别的党派监察体系。由于我国是共产党领导下的多党联合执政的国家体制,所以需要建立严格的国家监察制度,通过自查、社会监督、人大监督和政协监督的方式来加强对所有公职人员的监督,保证行政体制的长期稳定运行。传统监察思想为我国古代监察制度的建立提供了思路,而古代监察政策也为我国当代监察提供了范本。如古代监察政策中由中央下派监察官员对地方实行监督;设立监察部门,分散各集权机构的权力,有效对各部门的权力做好监督。而新中国的监察制度则对社会监督进行了补充,监督不再局限于内部,而是利用群众的力量完善监督体制。这便是古代监察政策与当代监察制度的内在联系。

(二)新中国监察制度的发展历程

新中国的监察制度经历了一个曲折的发展历程,由于行政机构的名称不同,监察机构的名称也出现了相应变化。新中国成立初期,国家设立中央人民政务院,理所当然,监察机构的名称便是中央人民政务院人民监察委员会,简称为"中监委"。1954年9月,"五四"宪法颁布后,政务院改名为国务院,那么,"中监委"(中央人民政务院人民监察委员会)便改名为国务院监察部。除了名称的变更,对监察机构的认识也不同,曾经出现成立之后又废除,废除之后又重新恢复的现象。随着时间的推移,监察机构的职能和权限

---

① 中共中央马克思恩格斯列宁斯大林著作编译局. 列宁全集:第41卷[M]. 北京:人民出版社,2017:360.

也发生了较大的变化，由早期宽泛的职能到后来的专门职能，由早期较小的权力扩大到后来更大的权力，这都体现了新中国监察制度发展的曲折过程。

新中国成立初期的监察制度。新中国成立之后，国家设立的监察机构的正式名称是中央人民政府政务院人民监察委员会，简称为"中监委"，它是政务院直接领导的四个委员会之一，其地位甚至高于一般的部委机构，而且在各级地方政府内设立地方人民监察机关，到1953年底，全国范围共设立各级人民监察机构3588个①。从领导体制上看，县市以上的各级监察机关同时受各级人民政府和上级监察机关的双重领导；从监察对象上看，各级监察机关的监察范围包括各级国家机关和各种公职人员，其中的国家机关不仅仅是指各级行政机关，还包括各级审判机关、监察机关，公职人员不仅仅指上述机关的工作人员，还包括国有企业和所有事业单位的公职人员，总而言之，只要是体制内的国家机关和体制内的所有公职人员都在人民监察委员会和各级地方监察机构的监察范围之内。

整个社会主义建设时期的监察制度。1954年9月，原人民监察委员会改名为国务院监察部，这时候，监察部的地位实际上是下降了，由原来的高于各部委降为与各部委平级。从机构的设置上看，地方的监察机构的数量有所减少，本着精简机构的精神，凡是县和不设区的市一律不设监察机关，但同时又扩大了省、直辖市监察机构的规模，由省、直辖市的监察机构派驻监察组到县和不设区的市去执行监察职能。从监察的对象上看，政府机关仍然是监察机构的主要监察对象，但此时特别强调对国有企业和合作企业及其管理人员的监察，撤销了中小企业和部分事业单位的监察机构，但又在十五个重工业部中设立了国家监察局，其中，铁道部、商业部和财政部的监察局受国家监察部的直接领导，其他各部的国家监察局则受所属部和国家监察部的双重领导。1959年4月，第二届全国人民代表大会第一次会议上，监察部和各级人民监察机关，在国务院提出撤销监察部的议案通过之后，正式撤销。

改革开放初期的监察制度。根据八二宪法精神，1986年12月，国务院设立中华人民监察部，次年8月，国务院发布通知，在县以上地方政府设立监

---

① 中央纪委宣教室.中国行政监察简论[M].北京：中国方正出版社，2002：26.

察机关，这样，省、市、县三级监察机构正式建立起来，有的地方政府甚至在乡镇一级行政单位也设立监察机构。1992年2月之后，根据中央的精神，监察部和中央纪委联合办公，正式形成了两个机关名称、一套工作机构的混合体制。从监察的对象看，《行政监察法》（或者《行政监察条例》）正式出台之前，监察的主要对象是国家机关、国家机关的工作人员和由国家机关任命的在企事业单位工作的领导干部，《行政监察法》（或者《行政监察条例》）正式出台之后，监察的范围有所扩大，除了上述人员之外，还包括社会团体中由国家行政机关任命的人员，还包括具有管理公共事务职能的组织和相关工作人员。领导体制仍然是双重领导，即地方各级人民监察机关受上级监察机关和本级地方政府的双重领导，《行政监察法》出台之后，地方各级人民监察机关在业务上以上级监察机关领导为主。

党的十八大之后的监察制度。随着反腐斗争和廉政建设的逐渐展开，国家监察制度的改革也随之深入。其一，权力的制衡措施开始引入监察体系；其二，监察机构的权力开始扩大；其三，《中华人民共和国监察法》正式颁布。《中华人民共和国监察法》规定："各级监察委员会是行使国家监察职能的专责机关，依照本法对所有行使公权力的公职人员（以下称公职人员）进行监察，调查职务违法和职务犯罪，开展廉政建设和反腐败工作，维护宪法和法律的尊严。"[1] 其中改革的一个重要措施是以增强监察的独立性为主要目标之一，在我国一元分立的体制下，监察机关既要接受本级政府的领导，又要对其实行监督，如果没有特殊的制度安排，很难做到监察工作不受外界干扰。改革中尝试将监察权从行政权中"剥离"出来，并塑造出与行政权、审判权并列的监察权，有利于提高监察机构的独立性，并达到真正遏制腐败源头的最终目标。从监察对象来看，所有的国家机关和公职人员都是监察的对象，其中，公职人员有如下六类：第一，公务员法所规定的公职人员；第二，由政府委托或者法律授权的公职人员；第三，国企中的管理人员；第四，公办教育、科研等事业单位的管理人员；第五，自治组织（比如基金会）中的

---

[1] 全国人大常委会办公厅. 中华人民共和国监察法［M］. 北京：中国方正出版社，2018：3.

管理人员；第六，其他依法行使公共职务的人员。从领导体制来看，完善了原有的双重领导体制，还有一个重大变革，就是将国家监察委员会与纪律检查机关合署办公。

三、新中国监察制度对古代监察思想的传承与超越

（一）新中国监察制度对古代监察思想的传承

确保国家政权的稳定、保证国家政策的顺利实施。与中国古代监察政策一样，当代中国的监察同样是为了保证国家政策的顺利实施，确保国家政权的稳定，其最主要的功能便是监督，国家监察制度的建立对国家的反腐工作起到了重要的推动作用，更好地制约和监督广大的公职人员。古代的监察政策主要是对官员进行监管，防止官场腐败等违法现象出现，而当代的监察制度政策同样也对国家公职人员进行了监督，政府派遣监察员，调和了内部矛盾，稳定思想上出现波动的广大公务员的情绪，监督政府组织的管理和工作效率。虽然我国政府经过长期建设和发展，各项规章制度和法律规则逐渐得到稳定和完善，但是在党的内部却出现了松动，某些公职人员抱着"不求有功、但求无过"的态度，不积极履行自己的义务和职责，懒政怠政，采取了避重就轻的管理和工作模式，导致了效率低下，难有一番作为。而监察组的成立就是为了尽量避免这种情况的存在，由上而下地落实监督责任，确保各级政府组织和所有公职人员能遵守政府法规，为人民履职，能够很好地贯彻落实国家的大政方针。

纠正政策偏差。古代专制统治者为了加强中央集权，稳定统治，设立各类监察机构，辅助自己，对政策决定做出评估，以保证政策实行更加有效。中国古代史上，统治者推行新的政策进行社会变革也有成功的案例，比如战国时代的李悝变法、商鞅变法，东晋时代的刘裕改革和北魏孝文帝改革都取得了很好的效果，取得成功的原因有许多，但有一条关键性的因素是，改革者都能够将改革之前制定的政策完全实施下去，这是改革成功的关键。但也有变革失败的案例，比如，北宋时期的王安石变法以失败告终，失败的原因也有很多，但有一点是主要原因，改革之前设计的政策没能忠实地执行下去，比如王安石的"青苗法"政策在执行过程中出现了重大的偏差，原本设计的

两分利息被改成三分甚至四分利息,这样一来,"青苗法"政策违背了政府经济改革的初衷,变成了地方官府放高利贷牟取暴利的工具,改革失败就不可避免。现在的监察组就面临这一问题,中央根据实际情况制定政策是有充分的理论依据的,但地方政府在执行过程中,为了自身的利益,可能会选择性"失明"。比如,中央出于整个国家利益的考虑,出台政策整顿地方产业结构。再比如,限期关闭对环境污染造成严重影响的地方企业,但地方政府为了自身的经济利益,往往会拒不执行或拖延时间,这种政策执行的偏差最终会损害国家的整体利益,一旦出现这一现象,监察组就应该及时发现,并立即纠正过来。监察组对地方的政治思想要和中央一致,传达中央的政策精神和纪律,监察工作的政治性和特征,及时反馈工作,促使中央对于不适用、不完善的政策予以调整。案例监察工作还可以把地方的情况汇报给中央,不仅把地方的问题反馈给中央,督促当地政府组织针对问题进行整改,及时反馈群众意见,也让中央能够听到群众的声音,弥补信访制度的不足,强化了中央与地方的沟通。

  防止官员腐败,作为废止、选拔和提拔政府官员的重要标准。监察的重要意义便是监督官员,保证官员不腐败,遵循封建专制统治者的规章制度。当代国家监察体系对公职人员的选拔任用进行了较好的监管,保证了公平性,也确保留在体制内的公职人员是纯洁的。2018年3月,《中华人民共和国监察法》正式颁布,面对不同的发展阶段,我们的制度也要随着社会和现实的发展需要而变化,更好地对国家机构和公职人员进行监督,特别是对于干部的选用是工作监督的一个重点。王岐山指出,要对干部选用的问题重点关注,要善于发现其中可能存在的权钱交易等违背党性的问题,对于选用的干部,要保证其思想和行为都具有纯洁性。习近平同志也强调,"选好人、用对人是头等大事,要用最坚决的态度、最果断的措施刷新吏治"[①],党员的整体思想作风与政治品质一直代表着我们党的形象,某些违反党纪党规的党员干部严重影响了我们各级党的一个整体形象,而监察工作的开展可以让上级党组织

---

① 中共中央文献研究室. 习近平关于党风廉政建设和反腐败斗争论述摘编[M]. 北京: 中央文献出版社, 2015: 136.

及时了解党员干部的作风品质，针对党员干部存在的作风问题，要对品质低下的党员干部给予清除，保持党的队伍的清正廉洁。党的十九大以来，中央更加注重通过监察政府主要官员实现党的政治清明，2021年3月27日，《中共中央关于加强对"一把手"和领导班子监督的意见》正式发表，这是中国共产党历史上第一次发表类似文件，将"一把手"和领导班子作为重点的监察对象，反映了中国共产党惩处腐败的决心，中央加大对地方政府官员的监督，尤其是加大对地方党政"一把手"的监督，既是对传统"监察百官"制度的继承，又是新时期监察制度的创新。

缓和社会矛盾。在古代，封建统治者为了维护自己的专制统治，派监察官员到各地去了解情况，针对地方官员贪腐严重的情况进行一个整治处罚，让百姓看到统治者对于他们生活的关注，也让百姓对于封建统治者的统治有了一定的信心，减少了一些农民动乱的发生。在当今社会，官员的腐败行为同样也破坏国家的正常秩序，大量腐败现象的出现不仅仅动摇了共产党执政的根基，而且也使得干群关系紧张起来，同样使得社会矛盾不断激化，在改革的攻坚阶段，部分地方政府的胡乱作为激起了人民群众对社会的不满情绪，如广东的"乌坎事件"。表面上看，"乌坎事件"是土地和财务纠纷，实质上是地方官员的胡乱作为，激起了当地百姓对政府的强烈不满情绪。解决这一类问题是缓解社会矛盾的有效方式，我们当代的巡视制度应该成为民意的反映渠道，当巡视组进驻时，开通举报热线和线上举报通道，更好地了解民意，让人们有一个有效的投诉渠道。以往人们可能畏惧地方权势，不敢上访，甚至被人阻挠上访，而巡视组的进驻，很好地解决了这一问题，使矛盾能够得到有效的解决，避免滚雪球似的爆发社会舆论，缓和了社会的阶级矛盾。

防止结党营私、利益集团的出现。古代监察政策出台的目的便是对地方势力的一个监督，防止藩镇割据的现象出现。不论是唐朝、宋朝还是明朝，甚至是战国时期，古代监察制度的出现都是为了加强中央集权，保证封建专制统治者的集权统治。而当代监察制度的建立，是为了保证国家利益，防止形成利益集团，对国家的稳固发展造成严重伤害。政治上的利益集团是指某些政治领导在党内搞小圈子对抗中央，或地方政府形成政治利益集团。"杨小民杀人事件"是个典型的案例，这本来是一个普通的杀人案件，案情也非常清晰和明了，杨小民罪大恶极理应判处死刑，但青海高级人民法院、青海政法委和青海常委会联合阻止该案件的正确处理（判死刑），使得该案件迟迟得不到妥善处理，最后该案件是在中央的直接干预下才得到妥善的处理，后来根据记者调查发现，当时青海高层的领导干部都是陕北同乡，事实上结成了政治利益集团，此案件惊动了中央高层，以至于邓小平在文献中专门提及此事，"青海省杨小民那个案子，拖了多年，几任省委书记没有解决，现在处理了，处理得好。就是要查处这样的案子，才会有震动"①。利益集团不仅存在政治领域，而且常常存在经济和其他领域，它们对国家的危害是显而易见的，为此，习近平同志三令五申告诫全党："坚决防止党内形成利益集团。"②"党内决不能搞封建依附那一套，决不能搞小山头、小圈子、小团伙那一套。"③随着改革开放的深入，在诸多领域都可能出现利益共同体，它们可能利用政策的漏洞组成利益集团，损害整个国家的利益。不论是国家何种形式的监察活动，都是为了防止一些利己的利益集团的形成，保证我们国家发展的长远运行。

（二）新中国监察制度对古代监察制度的超越

服务功能的转变。古代的监察制度在某种程度上是为君主个人服务，为了维护君主的权威和统治，一般情况下，监察的对象都是有所选择的，主要监督对政权造成极大威胁的对象，而皇亲国戚一般不在监视的范围之内，正常情况下，位高权重的官员，即使有轻微的犯罪事实，也不在惩处的范围之内。当代的监察制度突破了这一传统，《中华人民共和国监察法》明确规定，所有的政府组织和公职人员都是《中华人民共和国监察法》的适用对象，没有特例，所以，监视的范围是全方位的，没有死角，没有禁区。我们的监督工作为整个国家服务，为整个社会服务，为广大人民群众服务。历史证明，只有廉洁的政府才能得到民众的认可，才有继续执政的合法性，腐败的政府

---

① 中共中央文献研究室. 邓小平文选：第3卷［M］. 北京：人民出版社，1993：152.
② 习近平. 决胜全面建成小康社会 夺取新时代中国特色社会主义伟大胜利［N］. 人民日报，2017-10-28（1）.
③ 中共中央文献研究室. 十八大以来重要文献选编：上［M］. 北京：中央文献出版社，2014：770.

最终都会被民众所唾弃，最终失去执政的合法性。政府制定《中华人民共和国监察法》的目的非常明确，对所有有权力的地方继续监察，是对所有腐败官员的震慑，要保持国家公务员队伍的先进性和纯洁性，坚持国家监督与群众监督工作相结合，认真服务于群众、依靠群众，走社会主义群众路线；始终以问题为导向，紧密结合监察中发现的实际问题，有明确的目标开展制度建设，提出针对性的建议，通过严密的规章制度规范公职人员的言行，并且利用好这些制度，在真正到了需要执行的时候，不能手软，要按制度办事，严格执法，以避免此类违法乱纪的事情发生，为全面依法治国提供有力支撑，对于约束和监督权力、实现内部控制具有不可替代的作用。

　　监察方式的突破。古代监察制度仅仅依靠监察官员对君主的忠诚和能力，现代监察制度则依靠广大的人民群众。我国目前存在多种监督方式，比如人大、政协和群众监督，但这些监督基本上都是在事情发生后才能够监督到，而监察更多的是在事情发生前进行预防或者在事情还未扩大影响前进行监督阻止。它代表了中央的权威，更多是从事后监督向过程性的监督转变，把贪污的苗头掐灭在萌芽中。为了避免监察组受人情干扰，党的十八大以来，针对监察组组长这个权力极大的位置，采取一次授权的任命方式，让其不再是铁饭碗，杜绝权力长期掌握在一个人手中的情况出现。其次，监察组每次开展监察任务时，所负责的地方和对象会有变化，监察组的成员会对地域、职务实行回避，以最大程度减轻人情干扰的情况。

　　监督理念的突破。古代监察制度从某种意义上说是专制制度的完善，当代监察制度则体现了现代民主监督的思想。从逻辑上看，古代之所以要监察，是封建君王为了实现长久的封建统治，是为了"家天下"的不断延续；而当代的监察制度的理念发生了重大转变，今天之所以要监察，是因为现在政府的合法性建立在为民众服务的基础之上，换言之，"主权在民"代替了"主权在君"，使得监督的理念也有了重大的突破，现在的监察干部是代表人民群众对国家公职人员进行权力监督，防止腐败和各种违法乱纪的事情发生。紧紧依靠群众，实现群众对公职人员的监督，形成自下而上的一种监督形式。对于社会反映强烈的一些事情和对象，监察组可以要求其立即整改，甚至通过调整领导干部、移交党纪处理等成果利用方式直接"破题"；对于一些历史的、长期的、共性的问题，更可以通过分析其成因，深入发掘管理体制和制度层面的痼疾，推动其自上而下解决。同时，监察本身也被普遍认为是各级基层组织向基层人民群众宣传学习、听取人民群众意见建议和反馈意见的重要过程，"知屋漏者在宇下，知政失者在草野"，广大基层人民群众积极参与建言献策，对于有效解决公职人员中存在的问题，促进各个地区的发展，起着重要的引导作用，体现"从群众中来，到群众中去"的政治精神和优良传统。由群众路线衍生出来的效果是全方位、多层次的。当前，监察已经逐渐成为上级组织全面深化了解和掌握被监察地区的情况，破除顽疾，有效推动和促进被监察地区自身建设和发展的一种重要手段，让群众有话说、有事反映。

监督手段的丰富。古代的监察方式比较传统，主要依靠监察官员肉眼观察做出判断，缺少丰富的监督手段，所以，对腐败官员的犯罪事实很难准确掌握。现代的监察方式比较多样化，相应的技术手段也较为丰富。在监察的方式上，除了常规的监察方式之外，还辅助专项的监察方式，可以机动灵活地掌握监察对象的全部信息，针对被监视对象的防范措施，打破传统监察的惯例，不固定监察组组长，不固定监察的地区，不固定监察的对象；在相应的技术手段上也多有创新，比如运用现代化的技术手段，以大数据技术分析对象的海量信息，从中得出正确的结论。其中还有一个重要的监督手段的突破是，依靠广大的人民群众实现对监督对象的全面了解，这也是增进党和人民群众情感交流与沟通的重要手段之一。在监察组日常的监督工作中，能够走到群众中去了解群众的实际情况，听取群众的意见建议，满足群众的需求，解决群众最迫切的问题。正是因为监察组在工作过程中能够听到来自群众不同的声音，才能使一些在地方组织内部察觉不到的问题得以发现，使一些侵害群众利益的问题得以制止，保证政府与民众之间的密切联系。

第二章

"谏议"传统思想与当代中国政治协商公共政策

中国古代"政治协商"历史悠久，在夏商周王朝之前的尧舜时期，凡是国家大事，都要举行部落会议进行讨论，特别是重大的人事任命、战争等重大事项，部落首领都要集体讨论，而为了"防止"帝王"胡作非为"，在专制体制内设置"谏议"制度，这是中国古代政治体制的一大"创举"。在古代"谏议"制度下，谏议大夫有权对帝王的"政策失误"提出自己的意见，这在一定程度上限制了帝王的"为所欲为"，也在一定程度上防止了恶政和暴政的产生。新中国成立之初继承了这一优秀传统，成立了全方位、多视角的政治协商制度，不仅有"政党"方面的协商、"人大"方面的协商，还有"政社"方面的协商、"基层"方面的协商，这一制度的设计大体上能够保证执政党的政策不出现大的偏差。

一、"谏议"思想的起源发展及在中国古代"政治协商"中的运用

（一）"谏议"思想的起源

对于"谏"字解释，在《字汇》中，"谏，直言以悟人也"①。在《说文解字》中，"谏，证也。从言，柬声"②。换言之，谏即直言规劝。"议，法有八，议也，谋也，语也。"③ "议，语也，言也，又谋也，按谓论事之宜。"④ 谏议大夫和谏大夫的区别，是名字里增加了"议"字，表示谏大夫在谏诤的

---

① 梅膺祚，吴任臣．字汇［M］．上海：上海辞书出版社，1991：454．
② 许慎．说文解字［M］．北京：中华书局，2008：52．
③ 顾野王．宋本玉篇［M］．北京：中国书店出版社，1983：165．
④ 朱骏声．说文通训定声［M］．北京：中华书局，1984：485．

基础上添加了协商国政的职能。这是谏大夫职能的提升，也是谏官制的新阶段，新里程，转折点。这时的谏议大夫的地位随着政事的参与，作用变得更为重要，地位也随之相应提高，这个发展的趋势对往后的历史影响深远，意义重大。谏议有三重内涵：其一，谏议是一种官名，即指谏议大夫；其二，谏议即谏诤、劝谏之意味；其三，指谏诤议论的文字，这里的谏议是指谏诤、劝谏之意。狭义的谏议即专指谏官对君王的过失提出的批评以及对国家事务的建议；广义的谏议则包括朝堂议事、封驳诏书、臣民上书等。在封建专制的社会，君主集"三权"（立法权、司法权、行政权）于一身。

中国的谏议文化源远流长，"谏议"首先来源于儒家的"忠、义"思想。为保障王权的巩固和维护，"忠诚"是下臣对君主的最基本的道德规定，也是身为臣子的职责和义务。"忠"启蒙于孝道，"谏"则是家庭孝道里的核心内容，谏议是"移孝作忠"的体现，古人常云"百事孝为先"，可见孝道是很重要的，孝是最基本的道德，它是孝顺父母长辈之意，唯命是从。"移孝作忠"是下臣要完全听命于君主，君令如父令，不可违抗。而人非圣贤孰能无过，一味地听从不可取，孝道也并非如此狭义，对于父母的过错，作为子女也要进行规劝，盲目听从父母的意见实则不是真"孝"道。同理，下臣对君主不合道义的行为要进行谏诤而不是趋炎附势，这才是货真价实的"忠"，这才有了"国之将兴，贵在谏臣；家之将兴，贵在谏子"[1]的千古名句。谏言不仅对君主、父母可用，也可用在朋友间或平辈间的劝导，有着"三人行，必有我师焉"，"一日三省吾身"之说法，劝导和谏议成为提升自己的一种方式。而在《白虎通》的"谏诤篇"中也有关于谏诤思想的一个较为详细的阐述，"臣所以有谏君之义何？尽忠纳诚也"[2]。王符曰："国之所以治者，君明也。其所以乱者，君暗也。君之所以明者，兼听也。其所以暗者，偏信也。"[3]"尊贤任能，信忠纳谏，所以安也。"[4]回顾历史，夏桀无道，商王推翻他；商纣无道，周王推翻他。

---

[1] 魏徵. 群书治要: 卷四十七政要论[M]. 北京: 北京理工大学出版社, 2013: 36.
[2] 陈立. 白虎通疏证[M]. 北京: 中华书局, 1994: 226.
[3] 王符. 潜夫论[M]. 上海: 上海古籍出版社, 1978: 61.
[4] 王符. 潜夫论[M]. 上海: 上海古籍出版社, 1978: 87.

"谏议"思想再次来源于政治稳定的必要手段。君主集天下大权于一身，而其本身的视野和能力毕竟是有限的，稍有闪失则天下苍生失幸，故要听从臣子的谏议，才能少犯错误或不犯错误。"国小无礼，不用谏臣，则绝世之势。"[①] 换言之，君王不用谏臣，重视谏臣，不善于纳言，好自矜夸，那么，国将亡也。夏桀、商纣、周幽王、周厉王、隋炀帝，哪位亡国之君不是如此呢？相反，居安思危、从谏如流的尧、舜、唐太宗等君王，忧国忧民的范仲淹、直言敢谏的魏徵、不辞其诛的海瑞等贤臣，无不为人所称道。在封建专制的社会，君主集"三权"（立法权、司法权、行政权）于一身。由于皇权的膨胀，君主稍有偏颇，就会酿成灾祸。而且，君主也是人，他认识世界和认识自己的能力具有局限性。因此，一种针对皇权并扶助皇权，让君主广开言路、广采博纳的谏议制度悄然而生。

（二）"谏议"制度的发展

谏议制度的发展萌芽阶段。殷商之前，对君主的劝谏也是广泛存在的，如黄、尧、舜时立"明台""谏鼓""谤木"，百姓击鼓得以进谏或是在"谤木"上面书写谏言。到了殷商后，开始出现有关谏议的职位，西周时设有"司谏""保氏"等官职。到了春秋战国时，以"谏"来命名官职，齐国设"大谏"职位，楚国是"箴尹"，其他诸侯国也有设"司过"等职位，这时期的谏官逐渐可以参与、决策国家之事，谏议制度初步形成。

汉魏晋南北朝的发展阶段。秦汉的谏议制度明显有了职权的强化和专属机构，秦汉设有谏议大夫，谏议大夫对朝廷之"困事"献计献策，主掌论议。除专设机构之外，其他职官也有谏议的作用，如给事中、散骑常侍等。而到了汉时，谏议是对于君主决策以及言行进行建议。东汉时的御史台便有监察和谏议的职责。魏晋时设有门下省，门下省是专设的谏议机构，这时的门下省的权力尚未明确定型，初步掌管章奏和谏议，进行驳正违失。专设谏议机构标志着谏议制度的不断规范化和制度化。

唐宋时期的成熟阶段。唐朝设立三省六部制，这时的门下省为审议机构，有了明确的权力，门下省负责"封驳"，即对君主的政令进行审批、审核，还

---

① 王元慎.韩非子集解［M］.北京：中华书局，2013：77.

可以封还中书（省）重拟诏令。门下省的给事中甚至可以在中书所拟诏令上进行涂改，即"涂归"。"封驳"和"涂归"体现门下省对诏书或诏令有权处置即直接干涉的状态。历史上有名的谏臣魏徵即为门下省长官，魏徵先后进谏200多次，以谏诤为己任，在魏徵去世后，唐太宗李世民对魏徵的评价："夫以铜为镜，可以正衣冠；以古为镜，可以知兴替；以人为镜，可以明得失。"① 到了宋代，设谏院，谏院专掌谏议，同时另设有言事御史，也是行使谏言的责任，谏官有"司谏"和"正言"，这是更为详细的划分，历史上宋朝知名的司马光、包拯也曾是"知谏院"的，是掌管谏院的长官。司马光主编的《资治通鉴》可以说是历史上最长的谏议长文；包拯也是不畏强权，刚正不阿的知名清官，深受百姓爱戴，在民间流传颇广。宋代的科举改革，使士大夫阶级空前强大，直言敢谏也成为当时的社会风气。

元明清时期的谏议制度衰弱和"台谏合一"。元朝时取消了门下省，也未设立专职谏职，元朝君主为少数民族执政，虽然在形式上依然保留之前的谏议制度，但没有执行，这时多以可汗为中心的贵族参政制，特别是蒙古统治者不允许汉人任职监察官。到了明朝设六科，六科的给事中有"封驳权"的同时也负责监察，原来主要负责向君主进谏的谏官职能已经转变为监察百官，御史为监察官，可以是监察，也可以进谏，即"台谏合一"。而清代的六科则纳入都察院，完全失去独立地位，都察院为明清的建议机关，可监察、弹劾和建议。后来清朝废除六科，因此言官范畴的谏官便消失了。清灭亡后，标志着封建帝制的结束，随着谏议对象的消失，传统的谏议制度也随之结束。

（三）"谏议"制度在古代政治体制中的运用

谏议的途径。随宰相入阁议事，参与决策。贞观元年（627年），太宗下诏："自今中书、门下及三品以上入阁议事，皆命谏官随之，有失辄谏。"②允许谏官参与朝廷决策会议，保证了谏官能够及时了解军政大事，当面直言得失、谏诤违误。这也说明了谏官地位的提高。王夫之非常赞赏这种措施，他补充说："太宗制谏官随宰相入阁议事，故当时言无不尽，而治得其理。"③

---

① 刘昫. 旧唐书·魏徵传 [M]. 北京：中华书局，2002：37.
② 司马光. 资治通鉴·唐纪八：卷192 [M]. 北京：中华书局，1956：165.
③ 王夫之. 读通鉴论·唐太宗：卷20 [M]. 北京：中华书局，1975：234.

进封事，独立进行谏诤。谏官多采用廷争、上封事的方式进行言说之事。廷争是当面直言得失。上封事是以书面形式陈列出当政者的得失。例如，封事是密封的奏章，是汉朝百官进谏，进行上书请奏之机密要事，用皂囊封缄而后进呈，故称"封事"，又称"封章"。秦汉时期的谏官皆为加官，侍从左右，与皇帝关系密切，谏议方式多以面奏为主。随着谏官由加官向职事官的转化，除少量谏官借助内供奉的头衔保留侍从官的身份外，大部分谏官除了与其他臣僚一同上朝面见皇帝外，再无随时随事谏诤的权利了。上封事就成为其履行职权的一种主要方式了，进谏方式由"面奏"为主转化为"上封事"为主，这是中国古代谏议制度走向成熟的一种表现。

事中有权封驳诏敕。"封驳诏敕"的做法早在汉朝就存在，汉哀帝时益封宠臣董贤二千户，丞相王嘉"封还诏书"。① 元人胡三省认为后世的"封驳"即源于此。唐制：凡诏敕皆经门下省，事有不便，得以封还，具体由"给事中"掌"封驳"正违。"'封'是针对下行文书即皇帝的制敕，'驳'是针对上行文书即百司奏抄，二者合起来称为'封驳'。"② 相对于其他谏官对军国大事的事前监督，给事中是决策后运用"封驳权"对决策后的文件进行审查和驳正，它是一种事后监督。事前监督制度是有利于正确决策的形成，而事后监督可以对不正确的决策在实行生效之前及时止损，还有着对国家的政策执行和实施进行监督的作用。

以谏官知匦事。武则天执政时期，基于广开言路和告密发奸的需要，设置匦院，将其作为下层官员和一般平民上言皇帝的信息渠道。以谏议大夫、补阙、拾遗一人充知匦使或知匦事，接受四方书状，以达其事于上。谏官知匦事，是谏官进谏的又一途径。由于谏官从国家政治生活乃至宗室的家事等各个方面对皇帝不利于整个统治阶级的言行进行了规谏，使阶级矛盾和统治阶级内部矛盾都得到了一定程度的缓和，有利于整个封建统治秩序的稳定。

大略言之，通过规谏监督朝廷的铨选工作，清化了选官任职的途径，保证了吏治的清明；通过规谏监督朝廷的军事行动，防止穷兵黩武行为的发生；

---

① 班固．汉书·王嘉传：卷86 [M]．北京：中华书局，1962：231.
② 班固．汉书·王嘉传：卷86 [M]．北京：中华书局，1962：231.

<<< 第二章 "谏议"传统思想与当代中国政治协商公共政策

通过规谏监督皇帝乃至皇室的物质生活内容，防止皇帝过分穷奢极欲；通过谏官规谏，监督朝廷的刑罚工作，完善谏官制度和规谏程序，谏官从国家政治生活乃至宗室的家庭事务等各个方面对皇帝的违失言行进行了匡正，从而调整了统治集团内部的关系，稳定了社会秩序，取得了盛世的效果。

谏议的场所。政权体制之外的协商——清议。"清议"可称为"公议"，它是由知识分子和群体组织的议论和行为而产生的一种社会舆论，主要讨论政治方面，源于"士论"，伴随着"士阶层"的产生与发展，对当时国家的政治混乱进行批评，活动场所主要为知识分子群体聚集场地，如书院等。"清议"活动具有民间性和自发性，聚集则形成很大的社会舆论，是体制外知识分子群体表达政见的体现，但由于缺乏制度保障，因而清议运动时常以镇压结束，但是清议的确表达出了民意，有着促进士风、教育老人和百姓的功能性作用。

乡议。"乡"为古代基层行政单位，乡议主要是负责家族亲邻之间事务的协商讨论，这种"乡族自治"主要决策"乡族"大小事件、伦理道德的教化、调解邻里族亲的矛盾等方面，其代表为"乡里选士"，在之前是选举制，不似现在的投票制度，在"选士"过程中，乡里的评议尤为重要。无论是清议还是乡议，都以儒家的伦理为依据，儒家的纲常伦理具有指导和制约的作用，这就促使体制外的这种协商成为历史发展的一种力量。

政权体制之内的协商。咨询，指统治上位者在政治事务方面的活动会征求普通民众的意见。《尚书·洪范》中有"汝则有大疑，谋及乃心，谋及卿士，谋及庶人，谋及卜筮。"[1] 对周武王而言，如有关于政事的疑问，在向卿士和卜筮进行询问的同时，还要问及"庶人"，它可以了解民意，有利于做出正确的决策，所以带有政治协商的性质。荀子曾道"水能载舟亦能覆舟"，形象深刻地表明了百姓群众的力量。而西周至春秋时，设有"三朝"，即"外朝""治朝""燕朝"，后两者合称为"内朝"，"外朝"是在重大事件上咨询普通民众，虽然并非经常性，但这种制度也是君民交流的一种途径。

朝议。字面简单理解为朝堂议事，是君主和大臣在朝堂上讨论国家政治

---

[1] 王世舜，王翠叶. 尚书·洪范[M]. 北京：中华书局，2012：95.

问题的方式。这一制度虽然是不平等的单方面决策,但也体现了政治协商,是中国古代重要的政治协商形式。到了秦汉后,君主专制的集中,"朝议"成为主要的方式。"朝议又有廷议和集议之别。"①"廷议"为君主当朝听政,百官朝拜,君主传诏令,持有不同想法者可当朝指出,共同协商议论;"集议"则是君主不在朝会提出,由一定官员协商后将意见上奏,如"九卿会议"等。无论是"廷议"还是"集议",目的都是辅佐君主决策,只有君主有权决策,"朝议"规定了群臣协商环节,不同意见在一定程度上弥补了个人决策的缺陷,限制了皇权,也提高了决策的正确率。

谏议。它是由专职的官员对君主的言行举止进行批评与建议。例如谏官,为了"匡正君非,谏诤得失"。在"朝议"和"谏议"中,君主要做到"兼听独断",即广泛听取建议以及果断决策。"兼听则明,偏信则暗"这一思想不仅是古代朝政的智慧结晶,对现在的政治文明也有着借鉴意义。谏议到了唐代,随着谏官机构的扩大、职能的加强,谏官制度逐渐走向成熟和完善。

二、以执政党为核心的当代政治协商制度

"中国政治协商历史悠久,在夏商周王朝之前的尧舜时期,凡是国家大事,都要举行部落会议进行讨论,特别是重大的人事任命、战争等重大事项,部落首领都要集体讨论。《尚书》《史记》对此都有记载。"② 而这种政治协商当然是以谏议为重要内容的,新中国成立之后,中国共产党成为唯一执政党,政治协商的"谏议"职能就责无旁贷地落到民主党派身上,于是,具有中国特色的以中国共产党为核心的当代政治协商制度诞生了。

(一)民主党派参与国家政治协商

我国唯一执政党——中国共产党,我国的参政党——民主党派,中国共产党执政体现在政权、思想和组织上的领导,我国的宪法规定民主党也是参政党,其参政权体现在国家事务管理上,如领导人人选的协商等。党派关系

---

① 卢兴,吴倩.中国古代政治协商传统的思想内涵与基本特征[J].天津社会科学,2015(05):2.
② 司季勤.吸收古代政治协商精华建设中国特色协商民主[J].贵州大学学报,2013(01):14.

最初的落实是"新政协"的召开，面对中国共产党真挚友好的合作态度，各民主党派负责人表示接受其领导，并加入政协。无论是在全国政协、人民政府、政务院的副主席还是政务院委员中民主党派人数都占半数以上，人数数量上可以看出民主党派参政议政是具有实际保障的，而后在政治、经济、文化等各个领域也都有着民主党派的参与。坚持由中国共产党执政，民主党派参政，才能使得决策更加具有科学性和民主性，中国共产党与民主党派友好合作，共同促进中国政治体制的发展。

执政党是我国社会主义事业的"领头人"，引领民主党派，主要在于政治方向的领导，如政治原则、重大方向及方针政策，并和大家共同协商，共同贯彻执行。在执政党的领导下，民主党派积极参政议政，在历史上的土地改革、抗美援朝等事件中，都发挥了自身的积极作用。在四个基本原则基础上进行相互监督，中国共产党作为领导者是民心所向，更要自觉接受监督，要接受民主党派对于中国共产党的各个决策提出的意见、建议甚至批评。因而要想决策更加科学化和民主化，就要接受监督，拒绝绝对化和片面化，在坚持中国共产党的领导与统一监督的同时，中国共产党在政治上要和民主党派共同协商，建设具有中国特色的社会主义事业。

新中国成立之后，毛泽东指出："从长远和整体看……从他们背后联系的人们看，就不是一根头发，而是一把头发，不可藐视。"[1] 社会主义改造基本完成之后，关于是否保存民主党派的问题，毛泽东认为："究竟是一个党好，还是几个党好？现在看来，恐怕是几个党好。不但过去如此，而且将来也可以如此，就是长期共存，互相监督。"[2] 对于共产党和民主党关系，周恩来同样提出："共产党不仅要同各民主党派共同建设新民主主义社会，还要把他们带到社会主义去。"[3] 正因为在这样思想的带领下，民主党派在执政党的领导下，参与到国家政治事务中来，为国家的建设做出了突出贡献。

1950年3月，第一次全国统战工作会上，有提到新中国成立后如何与民

---

[1] 中国共产党中央统战部研究室. 历次全国统战工作会议概况和文献［M］. 北京：档案出版社，1988：6.
[2] 毛泽东. 毛泽东选集：第5卷［M］. 北京：人民出版社，1997：235.
[3] 周恩来. 周恩来统一战线文选［M］. 北京：人民出版社，1984：172.

主党派相处，由此可见，早在新中国成立初期，中国共产党就意识到民主党派的重要性，且有合作倾向。1956年4月，毛泽东在《论十大关系》的演讲中，提出中国共产党和民主党派要"长期共存，互相监督"。1956年9月，中共八大召开，肯定了这一方针，提出"各民主党派长期共存，互相监督的方针"，也是后来简称的"八字方针"，中国共产党第八次全国代表大会正式确定了"长期共存，互相监督"的方针。

1978年12月，十一届三中全会后，以经济建设为中心，摒弃"以阶级斗争为纲"，进行全面统一战线的拨乱反正工作。1979年邓小平明确了新时期下民主党派的性质，强调"长期共存，互相监督"是长期不变的方针，中国共产党要接受民主党派的监督。同年的全国统战工作文件中也提到将"长期共存，互相监督"作为执政党与民主党派关系的方针。在这一方针提出之后，各民主党派开始恢复相关的组织活动，组织开展的形式更为多样，内容多为社会服务，为社会主义建设活动，党派工作充满活力，多党合作恢复了生机。

1981年12月，在第十五次全国统战工作会议上，胡耀邦提到"在新的历史时期中，我们一定要同党外朋友真正建立起肝胆相照、荣辱与共的关系"[1]。1982年9月，中国共产党十二大报告把"长期共存，互相监督""肝胆相照，荣辱与共"放在一起，形成新的政党关系指导方针。后来的中国共产党十三大报告把这两个结合成了"长期共存，互相监督，肝胆相照，荣辱与共"。1989年的《意见》则明确表明了以"十六字方针"作为中国共产党与各民主党派合作的基本方针，而到了2015年颁布了《条例》，《条例》规定了中国共产党领导的多党合作和政治协商制度是我国的一项基本政治制度。

可以说"十六字方针"是在"八字方针"的基础上进行的完善，是根据我国现状，在继承毛泽东、周恩来等思想理念上，加上前期的多党合作实践经验，最后提出"十六字方针"作为新时期的中国共产党带领的多党合作的方针政策。正确处理民主党派和中国共产党的关系，也为长期合作奠定了基础，形成独特的政治格局，造就了属于中国特色社会主义的政党关系。为保证各民主党派的独立性，需要双方共同努力。一是中国共产党要加强党的领

---

[1] 俞荣新.十六字方针的历史由来[J].红岩春秋，2021（03）：44.

导建设，转变领导方式。依据"治国先治党，治党务必从严"[①]的原则，这就要求中国共产党反腐倡廉、从严治党，营造一个廉洁清明的政治环境氛围。二是民主党派也要加强自身的建设，积极行使自己的参政权。在加强自身建设中，民主党派中的元老级领导人是关键，既要做好身为领导人的本职工作，又要培训新的成员，各组织成员也要维持高素质和各方能力，发挥长期以来自身的特点和优势。同时民主党派要加强参政议政的意识，可以从提高参政生活的积极性等方面加强，使得各民主党派能充分发挥其作用、利于其发展。

（二）无党派人士以及各社会团体参与国家政治协商

我国的政治协商，除了民主党派参政外，还有无党派人士、各社会团体以及社会贤达人士参与政治协商，是新时代下民主参与的根本体现。

随着社会的迅速发展，民众参与政治生活的呼吁越来越高，民主监督已经成为政治建设的重要内容。党外人士的参政议政反映了中国共产党听从普通公民的呼声，民主监督是党外人士参与政权的一种方式，也是我国政治体系的重要内容。习近平总书记指出："要继续加强民主监督，对中国共产党而言，要容得下尖锐批评，做到有则改之、无则加勉；对党外人士而言，要敢于讲真话，敢于讲逆耳之言，真实反映群众心声，做到知无不言、言无不尽。"[②] 民主监督有利于推动我国的民主建设，对于中共要勇于广泛听取、接纳意见，对于党外人士要勇于发现并指出错误，这是权利也是义务。由于中国共产党是执政党，对其他党派、团体及其社会贤达人士是路线、方针、政策的领导，更多的时候是接受他们的监督。

党外人士的监督工作也悄然发生变化，如范围的扩大，要求的提高，途径的创新等。除了党外人士可担任审计等监察岗位外，更有地方的党政机关为推进当地的行风设有行风监督员，促进民主监督工作扩展。党外人士的监督，要充分了解政策，把握民情民意的同时，对事态的发展及弊端准确评估，

[①] 孙铁民. "治国必先治党，治党务必从严"是推进党的建设新的伟大工程的重要保障——学习江泽民同志有关"从严治党"的论述［J］. 中国共产党杭州市委党校学报，2002（06）：1.

[②] 习近平. 对中国共产党而言，要容得下尖锐批评［EB/OL］.（2013-02-07）［2021-05-23］. http://www.chinanews.com/gn/2013/02-07/4558069.shtml.

才能引起重视，还要有有效的途径，否则就是无处发力，难以得到监督。随着互联网的发展，民主监督的形式多样化，方法手段也与时俱进、焕然一新。党外监督可以弥补党内监督的不足，避免党内监督的误区，如"事后监督"受党内监督的制约，透明度不够高等。党外人士监督可以作为"第三方"进行"事前监督"，党外监督还具有覆盖面广、影响力大的特点，它可以有效避免因各种复杂关系而"失真"，这让党外人士成为中共民主、科学、依法执政的一大重要力量。

无党派人士多指没有参加任何党派，但能够给社会带来贡献及其影响的知识分子。无党派人士不似民主党派有正式的组织或章程，民主党派是政党身份，比无党派人士更有鲜明的党派性，因而在自身建设和发展过程中会面临众多问题。对于无党派人士，2005年2月出台的《意见》提道："发挥无党派人士的作用是坚持和完善中国共产党领导的多党合作和政治协商制度的必然要求。无党派人士是我国政治生活中的一支重要力量。"[①]

无党派的身份使得无党派人士"置身在普通群众之中、脱身于政党组织之外"[②]。

无党派人士可以通过参加共产党组织的各种商会、座谈会等形式的政治协商会议或是人民政协会议来参加国家政权，还可以在代表大会及地方担任一定职务，在参加各级政协中提出主张建议并可以通过独立发表意见等途径广泛参与政治事务管理决策。除此之外，在面对一些复杂的形式或局面时，可以以中立的身份为中共工作，比如一些不便以政党立场发表言论、出席活动，甚至任职，起到了政党起不到的作用。"据资料显示，我国知识分子1.19亿，党外知识分子有8900万。"[③] 说明了无党派人士占总体知识分子的75%，对于中共、民主党派政党身份的严格要求标准，无党派人士的条件就显得宽松很多，数量更为众多。

---

① 宋俭. 关于无党派人士及其政治参与的若干思考 [J]. 重庆社会主义学院学报, 2012, 15 (01): 4.
② 袁驷. 无党派人士的群体特征与作用 [J]. 中国统一战线, 2014 (01): 3.
③ 冯颖红. 关于无党派人士群体作用的思考 [J]. 中央社会主义学院学报, 2020 (03): 4.

在各社会团体中，政治社团的出现是政治、经济、社会变革的产物，对政府政策的制定有着重大影响。政治社团是较为特殊的社会团体组织，成员来自群众，政治社团有利益相关的工会、工商联、环境保护协会、消费者协会，以及特定身份的共青团、妇联等。社会组织是普通公民参与政治生活的桥梁，也是民主组织的体现，对于市场及政府的局限性，社会组织可以有效地调节社会矛盾，它有以下三方面的优势：一是政治社团的号召力强。能够在短时间内聚集人力、物力和财力等整合资源，例如共青团，这是一个庞大的组织且因为共青团继承了党的优良传统，一直积极向上地发展壮大。二是信息准确全面。政治社团活跃于各个领域，群众性高，众多社团的工作人员或志愿者具有广泛性，接触到的信息全面，坚持"到群众中去"的原则，采用走访、慰问等多种方式及时、准确地了解民众的信息及困难，善于建立平台，把"碎片化"信息进行重新整合，进行共享信息，如工商会通过联合行动或网络沟通与之相关的地域性商协会进行资源共享。三是沟通作用。"中介性"的组织可以成为双方代言人，我国的社会矛盾如官民矛盾、拆迁矛盾等都是因为没有进行有效沟通从而易产生的矛盾纠纷。

社团还可通过选举各自的代表参加各级人大和政协会议，我国的人大代表代表广大人民的利益，也是各行业、各集团、各地区的代表，反映各领域中的群体利益。还可通过参加各党组织、政府机构等相关部门的政策制定研究、决策探讨来参政议政及表达诉求。例如，南通妇联，"在'十二五'规划中提到要着力疏通妇联组织代表妇女参政议政的渠道，保障妇女能够平等、依法行使其民主权利"[①]，这是社团通过参政来维护人民群众利益的体现。

三、当今政治协商政策对传统"谏议"思想的传承与发展

中国共产党代表着广大人民的根本利益，它能够通过各种途径，把人民群众在各个领域的意见集中起来，并且在全国人民代表大会的平台下，形成新的政策，这种政治协商制度不仅体现了人民民主的基本原则，而且有着极高的行政效率，避免了西方政党轮替的弊端。由于西方各自政党有各自的利

---

① 刘以妍. 政治社团参与社会矛盾化解研究［D］. 南京：南京工业大学，2017：47.

益，而为了各自的利益，各自政党为反对而反对，甚至置国家最高利益而不顾，有时为了选票而追求短期利益，急功近利的局面比比皆是。中国共产党没有自己的私心，它只代表人民的利益，为了国家长远的发展目标，能够制订出长远的发展计划，这是西方的政治协商制度所没有的天然优势。在当前世界政党制度的复杂环境下，中国坚持采用一党执政、多党合作的政治协商制度，在中国共产党的带领下，我国的经济社会取得了一个又一个辉煌的成就，就是在这种情况下，"部分西方国家打着'自由''民主'和'人权'的旗号歪曲中国的政党制度……借以否认中国共产党的领导"①。西方国家的意图非常明显，企图通过攻击中国的政治协商制度，达到遏制中国快速崛起的政治目的，西方媒体的攻击无论在理论上还是实践上都不成立，中国的政治协商制度是基于本国的政治传统，所以，在当下，剖析当今（中国）政治协商政策对传统"谏议"的传承和发展有着特别的现实意义。

（一）当今政治协商政策对传统"谏议"的传承

政治协商政策是在特定背景下发展，特定情况下制定的，它与中国的传统文化的"谏议"思想和古代的政治制度有着密切联系，即当今政治协商制度是对传统的"谏议"制度的传承与发展。最早出现的协商政策便是最开始的"谏议"制度。当今政治协商依旧是决策权力的集中制以及政权体制内外的不同形式的民主。在历史的长河中，协商政策得到不断的进化与完善，具有历史的必然性，同时也越发能体现民意，实现民主。当今政治协商对传统"谏议"思想的继承体现在以下两方面：一是敢于让民主党派、社会团体和无党派人士参与政治协商，即共商国是；二是善于广纳群言，广集民智。

共商国是。在革命取得成功之后，以毛泽东为首的中国共产党人继续保留民主党派，承认其存在的合法性，这本身就是对中国传统"谏议"思想最大的传承。传统的中央集权体制中，君王集立法、行政和司法三种权力于一身，这种体制本身存在重大的缺陷，且有专制性质，这是毋庸置疑的，但为了稳固其统治并使之有效运转，巧妙地设计两大系统，一是监察系统，二是

---

① 李成林. 中国特色多党合作与政治协商制度建设：历史必然与当代启示［J］. 中国共产党青岛市委党校，2019（02）：3.

谏议系统。前者是自上而下运行，后者是反其道而行之。监察系统由君王直接派遣御史巡视中央和地方，职在纠察官邪，肃正朝纲，主要运用弹劾手段对百官言行进行监察；"谏议"系统是在朝中设立"谏议"大夫，对君王的政策失误进行纠正。二者构成了封建社会完整的监察体制。中国共产党取得政权之后，沿袭了中央集权体制，自然要保留"监察"和"谏议"两大系统，"监察"的责任由共产党承担（本书在第五章单独论述这一问题，此处不再赘言），"谏议"的重任就自然落在民主党肩上，从这一意义上说，民主党派的首要职责不是附和执政党，而是监督执政党，指出共产党的政策失误，防止共产党在大政方针上出现重大的偏差。同此一理，共产党让民主党派长期存续下去的首要意义不是统一战线的需要，而是让其参与国家重大政策的制定，防止国家大政方针出现方向性的偏差。我国政治协商的形成和发展，与中国传统"协商"政治文化息息相关。

在中国古代政治中，"协商"源远流长。"协商"除了可以广泛参与和集中领导促成团结行为之外，它还具有"审议慎议"功能，可以异见表达。在中国古代政治中就有"审议慎议"精神。从重大决策的方面讲，"协商"表现在决策中，古代政治制度对于重大问题决策采取集议、廷议等形式。从社会治理的角度讲，"协商"体现于基层治理，在古代社会中，政治上实行中央集权制，但社会管理方面相对比较薄弱或分散，比如以士绅为代表的地方精英通过共商合作的方式与地方政府共同管理当地事务，赈灾、治水等有利于社会福祉的事都有着士绅的参与或负责。而涉及政府职能的诉讼，也会因为士绅的介入由公堂转为民间。关于古代政治中的协商，有提到"在中国古代政治中具有重视异见表达的审议慎议精神，言官谏议制度化就是这一精神最直接的体现"[①]。政治协商是由我国人民民主专政的国体、中国共产党领导的多党合作和政治协商制度所决定的，它是中国共产党与各民主党派、无党派人士以及各族、各界代表人士之间的共同协商，因而政治协商的结果是不具有法律效力，但对发展社会主义民主事业具有重大影响，还可以推进决策的科学化和民主化。我国政治协商主要通过两种基本方式进行：第一种方式是

---

① 齐惠. 中国古代政治中的"协商"因素 [N]. 北京日报，2008-08-06 (04).

中国共产党就重大方针政策同各民主党派（包括无党派代表人士）进行政治协商，主要体现为政党之间的政治协商，如采取民主协商会、座谈会等形式。"这种协商会从新中国成立初期至1976年共召开33次；1990年至2002年召开160余次；2003年至2005年每年召开18次。"[1] 可以看出每年协商次数不断增加，协商内容也将越来越规范。第二种方式是中国共产党在人民政协与各民主党派、无党派人士、各族、各界代表人士的协商，这是在更大范围内政治协商，主要采取政协全体会议、常务委员会会议、主席会议、常务委员专题座谈会、各专门委员会会议等形式。除上述两种基本方式外，协商还广泛体现在中国共产党与各民主党派、无党派人士在国家政权中合作共事的各个环节和过程中。

广纳群言。古代认定明君的其中一个标准就是要兼听广纳、集思广益，认为明君不是因为天生就会谋略领导，而是善于接纳谏言，且能闻过则改之。传统的谏议制度虽然有一定的缺陷，但它对于高度集权起到了一定的制约作用，对帝王的过失也具有一定的补偏救弊功能，这一点在谏议制度黄金时代的唐朝表现得尤其明显。"据顾炎武统计，从唐太宗至唐宣宗200多年间，驳回皇帝放令的谏官多达十几人，其中著名的有魏徵、房玄龄、韦温等。自唐初至唐宣宗初年，16次封驳11次有效，14次进谏11次有效，16次补阙或拾遗6次有效。"[2] 而当今我国的政权性质，是社会主义的人民政府。全心全意为人民服务是中国共产党人的根本宗旨，也是人民政府的根本宗旨。中国共产党作为工人阶级的先锋队，任何时候在人民群众中都是少数，一切工作都要依靠人民群众、走群众路线，群众路线也是当代中国政治协商制度的精髓之一。

中国共产党领导并执政、多党派合作并参政，是我国政党制度的显著特征。这说明了我国政党制度的前提是共产党领导，核心在于团结合作，各民主党派不是在野党和反对党，而是中国共产党的亲密友党和参政党，共产党和各民主党派在国家重大问题上进行民主协商和科学决策。各民主党派的成

---

[1] 袁廷华. 论政治协商的政治功能、民主价值及完善途径 [J]. 中央社会主义学院学报，2006 (05)：103.

[2] 周晔. 中国古代谏议制的现代启示 [J]. 江南学院学报，2001 (01)：65.

员来自不同的社会阶层和群体,负责反映并代表他们所关联的那部分群众的具体利益与要求。党的各级领导干部营造和保持宽松稳定、团结和谐的政治环境,为民主党派发挥参政党的作用提供条件。

中国共产党的领导,体现在当下中国共产党根据国情对政治原则、重大方向、总规划、总路线及方针政策等大格局的制定及决策权。例如,对民主党派关系的"十六字方针政策"的制定,对其关系进行方针制定的意义:一是历史背景下,为了推翻"三座大山",共同完成新民主主义革命,合作是必然的。二是正确处理民主党派和中国共产党的关系,也为长期合作奠定了基础,形成了独特的政治格局,造就了属于中国特色社会主义的政党关系。正确处理两者关系则需要双方的共同努力,其一是中国共产党要加强党的领导建设,转变领导方式。依据"治国先治党,治党务必从严"①的原则,这就要求中国共产党反腐倡廉、从严治党,营造一个廉洁清明的政治环境氛围。新中国成立初期,行政手段成了中国共产党主要的领导方式,这在当时是有效的,但是随着社会的快速发展,权力集中的弊端显露,已无法与我国国情相适应。党的十五大提出的依法治国,体现了中国共产党面对新形势下新的领导方式。其二是民主党派也要加强自身的建设,积极行使自己的参政权。在加强自身建设时,民主党派中的元老级领导人是关键,既要做好身为领导人的本职工作,又要培训新的成员,各组织成员也要维持高素质和各方能力,发挥长期以来自身的特点和优势。同时民主党派要加强参政议政的意识,可以从提高参政生活的积极性等方面加强,使得各民主党派能充分发挥其作用、利于其发展。对于政治协商制度,民主党派要充分落实和完善,落实政策、法律规定的多党合作形式,也可在实践中探索新的合作形式。

(二)当今政治协商制度对传统"谏议"思想的发展

当今政治协商制度不仅仅传承了古代的"谏议"思想,而且有所发展,主要体现在以下三个方面:一是理念的突破,当今政治协商制度不是为个人服务,也不是为哪个集团服务,而是为广大的人民群众服务;二是民主机制

---

① 孙铁民."治国必先治党,治党务必从严"是推进党的建设新的伟大工程的重要保障——学习江泽民同志有关"从严治党"的论述[J].中国共产党杭州市委党校学报,2002(06):1.

的引入，不再单靠组织或者官员实现对政策的纠偏，而是引入民主机制，依靠广大人民群众进言纠正政策偏差；三是拓展了协商的渠道，不是单一的体制内的一条路径，而是多种渠道并存，拓展了纳言空间。

服务宗旨的变化。不论是"廷议"还是"谏议"，其目的都是为了向最高统治者服务，为了封建专制顺利运行，其中心宗旨就是为封建统治阶级的少数人服务，其出发点和最终目的都是为了少数人的利益服务，甚至是为皇帝一个人或皇室家族服务。有时政治协商决定的内容可能有利于底层大众的生存，那仅仅是有远见的统治者认识到，如果不顾及人民利益，他们的统治就不会长久，人民是他们实现目的的工具和手段。而现代民主制，特别是中国特色社会主义民主制是人民民主，即人民群众当家作主。整个社会，上到中央下到地方，各个级别的各种建议、决策，都是以人民群众的根本利益为出发点，以为人民服务为最高宗旨，以服务于大多数人为最终目的，人民群众是协商民主的目的而不是协商的工具手段。

中国古代"谏议"制度虽有规范，有谏官进谏，帝王纳谏的理想模式，但"谏议"制度并非民主制，它不是一种真正的权力制衡，因制衡的要点是以权力制约权力，而谏官的权力是帝王赋予的、恩赐的，皇权又是绝对的、至高无上的，故谏议机构只是皇权的附庸和独裁统治的装饰，谏议的纠偏制约作用只发生在君明政清时，而在君暗政浊时，往往流于形式，甚至出现悲剧，谏官之谏议基本上只是义务，是儒家经典之孝忠所要求的一项严格的义务，所以"谏议"制度在封建强权政治下显得很脆弱。古代封建社会廷议、谏议的过程充满争议、观点各异，究竟孰是孰非，皇帝是最后的裁决者。只有特别有雄才大略的皇帝（如汉朝的刘邦、唐朝的李世民等）才能够兼顾各方利益，对廷议、谏议的内容进行明智的决断。在大多数情况下，廷议、谏议只是最高统治者实现自己利益的手段，决断的结果往往与大多数人的利益冲突，从而埋下社会动乱的种子。秦王朝的"指鹿为马"就是言论缺乏法律保障的生动写照，很多大臣如果不识时务敢于提出与皇帝相悖的观点，轻的被解除职务，严重的被处罚、处死，甚至被灭族。司马迁由于发表了不同于汉武帝关于"李陵投敌"事件的言论，被施以宫刑。

政治协商为政治体系提供了广泛的政治参与，成为执政党通过非竞选方式获得合法性的重要途径。政治合法性不是只来源于竞选,更来源于社会公众广泛的政治参与和所形成的政治认同。政治协商使决策更加符合社会各个阶层的利益要求,从而能够得到社会各种力量的合作与支持。协商和讨论,使参与者体验到决策是共同做出的,是公正的,从而增强了执行政策的责任感和主人翁意识,推动了政策输出和执行,更加自觉履行服从国家权威的义务,更加主动地参与和维护政治体系。政治协商在国家权力中枢和社会公众之间建立起一道桥梁,改善和优化了现有的权力结构,增强了政治体系的开放性和平衡性。中国共产党通过政治协商过程,广泛听取各政党、各民族和各界代表人士的意见,接受人民群众的监督,促进决策的科学化和民主化,从而使共产党的执政能够最大限度地反映民意,凝聚民智,更好地代表和维护人民群众的根本利益(前者是为统治阶级服务,后者是为普通民众服务)。

民主机制的引入。相对于"谏议"制度,当今的政治协商更加民主,能听到更多声音,不仅仅是"谏官"的谏言能够被听到,整个社会各个阶层民众的声音都能够通过各种渠道传到决策中心。首先,当代中国的政治协商制度健全了民主制度,为协商民主打造良好的环境条件。协商不能是单单为了达到某种目的,它本身含有民主性,"民主"才是重点。谏议制度是在专政制度的环境下,受到专政的制约,所谓的民主是有很大局限性的。当今健全民主制度保障民主的有效参与,让共产党能够听到更多普通民众的呼声。其次,当代中国的政治协商制度培养了协商参与者的参与精神,促进协商的有效进行。参与者的出发点是要实现共同利益的最大利益化,这就需要对参与者的议政水平和道德素质有较高要求。尊重差异,从多角度考虑,顾全大局。和谏议一样,对于参政议政人员也同样需要进行层层筛选,才能获得参政议政资格。最后,当代中国的政治协商制度在顶层设计上采用了多种方式进行政治协商。有众人的地方就会有对话以及讨论声,不同人有不同想法,需要求同存异,扩展参与渠道,创新协商形式,新时代新方式,社群团体、政府、协会、人大等形式协商,因地制宜,采用网络渠道途径、线下会议途径,以及书信形式途径等,不再是单一的"谏议"途径。

多种协商形式的产生。古代的"政治协商"形式比较单一,仅仅是由"谏官"(左右谏议大夫、左右拾遗、左右补阙、左右散骑常侍等)和有关的行政官员完成，现代的政治协商呈多样化趋势。

政党方面的协商。具有中国特色的新型政党制度，则为多党合作和政治协商制度共同构成的政党协商，同样也是我国的基本政治制度。多党合作的雏形是在新中国成立时制定的《中国人民政治协商会议共同纲领》，具有临时宪法的性质。1956年的三大改造后，对于中国共产党与党派的关系，毛泽东提出"长期共存，相互监督"方针。改革开放后，胡耀邦同志在"八字方针"基础上增加了"肝胆相照，荣辱与共"，形成新的"十六字方针"，并将其作为政党关系的方针政策。中国特色社会主义的新时代下，习近平强调坚持中国共产党的领导，充分发挥多党合作和政治协商制度的作用，推动政党协商的发展完善，实现合作共赢局面。

人大方面的协商。人大协商主要包括但不限制于立法协商，人大、政协的表现形式为人民代表大会制度，同时也是代议制民主的实现形式，真正确立人大制度是在1954年，以宪法形式确定了人大的国家权力机构的地位，人大作为国家机关，有行使立法、决定、任免等职权。协商民主被引入人民代表大会制度，党员干部要密切联系群众，群众依法表达诉愿，也是参与国家政治生活的渠道之一，"比如，人大代表议题式公开接待群众，民生实事项目人大代表票决制，部门预算参与式阳光预审，人大代表讲堂进社区，人大代表专题监督小组工作模式"。协商民主和人大模式的相互结合，既能有效地实现民主，又能拓宽人大其他各项职能，为各主体协商提供制度化的平台，还能对社会矛盾进行缓解。

"政社"方面的协商。政社协商包括政府内部的协商、社会协商，以及政府与社会之间的协商。政府之间的各事项都需要进行协商处理，减少内耗矛盾，如财政、行政等方面，部门之间的相互协商，保障资源的整合以及权利的正常运转。社会协商可以是在围绕人民群众利益或是领域相关的广泛协商，增强领域之间的合作联系，对一些社会焦点问题进行讨论。政社协商可以是公共事务、项目决策等协商，达成共识的一致，加强推动政社的互动，是政府决策前与社会对象的商议，对象可以是社会公众、专家等，推动科学民主决策。政社协商在实践中不限于立法、行政决策、事项预算等，还形成了听证会、网络的调查问卷、电话咨询访谈等形式。促进政府职能的转变，由管制型向服务型转化，促进人民群众的意识和权利的逐渐增强，优化政府管理，增强社会领域的自主性和组织力。

基层方面的协商。基层群众自治制度也是基层协商民主的表现，基层群众包括社区居民和农村村民自治，基层更加接近人民群众，也更能理解群众。坚持协商于民，协商为民主的原则，发展协商民主，重点对象自然是基层群众，要着力为群众谋福祉和利益。在基层政府的推进和基层群众的呼声下，出现了众多有效的实践机制，如恳谈会、百姓常言堂、社区自治协商会等。基层机制的出现可以看出协商制度不再是选举民主的模式，而是转成了偏向社会的协商民主模式。

总之，谏议的优秀传统思想对我国政治有着借鉴作用，古代的谏官制度下，谏官有权参与并影响着君主的决策，谏官制度在唐宋时期达到成熟完善，谏议风气当盛，谏官的铮铮铁骨在民间多被歌颂，同时谏官带有一定的风险。这个优秀传统流传至今，经过历史的积淀，谏议思想被传承了下来，并加以改善运用于当代的政体，体现在政治协商制度上，我国实行多党合作制，当下的政治事务在中国共产党的领导下进行参政议政，共同协商解决。谏议思想，可以有效避免因专政而造成失之偏颇的现象，还可以提高决策正确率，充分体现民意、民心。维护民众利益也是我国一直以来都奉行的准则，以为人民服务为宗旨，民主参政议政不仅可以了解民意还可以集众人智慧，针对公共事务出现的诸多问题集思广益，为我国民主建设贡献自己的力量。

第三章

"施仁政"传统思想与当代中国"基层民主自治"公共政策

在中国古代,"施仁政"是儒学家对古代帝王施政的基本要求,"仁政"思想强调一切统治者都要本着"仁者爱人""仁义为本""克己复礼"的精神做人民的表率,主张对人民施"仁政",不施"暴政","省刑罚、薄敛赋""富民养民",不"横征暴敛""骚民扰民"。民主自治是真正的"以人民为中心"的思想理念。真正的"以人民为中心"不是儒家"仁政"思想中的"替民做主","制民之产""庶之富之""以政裕民",或者"因民之所利而利之"之类的东西,那都是"父道"政治的产物,真正的"以人民为中心"是还政于民,主要体现在政府赋予基层民众自己管理自己事务的权利,赋予基层民众自己选举领导的权利。

一、"仁政"思想的发轫及其内涵

(一)"仁政"思想的发轫

以"人道"为基础的伦理思想。孔子是否讲"人道",要看他是否尊重人的生命价值。"人道主义"思想原本是西方的思想家提出来的,16世纪以前,神学在西方占统治地位,封建统治阶级则是利用神权来维护其专制,而西方资产阶级思想家们则需要摆脱神学的束缚,于是,他们以复古古希腊和古罗马文化为旗号,提出"不以神而以人为中心"的人道主义,该理论的基本主张是,人生来就有追求幸福的权利,所以,要尊重人、关怀人,要将人当人看,珍惜人的生命价值,统治者不能因为个人的私利视人为草芥。古代中国没有诞生"神学",所以,其统治者不会以"神"为借口对"人"进行压迫,但古代中国却有"殉葬"的传统,中国古代的"王侯将相"们为了彰显其生前的权力，大肆推行"殉葬"制度，《墨子·节丧》记载："天子杀殉，众者数百，寡者数十；将军、大夫杀殉，众者数十，寡者数人。"① 对于这种毫无"人道"的"殉葬"制度，孔子极力反对，即使是以俑代替真人"殉葬"，他也是不赞成的。孔子说："为俑者不仁。"孔子之所以感叹"为俑者不仁"，是因为他担心陪葬由俑（假人）换成殉（真人）。孔子谓"为刍灵者善"，谓"为俑者不仁，殆于用人乎哉？"② 故此，孟子又曰："始作俑者，其无后乎？"③ 孔子赞同用"刍灵"殉葬，不赞同活人殉葬，也不赞同"陶俑"殉葬，这足以证明孔子的"人道"思想。

"人道"是相对于"鬼道"或"神道"而言的，孔子在"人道"和"鬼道"（或"神道"）之间如何选择？孔子对于鬼神是否存在不置可否，但他从做人应该有的权利和享受这一理念出发，反对不事人而事鬼，所以，当季路问他如何事鬼神时，他回答："未能事人，焉能事鬼？"接着在回答"死"的问题时说："未知生，焉知死？"④

从以上对答我们可以看出，孔子认为"人"的事情都没有处理好，又怎么去处理"鬼"的事情，由此可见，他朴素的人道主义是以"人"为本位。⑤ 判断是否"人道"，还要看在物质利益与生命价值之间做出何种选择。生命价值至上才是"人道"理念，物质利益至上是拜金主义的体现，是典型的"物道"思想。孔子家的马厩失火，他退朝（朝见君主）回来首先就问："伤人乎？"⑥ 不问马，孔子在人身安全和物质利益之间选择人身安全，说明他非常人性化，符合"人道"标准。

孔子的"人道"思想固然不是现代社会真正意义上的人道主义思想，但他重视人、尊重人、将人当人看待的"人道"思想毋庸置疑包含了现代人道主义的成分，也为人类探求真正意义上的人道主义积累了有益的经验。

以"仁"为核心的王者之道。孔子学说的核心是"仁"，所以，在孔子

---

① 吴毓江．墨子校注：墨子·节葬下[M]．北京：中华书局，1993：259．
② 陈戍国．礼记校注：礼记·檀弓下[M]．长沙：岳麓书社，2004：66．
③ 杨伯峻．孟子译注：孟子·梁惠王上[M]．北京：中华书局，1960：9．
④ 杨伯峻．论语译注：先进篇[M]．北京：中华书局，2006：129．
⑤ 钟鸿业．孔孟的仁政思想与现代民主政治[J]．国学论衡，1998（10）：17．
⑥ 杨伯峻．论语译注：乡党篇[M]．北京：中华书局，2006：120．

的作品中，出现最多的字也就是"仁"字，《论语》一书解说"仁"的地方最多，该书有109次提到"仁"字。《论语·里仁》四次提到"仁"，子曰："唯仁者能好人，能恶人。"意思是，只有有仁心的人才会爱憎分明，喜欢有仁德的人，厌恶没有仁心的人。子曰："苟志于仁矣，无恶也。"意思是，仁者立志于行仁德，就不会作恶、干坏事。子曰："仁者安仁，知者利仁。"意思是，有仁德之人安于仁道，有智慧之人知道仁德对自己有利才去行仁。子曰："我未见好仁者，恶不仁者。好仁者，无以尚之；恶不仁者，其为仁矣，不使不仁者加乎其身。有能一日用其力于仁矣乎？我未见力不足者。盖有之矣，我未之见也。"①意思是，我真没见过真正仁德之人厌恶不仁德之人。好仁德之人是品德高尚之人，厌恶不仁德之人是为了让不仁德之人不要影响到自己，这本身就是仁德之事。有能够一天把自己的力量用在行仁上吗？我没有看见力量不足的，这种人或者有，但我还没有见到。《论语·宪问》两次提到"仁"，"仁者必有勇，勇者不必有仁"②，意思是，有仁德的人必定勇敢，而勇敢的人不必有仁德；"仁者不忧"③④，意思是，有仁义的人不会忧愁。《论语·学而》提到"巧言令色，鲜矣仁"，意思是，花言巧语、和颜悦色之人是很少有仁心的。《论语·子路》提到"刚、毅、木、讷近仁"⑤，意思是，一个刚毅、果敢、朴实且言语谨慎之人就是一个有仁德的人。《论语·雍也》提到"知者乐水，仁者乐山；知者动，仁者静；知者乐，仁者寿"⑥，意思是，聪明的人喜爱水，仁德的人喜爱山；聪明的人爱好活动，仁德的人爱好沉静；聪明的人活得快乐，仁德的人活得长寿。孔子与弟子对话，谈论最多的也是"仁"字。他每次在解释"仁"字时往往都是根据弟子的不同个性给出了不同的回答，每次回答都围绕两方面展开，一是爱人，二是克己善己。

颜回问孔子什么是"仁"，子曰："克己复礼为仁。一日克己复礼，天下

---

① 杨伯峻.论语译注：里仁篇[M].北京：中华书局，2006：38-39.
② 杨伯峻.论语译注：宪问篇[M].北京：中华书局，2006：164.
③ 杨伯峻.论语译注：子罕篇[M].北京：中华书局，2006：109.
④ 杨伯峻.论语译注：学而篇[M].北京：中华书局，2006：3.
⑤ 杨伯峻.论语译注：子路篇[M].北京：中华书局，2006：161.
⑥ 杨伯峻.论语译注：雍也篇[M].北京：中华书局，2006：69.

归仁焉。为仁由己，而由人乎哉？"① 意思是说，按照礼的要求克制自己去做，就是仁，一旦按照这个要求去做了（克己复礼），天下一切便归于仁义了，施行仁德当然是要靠自己，难道还靠得了别人吗？樊迟问孔子什么是"仁"，子曰："仁者先难而后获，可谓仁矣。"意思是，要施行仁德，先不要怕做事艰难，而后有所收获，这样才称得上"仁"，然后又补充说，"仁"就是"爱人"。子贡问孔子："如有博施于民而能济众，何如？可谓仁乎？"子曰："何事于仁，必也圣乎！尧舜其犹病诸！夫仁者，己欲立而立人，己欲达而达人。能近取譬，可谓仁之方也已。"② 意思是，这样做岂止是仁德，简直是圣德啊！即使是尧舜也未必做得到，所谓仁德的人，想要自己立足，也要使别人能立足，想要自己通达，也要使别人通达。由己推人，这才是实行仁的办法。樊迟问孔子什么是"仁"，子曰："居处恭，执事敬，与人忠。虽之夷狄，不可弃也。"③ 意思是，在家生活恭谦庄重，在外做事兢兢业业，与人交往诚实守信。即使到了文化落后的地区，也要继续坚持这么做，这就是仁德。子贡问孔子什么是"仁"，子曰："工欲善其事，必先利其器。居是邦也，事其大夫之贤者，友其士之仁者。"④ 意思是，（工匠）要想把事情做好，先要使得做事情的工具锋利才行，你住在哪个国家就要侍奉那个国家大夫中有贤德的人，与这个国家中有仁德的人做朋友。

以"性善论"为出发点。在孟子看来，"人之初，性本善"。"仁"是人的最根本的属性，也是"性善"最基本的内容。"恻隐之心，人皆有之；羞恶之心，人皆有之；恭敬之心，人皆有之；是非之心，人皆有之。恻隐之心，仁也；羞恶之心，义也；恭敬之心，礼也；是非之心，智也。仁义礼智非由外铄我也，我固有之也！"⑤ 人之有"四端"犹人之有四体，人皆有"不忍人之心"，君主也是人，也有"不忍人之心"。"孟子言仁政，是从他的性善说而来的，性既善，所以，'人皆有不忍人之心'，'以不忍人之心，行不忍人之

---

① 杨伯峻．论语译注：颜渊篇［M］．北京：中华书局，2006：138．
② 杨伯峻．论语译注：雍也篇［M］．北京：中华书局，2006：69-72．
③ 杨伯峻．论语译注：子路篇［M］．北京：中华书局，2006：157．
④ 杨伯峻．论语译注：卫灵公篇［M］．北京：中华书局，2006：184．
⑤ 杨伯峻．孟子译注：告子章句上［M］．北京：中华书局，1960：259．

政'，就是仁政。"①

"仁政"又是相对于"暴政"和"苛政"而言的，孟子处于一个动荡年代，礼坏乐崩、兼并之风日盛，诸侯为了自己的利益恣意妄为，对治内百姓施"暴政"和"苛政"已是司空见惯，孟子认为，要重建新的社会秩序，君主必须以天下黎民为念，广施"仁政"，才能平治天下。

(二)"仁政"思想的内涵

"仁政"的理想蓝图："大同世界"。"大道之行也，天下为公，选贤与能，讲信修睦。故人不独亲其亲，不独子其子，使老有所终，壮有所用，幼有所长，矜、寡、孤、独、废疾者皆有所养，男有分，女有归。货恶其弃于地也，不必藏于己；力恶其不出于身也，不必为己。是故谋闭而不兴，盗窃乱贼而不作，故外户而不闭，是谓大同。"②儒家"仁政"的理想蓝图是"天下为公"的"大同世界"，所谓"天下为公"，就是天下不是某个人的天下，也不是某家人的天下（"家天下"就认为天下是某家人的天下），天下是所有天下人的天下，这一理念和现代社会国家"共和"（Republic of）之义有相似之处，也有美国总统林肯（Abraham Lincoln）所提"民有"（of the people）之义。

"仁政"的政治纲领："民贵君轻"。"民为贵，社稷次之，君为轻。是故得乎丘民为天子，得乎天子为诸侯，得乎诸侯为大夫。诸侯危社稷，则变置。……祭祀以时，然而旱干水溢，则变置社稷。"③这段话包含三层含义：其一，人民、国家和君主的关系是，人民第一，国家第二，君主第三；其二，在君主和人民的关系问题上，人民是决定性力量，换言之，是人民决定君主，而不是君主决定人民；其三，君主的合法性建立在人民认可的基础之上，人民认可君主的地位，君主可以继续为君，"君有过则谏，反复之而不听，则去"④。

"仁政"的经济纲领："制民之产"。孟子之所以要将"制民之产"作为行"仁政"的经济纲领，是因为如果百姓的物质条件没能得到满足，他们就

---

① 杨东莼. 中国学术史讲话 [M]. 北京：东方出版社，1996：58.
② 陈戍国. 礼记校注：礼记·礼运 [M]. 长沙：岳麓书社，2004：154.
③ 杨伯峻. 孟子译注：尽心章句下 [M]. 北京：中华书局，1960：328.
④ 杨伯峻. 孟子译注：万章章句下 [M]. 北京：中华书局，1960：252.

可能违法犯罪，更不可能会听从君主的建议，讲求礼义，这样仁政就不可能实施，"是故明君制民之产，必使仰足以事父母，俯足以畜妻子，乐岁终身饱，凶年免于死亡；然后驱而之善，故民之从之也轻"①。如果百姓的物质条件得到了充分的满足，他们便会安居乐业，并听从君主的建议，讲求礼义，仁政就可以实施。那么从哪种途径去实现仁政呢？孟子认为应该从"井田制"以论"仁政"，孟子曰："夫仁政，必自经界始。经界不正，井地不均，谷禄不平。是故暴君污吏必慢其经界。经界既正，分田制禄可坐而定也。夫滕，壤地褊小，将为君子焉，将为野人焉。无君子，莫治野人，无野人，莫养君子。请野九一而助，国中什一使自赋。卿以下必有圭田，圭田五十亩；余夫二十五亩。死徙无出乡，乡田同井。出入相友，守望相助，疾病相扶持，则百姓亲睦。方里而井，井九百亩，其中为公田。八家皆私百亩，同养公田。公事毕，然后敢治私事，所以别野人也。此其大略也。"②

"仁政"的教育纲领："教而化之"。孔子非常重视"教化"对治国理政的重要作用，这一点，可以从他与冉有的对话中看出。"子适卫，冉有仆。子曰：'庶矣哉！'冉有曰：'既庶矣，又何加焉？'曰：'富之。'曰：'既富矣，又何加焉？'曰：'教之。'"③ 孔子主张"有教无类"，他是一位将教育、道德和政治融为一体的思想家，通过"教化"民众，培养他们的"仁德"，以便君主顺利实施"仁政"。孟子也是一位非常重视"教化"作用的思想家，孟子认为，人固然有"四端"，但"四端"未必就一定会转化为"四德"，要使"四端"顺利转化为"四德"，就必须经过后天的学习、教育和环境培养，换言之，"教化"对"四端"转化为"四德"起到关键性的作用。

"仁政"的行动（思想）纲领："与民同欲"。孔子的两句话非常准确地表达了其"爱人行仁"的思想，"己欲立而立人，己欲达而达人"④，"己所不欲，勿施于人"⑤，该思想也最终成为"仁政"思想的起始点与落脚点。自己

---

① 杨伯峻.孟子译注：梁惠王章句上 [M].北京：中华书局，1960：17.
② 朱熹.四书章句集注 [M].北京：中华书局，1983：256-257.
③ 杨伯峻.论语译注：子路篇 [M].中华书局，2006：153.
④ 杨伯峻.论语译注：雍也篇 [M].中华书局，2006：72.
⑤ 杨伯峻.论语译注：卫灵公篇 [M].中华书局，2006：188.

想立足，也希望别人立足，自己希望达到，也希望别人达到，这是"爱人"的表现；自己不喜欢的也不要强加给对方，自己不愿意承受的事情也不要强加在别人身上，这是"行仁"的表现。孟子曰，"得天下有道：得其民，斯得天下矣；得其民有道：得其心，斯得其民矣；得其心有道：所欲与之聚之，所恶勿施，尔也"①。孟子的这句话告诫封建君王，要得天下首先要得到民众的支持，而要获得民众的支持，就要获得民心，而获得民心的方法是，老百姓需要的（积累起来）给他们，老百姓不需要的不要强加给他们，概括起来也就是"与民同欲"。

"仁政"的组织纲领："选贤与能"。孔子曰："故为政在人，取人以身，修身以道，修道以仁。"② 孔子认为，国家的良好治理全靠优秀人才来实现，而优秀人才的标准是品德修养，而品德修养取决于他是否遵循正道，而遵循正道又取决于他是否有仁心。为什么"选贤与能"是治国理政的首要条件，孟子认为："尊贤使能，俊杰在位，则天下之士皆悦，而愿立于其朝矣。"③ "不信仁贤，则国空虚；无礼义，则上下乱；无政事，则财用不足。"④ 这些都充分说明，"选贤与能"是实现"天下为公"仁政蓝图的必要条件。

二、当代中国"基层民主自治"公共政策

（一）我国基层民主自治理论

马克思经典作家基层民主自治理论。马克思认为："选举是一种政治形式，在最小的俄国公社和劳动组合中都有。选举的性质并不取决于这个名称，而是取决于经济基础，取决于选民间的经济联系。"⑤ 换言之，马克思认为，不同的经济基础和社会结构会导致不同的民主形式，即社会主义国家中的民主形式是和该国家的经济发展程度和社会结构密切相关的。用这个理论就可以解释中国的现代化民主进程。在改革开放之前，中国实行的是计划经济，

---

① 杨伯峻. 孟子译注：离娄章句上 [M]. 中华书局，1960：171.
② 陈戍国. 礼记校注：礼记·中庸 [M]. 岳麓书社，2004：419.
③ 杨伯峻. 孟子译注：公孙丑章句上 [M]. 中华书局，1960：77.
④ 杨伯峻. 孟子译注：尽心章句下 [M]. 中华书局，1960：328.
⑤ 马克思，恩格斯. 马克思恩格斯选集：第3卷 [M]. 北京：人民出版社，1995：289.

这时，民众的社会生活与政府的指令结合程度较高，所以，基层民众的民主意识较弱；改革开放之后，实行市场经济，此时，民众的社会生活与政府的指令结合程度较低，所以，基层民众的民主意识较强。恩格斯认为："首先无产阶级革命将建立民主制度，从而直接或间接地建立无产阶级的政治统治。"[1] 换言之，恩格斯认为，工人阶级可以通过直接的选举实行直接民主自治，也可以通过工人阶级的代表管理地方事务，这是间接的民主自治。

列宁的观点与马克思和恩格斯的观点基本相同，但列宁认为："只有当全体居民都参加管理工作时，才能把反官僚主义的斗争进行到底，直到取得完全的胜利。"[2] 从这里我们可以看出，列宁是希望让普通民众参与到社会日常事务的管理中来，其一，可以加强苏维埃与劳动人民的密切联系；其二，通过监督来消除苏维埃政权可能出现的弊病。但是，"这种文化上的落后却限制了苏维埃政权的作用并使官僚制度复活。说起来苏维埃机构是全体劳动者都可以参加的，做起来却远不是人人都能参加"[3]。所以，列宁提出解决问题的方案是，在劳动者没有民主参与能力的情况下，由无产阶级政党代表人民管理国家或地方事务，当人民的民主意识和参政议政能力增强之后，逐渐吸收他们参与国家或地方事务的管理。这一理论也刚好和中国的实际情况吻合，在改革开放之前，无论是城市居民还是农村农民，他们的民主参与能力不强，所以，这时，由无产阶级政党代表人民管理国家或地方事务是恰当的，在改革开放之后，无论是城市居民还是农村农民，他们的民主参与能力都得到了普遍的提高，由他们参与国家或地方事务的管理就是顺理成章的事情。

毛泽东的基层民主自治理论。早在新中国成立之前的新民主主义革命战争时期，毛泽东已经对中国农村基层民主建设展开了研究，他得出了"乡村自治"是广大农民民主建设的必由之路，在地主阶级的反动统治被推翻的地方，"应立即实现民主的乡村自治制度，变无政府为有政府，具体的建立农村联合阵线，以免去农民孤立的危险，农村中武装、民食、教育、建设、仲裁

---

[1] 马克思，恩格斯. 马克思恩格斯选集：第3卷 [M]. 北京：人民出版社，1995：289.
[2] 列宁. 列宁选集：第3卷 [M]. 北京：人民出版社，1995：770-771.
[3] 列宁. 列宁全集：第36卷 [M]. 北京：人民出版社，1985：150.

等问题也才有最后的着落!"① 毛泽东认为,无论何时何地,中国共产党人都要尊重人民群众,让他们畅所欲言,只有这样才能避免民主流于形式。对于社会主义的协商民主,他的观点和马克思主义经典作家的观点基本是一致的,比如,毛泽东也认为基层民主自治的顺利执行,是人民群众监督政府官僚最为有效的手段,不仅如此,毛泽东对基层民主的认识有他独到之处,他认为在中国开展基层协商民主至少还有以下三重重要意义:其一,开展基层协商民主,关系到中国革命和建设任务的完成;其二,开展基层协商民主,关系到中国共产党领导地位的巩固;其三,开展基层协商民主,关系到中国共产党和中央政府决策的科学性和合理性。

邓小平基层民主自治理论。邓小平的民主理论突出两个重点,一个是党内民主建设,另一个就是基层农村民主建设。邓小平在长期的政治实践中总结出的经验是,党内的民主是其他一切民主的基础,如果党内民主得以成功实现,人民民主就充分得到保障,为此,党的十三大报告第六部分(在改革开放中加强党的建设)明确指出:"切实加强党的制度建设……以一党内民主来推动人民民主,是发展社会主义民主政治的一条切实可行、易于见效的途径。""要改革和完善党内选举制度,明确规定党内选举的提名程序和差额选举办法……要疏通党内民主渠道和健全民主生活,使党员对党内事务有更多的了解和直接参与的机会。"② 同样是在本次报告的第五部分(关于政治体制改革第二小部分:进一步下放权力)重点提到:"在党和政府同群众组织的关系上,要充分发挥群众团体和基层群众性自治组织的作用,逐步做到群众的事情由群众自己依法办事。"邓小平是一位非常务实的政治家,关于基层民主自治,他简明扼要地指出:"调动积极性,权力下放是最主要的内容。""把权力下放给基层人民,在农村就是下放给农民,这就是最大的民主。我们讲社会主义民主,这就是一个重要内容。"

江泽民基层民主自治理论。江泽民对基层民主自治理论的最大贡献是提

---

① 中共中央文献研究室. 毛泽东文集:第1卷[M]. 北京:人民出版社,1993:42-44.
② 赵紫阳. 沿着中国特色的社会主义道路前进——在中国共产党第十三次全国代表大会上的报告[N]. 人民日报,1987-10-26(01).

<<< 第三章 "施仁政"传统思想与当代中国"基层民主自治"公共政策

出"四个民主"(民主选举、民主决策、民主管理、民主监督)。他在1997年9月召开的党的十五大报告中指出:"城乡基层政权机关和基层群众性自治组织,都要健全民主选举制度,实行政务和财务公开,让群众参与讨论和决定基层公共事务和公益事业,对干部实行民主监督。"①② 1998年11月召开的第九届全国人大常委会第五次会议上,将"四个民主"写进了新颁布的《村民委员会组织法》,从此,"四个民主"以法律的形式得以正式确认,"四个民主"的内容确立之后,江泽民进一步指出,"当前,重点要抓好村级民主制度建设,依法健全三项制度:一是村民委员会的直接选举制度,让农民群众选举自己满意的人管理村务。二是村民议事制度,村里的大事,都要经村民大会或村民选出的代表讨论,不能由少数人说了算。三是村务公开制度,凡是群众关注的问题,都要向村民公开,接受群众监督"③。他在2002年11月召开的党的十六大报告中进一步指出:"健全基层自治组织和民主管理制度,完善公开办事制度,保证人民群众依法直接行使民主权利,管理基层公共事务和公益事业,对干部实行民主监督。"④

胡锦涛的民主自治理论。胡锦涛对基层民主自治理论的贡献是,提升了基层民主在我国社会主义民主制度中的地位,将基层民主制度上升到我国政治制度的一项基本内容。胡锦涛在2007年召开的党的十七大会议上指出(文中第六部分:坚定不移发展社会主义民主政治):"要坚持中国特色社会主义政治发展道路,……坚持和完善人民代表大会制度、中国共产党领导的多党合作和政治协商制度、民族区域自治制度以及基层群众自治制度,不断推进

---

① 中共中央文献编辑委员会. 邓小平文选:第3卷[M]. 北京:人民出版社,1994:242-252.
② 江泽民. 高举邓小平理论伟大旗帜,把建设中国特色社会主义事业全面推向二十一世纪——在中国共产党第十五次全国代表大会上的报告[N]. 人民日报,1997-09-13(01).
③ 中共中央文献研究室. 江泽民论有中国特色的社会主义(专题摘编)[M]. 北京:中央文献出版社,2002:314.
④ 江泽民. 全面建设小康社会,开创中国特色社会主义事业新局面——在中国共产党第十六次全国代表大会上的报告[N]. 人民日报,2002-11-09(01).

社会主义政治制度自我完善和发展。"① 将基层群众自治制度与人民代表制度、多党合作和政治协商制度、民族区域自治制度三项制度并列，这意味着我们党将基层民主视作社会主义民主的重要一环，这一民主制度，以农村基层民主、城市基层民主和企事业单位的基层民主等三种形式，将人民民主渗透到整个社会的各个角落。

（二）我国基层民主自治建设的历程

中国农村基层民主自治大概分成"自发自治"和"规范化自治"两个阶段。

"自发自治"阶段（1979—1987）。1978年以前，我国农村基层分别经过了农村基层政权和人民公社"政权合一"两个阶段。第一个阶段，在农村基层普遍建立区、乡人民代表会议制度，定期召开人民代表大会；第二阶段，在农村基层建立公社、生产大队和生产队三级管理体制，人民公社实行"党政合一""政企合一""政事合一"管理体制，对基层农村的政治、生产、家庭实行高度集中的统一管理。

1978年之后，人民公社被逐渐废除，以"家庭联产承包责任制"为主要内容的经济体制改革在农村兴起，由于旧的高度集中的管理体制不能适应这种形势的变化，于是，在一些农村地区，农民自发地建立了自己的村民自治组织。1980年2月，广西壮族自治区今宜州市三岔公社合寨大队果作生产队的村民，以无记名投票的方式选举产生了中国历史上真正意义上的村民自治组织——果作村民委员会。之后，河南、山东、四川等省的一些农村地区也陆续成立了类似组织，但名目繁多，有的叫村管会，有的叫议事会，还有的叫治安领导小组，这些组织自己制定相关规则来管理防火、防盗等社会公共事务。这些民间自治组织的出现受到了中央管理层的高度重视，由于这些组织适应了当时农村以"家庭联产承包责任制"为主要形式的经济改革的需要，为此，中央及时地出台了相关法律条文承认它的合法地位，并随后发出通告，鼓励在农村建立此类组织。1982年颁布的《宪法》第111条明确了村民委员

---

① 胡锦涛. 高举中国特色社会主义伟大旗帜为夺取全面建设小康社会新胜利而奋斗——在中国共产党第十七次全国代表大会上的报告 [N]. 人民日报，2007-10-16（01）.

会是群众性自治组织的法律地位,该条文规定:"城市和农村居民居住地区设立的居民委员会或者村民委员会是基层群众性自治组织。居民委员会、村民委员会的主任、副主任和委员由居民选举。"1983年《中共中央、国务院关于实行政社分开建立乡政府的通知》强调,要在建立乡政府的过程中设立村民委员会。①

规范化自治阶段(1987年至今)。1987年之后,我国政府陆续颁布了多项村民自治的法令,或者成立相关机构,这些法令的出台和相关机构的设立,标志着我国农村基层民主自治开始走向规范化道路。1987年11月,第六届全国人大常委会第二十三次会议颁布了《中华人民共和国村民委员会组织法(试行)》。1988年民政部专门成立了"基层政权建设司"作为政府主管机构推动村民自治的实行。自该年起,国务院每年的《政府工作报告》都对贯彻《村民委员会组织法》、推进村民自治提出了明确要求。1994年,民政部概括出村民自治权"四个民主权利"(民主选举权、民主决策权、民主管理权和民主监督权)。1998年11月,第九届全国人民代表大会常务委员会第五次会议正式颁布了修订后的《中华人民共和国村民委员会组织法》。2007年,党的十七大报告将基层群众自治制度确立为我国社会主义民主政治的四项制度之一。2008年,党的十七届三中全会通过《关于推进农村改革发展若干重大问题的决定》。②

我国城市社区民主自治建设大概分逐步恢复阶段、试点推动阶段和完善提高三个阶段。

逐步恢复阶段(1978—1991)。居委会是城市居民委员会的简称,新中国成立初期,我国天津、武汉、成都和上海等大城市就有大量的类似组织,当时此类居民组织名目繁多,防护队、防盗队、居民组都是此类性质民间自治组织,其运作模式是基于民主选举的原则,秉承五四宪法精神的第一部《城市居民委员会条例》,就是在1954年召开的第一届全国人民代表大会常务委

---

① 唐震.改革开放以来的村民自治实践及启示[J].中共云南省委党校学报,2008(03):14.
② 颜艳.建国60年来农村基层民主自治实践及启示[J].西安社会科学,2010,28(01):108.

员会第四次会议上通过并颁布的，该条例的颁布有力地促进了居民委员会组织建设的全面展开，此后四年（1954—1958）是我国居民委员会建设的第一个黄金发展时期。但1958年之后，随着"大跃进"和人民公社的逐步展开，城市居民委员会建设遭到破坏，其一是民主选举原则被否决；其二是意识形态优先原则（"以阶级斗争为纲"）使得该组织的工作逐渐被"行政化"，至此，居委会的自治功能消失殆尽。在党的十一届三中全会"拨乱反正"之后，曾经废除的《中华人民共和国城市居民委员会条例》在1980年1月19日又被全国人大常委会重新颁布，1982年修订的宪法重新确立城市居民委员会的自治性质，该宪法修正草案说明提到，居委会在我国过去的实践中取得了良好的成效，它对我国城市基层的公共事务和公共事业起到了很大的促进作用，所以将它列入宪法修正草案，并且规定它是群众性的自治组织，它和基层组织的关系由法律具体规定。第一部正式的《中华人民共和国城市居民委员会组织法》于1989年12月26日在第七届全国人大常委会第十一次会议上制定并获得通过，该法自1990年1月1日施行之后，全国各地的基层组织都开始自觉贯彻执行《中华人民共和国城市居民委员会组织法》，与此同时，旧的《城市居民委员会组织条例》（1954年12月31日全国人民代表大会常务委员会通过的）被彻底废止。

  试点推动阶段（1991—2002）。城市居民组织法正式确立之后，民政部的工作重点开始转向"社区建设"的相关内容上来，首先是"社区建设"的理论构建，为此，民政部基层建设司分别在1992年6月和1992年9月举办了两个社区理论研讨会，第一个"社区建设理论研讨会"于1992年6月在天津市召开；第二个"社区理论研讨会"于1992年9月在杭州召开。这两次会议主要是围绕社区建设的内涵、目标、意义、原则、方法、管理体制等方面展开的，会议结束之后，与会者在上述诸多要素方面达成了共识。社区理论建设初步完成之后，党中央和国务院14个部委在1993年8月向基层单位联合发布了《关于加快发展社区服务业的意见》一文，两年之后（1995年12月）民政部专门制定了《全国社区服务示范城区标准》，至此，社区建设的理论和实践标准工作基本完成。四年之后（1999年），社区建设的试点工作在全国26个城区开展，同年，民政部不仅对社区建设的总体目标、基本原则、工作方法和组织原则等进行具体规定，而且还颁布了《全国社区建设实验区工作实施方案》，目的是要努力探索出与社会主义市场经济相匹配的社区建设管理体制和运行机制。2001年7月，民政部启动了大中城市的社区建设示范活动，一年之后（2002年），杭州、宁波等27个城市被确认为"社区建设示范市"，西湖、镇海等148个区被民政部确认为"社区建设示范区"，至此，全国城市社区建设示范活动告一段落。

完善提高阶段（2002年至今）。2002年11月8日，江泽民在党的十六大进行《全面建设小康社会，开创中国特色社会主义事业新局面》的报告，报告第五部分第一小节（坚持和完善社会主义民主制度）关于基层民主的内容中出现如下表述："完善城市居民自治，建设管理有序、文明祥和的新型社区。"[1] 这是党代会文件中第一次出现"新型社区"的字样，其实就是为全国社区建设指明发展方向。新型社区的要素很多，但概括起来有如下几点：居民自治、管理有序、服务完善、治安良好、环境优美、人际关系和谐。2003年6月19日，中共中央办公厅和国务院办公厅联合下发《关于积极推进企业退休人员社会化管理服务工作的意见》，这意味着原来由企业承担发放养老金的业务转移到社区手中，从此，企业退休人员养老金发放纳入社区管理范畴。2005年8月，民政部提出和谐社区建设目标，并在一年之后（2006年7月）以此为标准，在全国范围内开展"建设和谐社区示范单位"活动，到2007年年底，这一活动初见成效，据不完全统计，8万余个新型社区居民委员会在全国已经建立起来。这标志着我国城市社区建设到达一个崭新的阶段。[2]

三、民主自治思想对仁政思想的继承和发展

（一）民主自治思想对仁政思想的继承

新中国成立之后，政府颁布各项政策积极推动各级政府的有效治理，总体而言，政府做到了从人民的根本利益出发，对广大民众广施"仁政"，使之

---

[1] 江泽民. 全面建设小康社会, 开创中国特色社会主义事业新局面——在中国共产党第十六次全国代表大会上的报告 [N]. 人民日报, 2002-11-09 (01).
[2] 王久高. 改革开放以来我国城市社区民主自治建设的历史考察 [J]. 中国特色社会主义研究, 2009 (01)：39-41.

安居乐业。

从仁政的理想蓝图看，古代仁政的理想蓝图是建立一个"天下为公"的"大同世界"，中国古代历朝政府在这个问题上力求做到这一点，尽量将自己的政府"证实"为这样一个替"天下黎民"服务的"大公无私"的政府，一来是显示统治者有仁爱之心，二来以此证明自己政府的合法性。然而无论哪个朝代的哪届政府都没能真正做到这一点，汉文帝统治下的政府是目前学者认为在古代中国做得最好的一届政府，但与仁政的理想还是有一段差距。新中国是由共产党领导的社会主义国家，社会主义国家的立国思想是马克思列宁主义，它设想的未来世界蓝图是在全世界实现人人平等、各取所需的共产主义社会，从这一标准看，中华人民共和国的理想蓝图完全是"天下为公"的"大同世界"。

从经济纲领看，仁政的经济纲领是"制民之产"，要让国家稳定，百姓安居乐业，发展经济是政府的首要任务。自新中国成立的第一天起，中国政府就将发展生产、恢复国民经济作为自己的首要任务。仁政经济纲领的实现途径是实施"井田制"，所谓的"井田制"就是厘清地产的产权，以免其经济利益受到统治阶级的侵害。新中国在1950年6月展开了轰轰烈烈的"土地运动"，废除了封建土地所有制，实行农民阶级的土地所有制，以达到早日恢复和发展农村经济的目的。在工业领域，则是没收官僚资本企业归国有，改造民族资本企业，以达到早日恢复和发展工业经济的目的。

从政治纲领看，仁政的政治纲领是"民贵君轻"，人民、国家和统治者的关系是，人民第一，国家第二，统治者第三；统治者与人民的关系是，人民决定统治者的去留，人民满意统治者的作为，统治者才能继续施政，人民不满意统治者的政绩，则统治者就失去继续执政的合法性。新中国成立之后，国家将人民放在空前的高位，中华人民共和国第一部宪法（也称"五四宪法"）第一章第二条明确规定："中华人民共和国的一切权力属于人民。人民行使权力的机关是全国人民代表大会和各级人民代表大会。"这一规定充分显示人民在新中国至高无上的地位，在人民和国家领导的关系问题上，"五四宪法"第二章第二节第三十九条规定："中华人民共和国主席由全国人民代表大会选举（产生）。"中国政府也在实践中遵循了这一法律，1954年9月15日第一届全国人民代表大会在北京召开，毛泽东由会议全体一致选举为中华人民共和国主席，朱德由会议全体一致选举为中华人民共和国副主席，其他重要职务都是由选举产生，所有这些都说明，新中国的政府真正是人民的政府，从政治纲领上看，我们的党在施仁政。

从教育纲领看，儒家圣贤非常重视"教化"在治国理政中的作用，孔子希望通过"礼乐"使得百姓"仁者爱人"，孟子希望君主"以德服人"使天下得到"善治"。中国共产党批判性地继承了孔孟的"仁政"思想，而且在社会实践中逐渐形成了自己新的"仁政观"。毛泽东强调我们用共产主义思想教育广大人民群众，他提出："我们的教育方针，应该使受教育者在德育、智育、体育几方面都得到发展，成为有社会主义觉悟的有文化的劳动者。"[1] 共产党领导中国人民，不是要扭曲人们的心灵，使之成为循规蹈矩、唯唯诺诺的"臣民"，而是要培养他们成为有共产主义理想的一代新人。

新中国成立初期，国家施行了"城乡分治""以农促工"等一系列公共政策，引发了在对待农民的问题上党和政府是否施"仁政"的讨论。二十世纪五十年代，"中国最后一个儒家大师"梁漱溟（也是著名的农民问题专家）与毛泽东就"工人九天，农民九地"的论战就是这一问题的缩影，"以农促工"政策与"仁政"（对农民而言）的关系也是我们需要厘清的问题之一。

"城乡分治"和"以农促工"政策在某种程度上是一种偏向政策，这一政策的实施，在一定程度上损害了农民的利益，这是毋庸置疑的。那么，二十世纪五六十年代，中国为什么要采取"城乡分治"和"以农促工"政策？这与国家当时的发展战略有关，初期的新中国是一个工业基础非常薄弱的农业化国家，迫于恶劣的国际形势，中国要尽快实现工业化，以免受西方国家（以美国为首的）的军事威胁，尤其是尽快发展重工业，这是国家的战略方针使然，为此，周恩来总理制定出"集中主要力量发展重工业，建立国家工业化和国防现代化的基础"的"一五"计划。[2] 但建设重工业并非一朝一夕的事情，重工业是一个非常消耗资金并且建设周期长的产业。在当时特定的形

---

[1] 中共中央文献研究室. 毛泽东文集：第7卷 [M]. 北京：人民出版社，1999：226.
[2] 中共中央文献研究室. 周恩来选集：下卷 [M]. 北京：人民出版社，1984：133.

势下，重工业建设资金的缺口只能由农业来填补。正如陈云所说："中国是个农业国，工业化的投资不能不从农业上打主意。"① 于是"以农促工"政策就在这种时代背景下出台了。

随着该政策的逐步展开，梁漱溟认为，新中国将建设重点放在城市和工业之上，这导致"工人九天，农民九地"状况的出现，于是"廷争面折"的故事就发生了。实事求是地说，"工人在九天之上，农民在九天之下"的说法有些夸张，但"以农促工"政策的实施的确会导致农民利益受损现象的出现，在中国的工业化进程中，农村的发展速度明显低于城市，这一事实能够佐证这一点。改革开放之后，中央开始进行政策调整，提出以科学发展理念统筹城乡经济社会的发展，才出现今天城乡同步发展的良好局面。

但"以农促工"政策是否就是非"仁政"政策？未必如此！我们判断政府是否施"仁政"，要看它是否满足人民的利益，而人民利益有现实利益和长远利益之分，有时候为了长远利益而暂时放弃现实利益往往是政策的正确方向。有鉴于此，毛泽东在"廷争面折"中反击梁漱溟说："有人不同意我们的总路线，认为农民生活太苦，要求照顾农民。这大概是孔孟之徒施仁政的意思吧。然须知有大仁政、小仁政者。照顾农民是小仁政，发展重工业，打美帝是大仁政。施小仁政而不施大仁政，便是帮助了美国人。"② 从上述辩论中，我们可以得出结论："以农促工"政策不是非"仁政"政策，而是"大仁政"政策。

民主自治传承仁政"与民同欲"思想。改革开放之前，由于政治和经济体制的原因，中国基层民众的民主意识不强，所以他们没有强烈的自由民主需求。从政治上看，"从建国到'文化大革命'前，党和国家政治生活民主化、法制化的进程没有能够顺利发展，权力过分集中于个人，个人崇拜现象达到高峰……这期间，中国的政局动荡、经济倒退、文化流失、民主退步、人人自危"③。从经济上看，由于计划体制的实施，行政命令和计划指令在国

---

① 朱佳木. 陈云与中国工业化起步过程中若干基本问题的解决 [J]. 当代中国史研究，1995 (03)：19.
② 汪东林. 梁漱溟与毛泽东 [M]. 长春：吉林人民出版社，1989：22-23.
③ 零月莹. 从"举牌哥"浅谈中国民主进程 [J]. 传承，2012 (16)：93.

<<< 第三章 "施仁政"传统思想与当代中国"基层民主自治"公共政策

家社会生活中占据主导地位,政府几乎包揽了人的一切,职业、住房和一切社会福利都由政府来提供,人民鲜有社会结社的权利,遑论自由民主权利的追求。

但改革开放之后,上述状况有了根本性的改变,以邓小平为首的党的第二代领导集体执掌中国政权以来,无论是在政治上还是在经济上都做出重大的政策调整。在政治上,放弃了传统意识形态优先的政治政策,在"四个坚持"的前提下,将发展经济作为党和国家的工作重心。在经济上,放弃传统单一的计划经济体制,逐步引入市场经济体制。政策调整之后,政府的职能转变了,政府不再事无巨细管理社会大大小小的一切事物,政府只是负责规则的制定,至于就业、住房建设等事务都应该推向市场,而就业市场化、住房商品化的改革使得民众对政府的依赖大大减少。从个人与组织的关系看,以前个人非常依赖"单位",个人利益的获取都是通过"工作单位"来实现的,"工作单位"通过利益的分配对个人实现全方位的管理。随着市场机制的确立,"单位"对个人的控制和约束大大降低,人们正从过去的"单位人"逐渐变成今天的"社会人""社区人"。在个人与家庭的利益关系上,过去是家庭利益优先,民众通常是先注重家庭利益,再关注个人利益,为了家庭整体利益甚至可以牺牲个人利益;今天民众转变了观念,开始以个人利益为重,为了实现个人利益甚至可以牺牲家庭利益。总之,"单位人"向"社会人"或"社区人"的转变,标志着人与社会的关系发生了重大的变化,民众开始自由地掌握着职业选择和社会活动的自主权,而这种自主权的实现为整个社会民主生活的开展创造了条件,"实践证明,居民委员会自治和村民委员会自治大大推动了中国的民主化进程,推动了中国的民主与法治建设"[①]。

当党和政府觉察到基层民众民主自治欲望后,不但没有阻止,反而积极配合。中国第一个真正意义上的基层民众自治组织——果作村民委员会,是在1980年2月成立的,两年之后(1982年12月4日)新修正的宪法第111条就对此做出了积极回应。一是以国家根本法的形式确立了基层民众自治组

[①] 潘允康,王光荣. 基层群众组织——民主自治的理性思考[J]. 社会,2001(08):26.

织的合法地位,"城市和农村按居民居住地区设立的居民委员会或者村民委员会是基层群众性自治组织。居民委员会、村民委员会的主任、副主任和委员由居民选举。居民委员会、村民委员会同基层政权的相互关系由法律规定"。二是以国家根本法的形式赋予基层组织管理其居住地区事务的权力,"居民委员会、村民委员会设人民调解、治安保卫、公共卫生等委员会,办理本居住地区的公共事务和公益事业,调解民间纠纷,协助维护社会治安,并且向人民政府反映群众的意见、要求和提出建议"①。

孟子"仁政"思想的行动纲领是"与民同欲",它有三个环环相扣的必然性推理:从如何得天下到如何得民,从如何得民到如何得民心。如何得天下——得民则必得天下;如何得民——得民心则必得民;如何得民心——君主与民同欲则必得民心。党和政府积极回应基层民众的民主政治诉求,而且把"'人民拥护不拥护''人民赞成不赞成''人民高兴不高兴''人民答应不答应'作为社会主义一切政策和工作的出发点和归宿"②,这是"与民同欲"的应有之义。

民主自治传承仁政"选贤与能"思想。"仁政"思想将"选贤与能"作为实现"天下为公"理想蓝图的必要条件,因为只有贤士治理国家才能天下大治。孟子认为,用贤士治理国家,杰出的人在位,那么天下的士人都会高兴,而且愿意到那个朝廷去做官。不任用仁德贤能的人,那国家就会缺乏粮食;没有礼义,上下关系就会混乱;没有好的政治,国家的用度就会不够。

改革开放之前,中国基层组织的官员是由上级部门指派的,在"廷争面折"中,毛泽东对梁漱溟所提农村基层干部问题回答道:"90%的乡村和干部都是好的,落后的乡村和有问题的干部也主要是打击反革命分子的问题。"③如果说,在改革开放之前以上说辞还基本符合事实的话,那么在改革开放之后,情况就发生了微妙的变化,由于受到西方享乐主义和商品经济负面效应

---

① 中华人民共和国宪法[EB/OL].(2018-03-22)[2021-05-21]. https://news.youth.cn/sz/201803/t20180322_11528296.htm.
② 杨玉凤.民本思想与建设有中国特色的社会主义民主政治[J].龙岩师专学报,2000(01):40.
③ 王玉贵.试析1953年梁漱溟受到批判的原因[J].中共青岛市委党校,2014(06):40.

的侵蚀，基层干部产生了一些错误的思想观念，他们或者认为个人权力的获取是自己努力奋斗的结果，或者认为既然权力是上级机关或领导赋予的，那么，不必对治下的民众负责，而是对上级单位或上级领导负责，于是，便出现贪污腐化、乱收费用、欺压百姓、残害群众等违法乱纪现象，这些现象或许只是发生在少数的基层干部身上，但它却严重破坏了党在基层群众中的光辉形象，给基层群众造成短时间难以抚平的伤害，在一定程度上造成了基层干部和群众关系紧张的局面。

上级机构任命基层官员的不合理性在于，不是民选的基层政府官员，只能对上负责而不能对下负责，从"仁政"的角度看，没能在广大的民众之中"选贤与能"，这导致基层管理的混乱，于是，我国基层单位出现了由群众选拔官员的政策尝试，基层民主自治就是这种思想转变的政策尝试。

在我国的基层民主自治政策尝试中，"民主选举"是施"仁政"的第一步，基层治理要保证基层群众的根本利益，只有真正代表群众利益的"贤能之士"走上领导岗位，才能保证基层群众的根本利益的实现，群众有自己的观察和判断能力，通过民主选举形式能够保证真正有道德和有才能的人走上基层干部岗位；"民主决策"是施"仁政"的第二步，所有基层社会的议题都涉及基层群众的切身利益，"民主决策"能够保障基层政府的决策不偏离基层群众利益的方向；"民主管理"是施"仁政"的第三步，基层的公共事务和公共事业攸关基层群众福祉，基层群众有权参与其中的管理；"民主监督"是施"仁政"的第四步，基层群众有权对所有基层行政行为进行有效的民主监督。

（二）民主自治思想对"仁政"思想的超越

民主自治思想来源于"主权在民"理念，它远远超越了"主权在君"理念设计下的"仁政"思想。首先，这种思想强调一切权力属于人民，人民是国家的主人，人民有权根据自己的意愿选举治理本地区的领导人，有权参与管理本地区的大大小小的一切社会事务，人民将自己的幸福掌握在自己的手中。"仁政"思想强调一切统治者都要本着"仁者爱人""仁义为本""克己复礼"的精神做人民的表率，主张对人民施"仁政"，不施"暴政"，"省刑罚、薄敛赋""富民养民"，不"横征暴敛""骚民扰民"。除此之外，还追求

"天人合一","致中和,天地位焉,万物育焉"的精神境界。尽管儒家的"仁政"思想在治理传统社会的时候有独特的功效,但它的本质在于维持"君君臣臣、父父子子"为基础的社会等级秩序,在这种等级森严的体制下,统治者将"施仁政"视作对人民的一种赏赐和恩惠,新儒家"施仁政"也仅仅是其继续执政的工具和手段,因此"施仁政"的统治者才有长期执政的合法性和正当性。

新儒家学者(如熊十力等)过分地解读了"施仁政"的精神内核,将其与现代民主自治思想相提并论,他们惊叹儒家思想的博大精深、源远流长,在考证大量史料的基础上,通过对儒家经典新的诠释,得出儒家"以民为本"思想接近于现代"以人为本"民主思想的结论。新儒家学者认为:"儒家的'仁学'与自由主义都包含着'把人当人看'即'人是目的'基本观念,但又从不同的侧面将这一观念给以具体化……儒家的'仁学'作为一伦理型的政治学说主要从伦理关怀的角度发展了人的同情心。"①"这样就使得儒家的'仁政'不仅具有了人类梦寐以求的自由、平等、民主等性质,也具有了现代社会政治安排的可操作性。"② 所以,新儒家学者认为,假以时日,"以民为本"思想会过渡到现代"以人为本"民主思想。在这里,我们暂且不去论证"以民为本"与"以人为本"的关系,单从孟子"仁政"思想中君权至上、君民关系尊卑分明这一点,可以判断孟子"仁政"中的"民本"与人民是国家主人的"民本"有根本的差别,前者只会导致中国社会长期在专制体制中徘徊,绝对不可能走向现代的民主体制,甚至会彻底滑向更加专制的深渊,董仲舒将君权至上思想上升到宇宙本体的高度,足以证明其后的儒学家已经将"仁政"思想演变为统治者对人民实现专制的工具。

民主自治是真正的"以人民为中心"的思想理念。真正的"以人民为中心"不是儒家"仁政"思想中的"替民做主""制民之产""庶之富之""以政裕民",或者"因民之所利而利之"之类的东西,那都是"父道"政治的

---

① 朱根友. 从人道主义角度看儒家仁学与自由主义对话的可能性 [M]. 北京:三联书店,2001:359.
② 宋开之,葛宽余. 论儒家民主思想的缺失 [J]. 南京理工大学学报(社会科学版),2011,24(02):68.

<<< 第三章 "施仁政"传统思想与当代中国"基层民主自治"公共政策

产物,真正的"以人民为中心"是还政于民,衡量的标准也不是政府为人民做了多少实事或者为人民增加了多少收入,而是是否尊重人民的选择,是否让人民有民主自治的权力。习近平在党的十九大报告中指出:"必须坚持以人民为中心的发展思想,不断促进人的全面发展、全体人民共同富裕。"① 以人民为中心的发展理念是当代中国关于人的发展的最新成果,马克思认为,人的全部潜能只有在实现了共产主义社会以后才能全部发挥出来,因为只有到了共产主义社会,人才不会受到各种条件的约束,这时候,人才是真正自由的,才有可能发挥出所有的潜能。处于社会主义初级阶段的中国领导人,一直致力于将人的能力全部发挥出来,在中国革命时期,毛泽东始终重视群众的力量,把能否发挥出广大工人和农民的积极性视作中国革命能否胜利的关键,他认为,只有将广大的工人和农民都发动起来了,才会形成一股力量。在改革开放过程中,邓小平通过"家庭联产承包责任制"将农民农业生产的积极性发挥出来了,通过"对外开放"将全体中国人民经济建设的积极性发挥出来了。2014年3月27日,习近平在中法建交50周年纪念大会上指出:"每个人获得发展自我和奉献社会的机会,……保证人民平等参与、平等发展权利,维护社会公平正义,……朝着共同富裕方向稳步前进。"② 在基层建设中,为了保障人民获得平等参与、平等发展的权利,民主自治就是必然的选择,人民有选择自己生活方式的自由,也有获得参与基层社会民主管理的权利,让人民获得这一权利,不仅仅能够调动其基层建设的积极性,而且有可能使其全部的潜能发挥出来。

---

① 习近平. 决胜全面建成小康社会夺取新时代中国特色社会主义伟大胜利——在中国共产党第十九次全国代表大会上的报告 [M]. 北京:人民出版社,2017:5.
② 习近平. 决胜全面建成小康社会夺取新时代中国特色社会主义伟大胜利——在中国共产党第十九次全国代表大会上的报告 [M]. 北京:人民出版社,2017:5.

第四章

"重民生"民本思想与当代"以经济建设为中心"公共政策

本章提要:"重民生"是中国优秀的传统思想。儒家从"仁义"出发,推出"重民生"思想,儒家"重民生"思想体现在"富民"政策主张上,主张税收方面要轻、薄。道家从"无为"思想出发,推出君主应该实行无为而治的政策主张,这一政策要求君主顺应民众,不与民争,不要肆意妄为,不能以自己的主观意愿和想象行事。"无为"的思想深刻体现了老子的"重民生"理念,老子极力反对君主对人民横征暴敛,同时还奉劝统治者不要参与争霸,强迫治下民众参与战争。墨家从"兼相爱,交相利"出发,得出君王要克己节俭,君王应轻徭薄赋。得民心者得天下。"以经济建设为中心"政策是对古代"重民生"思想的继承,经济是政权稳定和社会发展的物质基础,没有解决经济问题,民心会慢慢丧失,一切的一切都将不复存在,这是永恒的真理,任何时候都不会改变。党和政府提出"以经济建设为中心"不仅仅是对传统"重民生"的继承,而且还有所超越,不像古代君王那样是为了稳固自己的政权而为之,而是把致力于民生建设,提高人民生活水平,实现共同富裕作为自己的终极目标。

一、传统"重民生"民本思想的起源、发展和其在古代社会的实践

(一)诸子百家对"重民生"民本思想的定义

春秋战国时期是我国古代历史上的大变革阶段。周王朝衰败,诸侯争霸频繁,民族融合加速,分封制逐渐崩溃,封建生产关系产生,封建社会慢慢建立,中国历史进入一个新的时期。在这个阶段,民本思想开始涌现,许多思想大家——孔子、孟子、老子、墨子等的思想都含有相当一部分的民本因素。而许多诸侯国为了谋图霸业，不断变革，经济基础和政治制度发生了较大变化，因此，从君主到一些大臣也对"民"的认识有了新的提高——国之兴亡与民心向背紧密相连。这一时期，政治家思想家已经将重民保民的理念变为政治思想领域内的主流意识，"以民为本"的主张已渐渐成为百家共识。这里主要阐述儒、墨、道三家的民本思想。

儒家"重民生"民本思想。儒家的民本思想主要体现为"仁爱"。孔子"仁"的思想为长期受压迫被忽视的普通民众带来了第一道曙光，仁的精神核心在于爱人与推己及人，它倡导国家的统治者对治下之民要怀有仁爱之心，在具体的国家政策中要实行德政，就是为政以德，以"仁"爱民，主张养民和教民。孔子的"重民生"民本思想最重要的是他的"富民"思想。他曾说过，要是百姓富足，君王不会不富；百姓如果不富足的话，君王又怎么能够真正富足呢？他还表示，君王为政最紧要的事就是使百姓生活富足且长寿安乐。因此，孔子提倡君王在财政方面要节用，在税收方面要轻、薄，他认为这样自然而然就能实现民富。但是孔子的主张还是具有局限性，他的"富民""仁爱"思想都是为了稳固君王统治，而且他偏向于"兴灭国继绝世"①，主张用礼制约束国家和社会，君臣、父子、贵贱、尊卑都有严格的区别，虽然孔子的礼制思想注入了"富民"和"仁"的内容，但他仍然认为人们要遵守严格的社会等级制度，从而恢复他理想中的西周旧制度。

儒家的另一位代表人物亚圣孟子，他的"重民生"民本思想则更为充分。孟子主张："民为贵，社稷次之，君为轻。是故得乎丘民而为天子，得乎天子为诸侯，得乎诸侯为大夫。"他把"仁"的思想由伦理角度向政治领域扩展，所谓"民贵君轻"如是也。② 孟子还继承并丰富了孔子的"富民"思想，他认为君王在推行仁政和节制税赋的同时，还要重视发展生产。孟子认为要实现民富国强，就要让百姓积极地从事农业生产，再加之轻徭薄赋，就可让国家壮大。③ 但是我们要知道，孟子的"重民生"思想主张并不是以人民为本位，而是以天子为主体。孟子依然强调礼义，也不许紊乱纲常等级的名分。

---

① 张文超. 孔子政治伦理思想初探 [D]. 上海：上海师范大学，2006：32.
② 王园园. 孟子民本思想及其当代价值研究 [D]. 北京：首都师范大学，2014：35.
③ 王园园. 孟子民本思想及其当代价值研究 [D]. 北京：首都师范大学，2014：35.

他提倡统治者要"得民心",安其心,从而"得天下"。孟子的民本思想是孔子"仁"的思想的发展进步,虽然不能从根本上解决中国古代社会的基本矛盾,却可以在一定程度上制约专制君权的肆意发展,对历史的发展起到了非常重要的作用。

墨家的"重民生"民本思想。我们从孔孟二人可以看到,儒家的"重民生"民本思想侧重于从统治者的角度出发,而墨家的"重民生"民本思想则更多侧重于从社会底层民众出发。墨家的思想更为贴近普通民众,这与他的出身有很大的关系。墨子平民出身,是中国古代历史上唯一一个平民出身的哲学家。作为一个出身平凡的人,墨子小时候做过牧童,做过木匠,但是他是一个没落的贵族后裔,虽说到他这里早已是平民,但墨子仍然接收到了必不可少的文化教育。他早年师从儒家,因不满儒家的学说,舍弃了儒学,建立了自己的墨家学派。墨子学说反映了他对民众的重视和民众最想表达的社会要求,其中,最具代表性的有"兼爱""非攻""尚贤""尚同""非命"等。墨子的"兼爱"和"非命"思想正是对儒家的"天命"与"爱有等差"的抨击,墨子认为当官的没有谁是永远高贵的,普通老百姓也没有一直低贱的,谁有才能就选拔谁,谁无才能就罢免谁。官员责在施政,施政要有才能,谁有才能谁就当官,民可以为官;谁没有才能就罢免谁,官可以为民。墨子认为君臣上下、父子兄弟都要相互友爱,大家都是平等的地位,爱别人要像爱自己一样,并认为社会上出现"强执弱""富侮贫""贵傲贱"的现象,就是天下人不相爱所致。

墨子的"富民"思想相比于孔孟二人则更为丰富。他的"富民"思想主要体现在三方面。第一,君王要实行对百姓有利的政策。他提倡君王要做对天下苍生有利的事,根除对天下苍生有害的事,也就是"兴天下之利,除天下之害",只有这样天下百姓才会对君王归心。第二,君王要克己节俭。墨子主张君王不能随便凭自己的意愿行事,不能贪图享乐,而应该节俭度日,节省不必要的花费,减轻百姓负担。第三,君王应轻徭薄赋,百姓应努力劳动。墨子主张君王要给百姓生产创造更好的环境,而沉重的徭役会挤压生产时间,还会给百姓带来身体上的负担,不利于农业生产。同时,百姓自己也应该辛勤劳动,不要只相信天命,要靠自身劳动让自己生活富足。墨子还说:"夫岂

<<< 第四章 "重民生"民本思想与当代"以经济建设为中心"公共政策

可以为命哉？故以为其力也。"认为只要努力劳作就能改变命运。[1]

在墨子的心中，爱不分阶级，而是"爱利万民，爱利百姓"，即"兼相爱，交相利"。墨子反对有高低贵贱之分的差等之爱，主张平等互爱。墨子的"兼爱"观念代表了下层劳动人民追求政治民主和人格平等的朴素道德观念，强调了对人的生存与发展权利的尊重，闪现着他理想主义的色彩和追求人类和谐平等共处的光辉。[2]

道家的"重民生"民本思想。在很多人看来，道家的"自然无为"与"民本"思想是没有什么联系的，但其实，以老子、庄子为代表的道家学派同样对基层的普通民众有着不容忽视的关注。老子、庄子在面对春秋战国时期民不聊生的现象时，同样对"民"的问题做出了深刻的思考，而且他的民本思想深度并不亚于其他学派。"无为"是老子最重要的思想主张之一，老子指出君主应该无为而治，并不是让他们无所作为，而是要求君主顺应民众，不与民争，不要肆意妄为，不能以自己的主观意愿和想象行事。"无为"的思想深刻体现了老子的"重民生"理念，老子极力反对君主对人民横征暴敛，同时还奉劝统治者不要参与争霸，强迫治下民众参与战争。他认为国家之所以难以治理，正是由于君主和贵族违背人民的利益和愿望，毫无休止地榨取民力，百姓难以生存，国家难以为继。老子提倡统治者要"无为而治"，节俭、无争而治天下，只要君主无为无欲，无事好静，那么人民自然会拥有良好的道德，自己慢慢教化自己，自己慢慢富裕起来。

如果说老子的"重民生"民本思想主要体现在统治者如何处理与民众的关系方面，那么庄子的"重民生"民本思想则更为直接，他继承了老子的思想，并对"民"的认识有了更多内涵。他说："贱而不可不任者，物也；卑而不可不因者，民也。"[3]自然万物虽然低贱，但是必须要听任；百姓民众虽然卑微，但是却必须顺随。合适地顺从民事，就如同遵循天地自然一样，可以

---

[1] 刘雪河，涂筱辉. 墨子富民思想初探[J]. 广州大学学报（社会科学版），2003（06）：5-9.
[2] 何芳. 墨子"民本"平等思想的现代审思[J]. 枣庄学院学报，2009，26（01）：127-131.
[3] 王园园. 孟子民本思想及其当代价值研究[D]. 北京：首都师范大学，2014：35.

让统治者巩固自己的地位。庄子还认为不管是天子还是平民，在自然面前人人平等。所以在《庄子·人间世》中，庄子也表达出："在自然面前，我们和国君都是上天的子女。"在治国治世方面，庄子主张"天放"，就是说放任自然，释放人的天性，让人自由生长，不被世俗规则所约束。《庄子》认为"至德之世"中人民没有礼仪规范，他们按照自己的本性过着自然而然的生活："彼民有常性，织而衣，耕而食，是谓同德；一而不党，命曰天放。……夫至德之世，同与禽兽居，族与万物并。恶乎知君子小人哉！同乎无知，其德不离；同乎无欲，是谓素朴。素朴而民性得矣。"[①] 庄子极其反对儒家所提倡的礼乐制度，认为这践踏了人的本性，只有抛弃这些仁义礼智信，人类的本性才能得到彻底解放。当然，庄子的这一思想从人类和社会发展的角度来看，自然是不符合文明的发展规律的，但是庄子是在战火纷飞、世道凋零的战国，看到人们利用文明发展的成果，来扼杀人民的性命才孕育出这一理念，从这点来看，庄子的"天放"思想是有"民本"意味的。

（二）汉唐以来"重民生"民本思想的发展

汉唐"重民生"民本思想。秦朝大兴土木耗尽民力，因此导致了秦朝二世而亡，汉初的贾谊对秦亡的教训进行了总结，形成了自己独特的"富安天下"的思想。他认为，要想王朝稳固就要安民，而安民就在于富民，故他针对性地提出使百姓富足的两点要求：第一增加生产，第二节省开支以积累社会财富。贾谊的富民思想有他的独特性，他不同于儒家富民思想中的藏富于民，又不同于法家富民思想中的藏富于国。一方面，他倡导国家要有财富，百姓也要有财富，并且二者是相辅相成的。另一方面，他强调国家的财富并不是君王的个人财富，不能因君王个人的奢侈想法而随意挥霍国家财富，而要作为战时的后备保障妥善保管；百姓的财富是为了富民而安民，统治阶级也不能随意掠夺榨取百姓的合理积蓄。

中唐的刘晏在我国古代历史上是个非常重要的经济学家，他的富民思想"上承桑弘羊、下启王安石"[②]，具有重要意义。他当职期间，战乱不断，劳

---

① 王保国. 老庄民本思想发微 [J]. 甘肃社会科学, 2006 (04): 193-195.
② 曹琳. 刘晏理财思想与财政改革措施 [J]. 中国财政, 2017 (12): 77.

动力被严重摧残，对社会生产造成直接破坏。因此，他相信"户口多了，则财富税收来源就广，所以他的富民理财观念是以爱民为本"①。当时的刘晏以开放财源为目标，着力涵养民力。他认为民力是财富增加的先决条件。为此，他采取了"老少皆宜，饥荒救人"的办法，不仅有利于农民休养，而且每年的税收也增加了许多。这个时期的唐朝也得到了一定程度的发展。

富民思想的采纳和推行，使汉唐初期成为古代封建社会的繁荣时期。秦末频发的农民战争使汉朝初期的君王们认识到了重民保民的重要性，从自身出发抑制奢靡的欲望，从外减轻农民的赋役负担，于是汉朝出现了中国古代的第一个盛世——"文景之治"。而举世闻名的"贞观之治"也是唐太宗对爆发农民起义的主要因素——"赋繁役重、官吏贪求、饥寒切身"有了一个更深的了解之后，实行了一系列扶民利民的措施才得以形成的。

宋代"重民生"民本思想。北宋时，李觏提倡"薄税敛"以富国。他认为，"所谓的富国，并不是千方百计榨取民众的财富，这样反而会使得天怒人怨，而应该加强农业的生产节约开支，这样既能让底下的百姓富足，国家的收入也能富余"。只是这种思想还是与荀子"开源节流"的说法大同小异，李觏的思想比较鲜明的特点是替富人辩护，要求封建统治者不要以"任之重，求之多，劳必于是，费必于是"的方式对待富人。因为专攻富的人，必然会使得富人们从富到穷，导致天下处处皆是穷人，国家得不到税收，皇帝将得不到利益。与李觏一样，王安石也突破了对传统观念的认识。他对聚敛与理财有着独到的见解，并认为"政府行政就避不开要理财，理财就是正道"。这与先秦儒家的"与其有搜刮民脂民膏的臣子，还不如有偷盗的臣子"相比，是一个巨大的突破。在此基础上，王安石提出了国家致富之道，"要想使天下富足，就要把国家财富反哺天地"②。他认为，天下民力，是用来创造天下财富，收取全天下的财富来供应全天下的消费。自古以来的治世，是不会把财力不足当作公患的，忧患之处在于没有找到处理财富的正确方法罢了。③ 这种观点极大地推进了早期儒家所谓的"百姓足，君孰与不足"的财政原则。早

---

① 王安石. 资治通鉴（卷226）[M]. 北京：中华书局，2011：3386.
② 王安石. 临川先生文集 [M]. 上海：复旦大学出版社，2016：1343.
③ 王安石. 临川先生文集 [M]. 上海：中华书局，1959：561-584.

期儒家的财政重在培育扩大受封建统治阶级挤压的税收，而王安石则重在"取天下之财为天下之费"，就是说既要扩大财政税收，同时也要将这些财富用之于天下，这样才能让民众竭力致富，使国家财富源源不断焕发生机，即在社会生产的基础上建设金融。他试图通过理财实现财富的分配，因此大力推行他的新政。尽管在新政实施过程中，相关措施的落实情况不尽如人意，但他倡导的抑制兼并、消除民生疾苦的主张还是值得称道的。

明清"重民生"民本思想。明中叶，丘浚把理财分为国财和民财两方面。他认为，"富国必须先让百姓富起来，要先把民众的财富处理好，其次再去处理国家财富"。因此，他主张让人民富起来，并提出"安富"的口号，强调君主必须管理人民的财富，做到"富者守其富，贫者不穷"。因此，他提倡国家只需做好财政税收，而不需要过多干预百姓个人的经济活动，这也反映出当时的商品经济得到了较大的发展。同时他表示，百姓应该拥有自己的土地，这样才能做到"丰年有追求保暖的意愿，灾年也不至于受流亡之苦"[①]。

清代魏源的富民思想则更为直接，他认为千年以来被看作是末业的工商业才是真正的致富之道，改变了一直以土地税收最为稳固的传统财政观念。他强调末业的发展是社会历史的必然，必须重视发展末业，而且要保护好富民的利益，坚决治理吏治腐败，这样国家才能富强起来。魏源的思想无疑反映了发展中的资本主义工商业与腐朽顽固的封建政权之间的矛盾，也表明了资本主义道路在中国是错误的道路，晚清政府倒台是历史的大势所趋。

（三）近代"重民生"民本思想的发展

自汉朝罢黜百家独尊儒术以来，儒家思想牢牢占据中国古代朝堂数千年之久，其民本思想影响了世世代代的中国人民。而到了近代的中国，民众们承受着西方殖民者和封建制度的双重压迫，这一时期，救亡图存是有志之士的共同追求。随着国门的打开，伴随着帝国主义侵略者坚船利炮而来的还有西方的民主思想，康有为、梁启超、孙中山等人将当时的西方民主思想与我国传统民本思想同我国实际相结合，形成了自己特有的民本思想，为自身的政治主张作指导，为进行革命斗争作武器。

---

① 陈贻汉.试析中国历代富民思想[J].财会月刊，2000（02）：40-41.

第四章 "重民生"民本思想与当代"以经济建设为中心"公共政策

康有为的"重民生"民本思想。康有为出生成长在满清末年,彼时的封建势力依然很顽固,他作为维新变法的倡导者之一,为了让封建顽固势力更容易接受自己的思想主张,他写出《孔子改制考》和《孟子微》两书,对孔孟二圣的微言大义进行了包装化的阐释,将自身了解的西方民主思想注入孔孟的话中,赋予了孔子主张共和、民主、意愿的思想,更是将孟子的重民思想与西方民主政治制度直接对等起来。在《孔子改制考》中,他着重笔墨宣扬了孔子"仁"的思想,认为"孔子之道,务民义为先",而在《孟子微》中,他将孟子的"民为贵,社稷次之,君为轻"阐释为"此孟子立民主之制、太平法也"[①]。他还说:"盖天之生物,人为最贵,有物有则,天赋定理,人人得之,人人皆可平等自立"[②],通过西方天赋人权观念对孟子"人皆可为尧舜"引申为人人生而平等,对封建的伦理纲常进行了批判。在《万身公民法目录提要及实理公法全书》中,康有为的民本思想则体现得更为充分。他注重于提升民众权利,强调公民自治,他认为,人人生而平等,但同时人与人之间各不相同,存在着差异性。虽然康有为提倡君主立宪制度,但他并不是君臣关系的忠实拥趸,在维新运动之前他主张实行日本德国那样的"实君"制,在维新变法之后,他主张"虚君",君主无实权,类似于英国。康有为强调民权,认为每个公民都应该有自主权,君民之间是平等的关系。

康有为的"富民"思想别具一格。首先,在政治方面,他倡导建立没有国家、阶级之分的"公政府",只有经济、文化职能,这样,人人就可公平受益;在生产资料方面,他认为应该把人的所有私产都上交"公政府",然后由"公政府"进行按劳分配,这样社会就能发展为他设想的"大同社会";在生产方面,他所设想的社会机器生产水平高度发达,人们不需要过多劳作,只需要在接受教育之后,在家舒适安稳度日。在现在看来,康有为的"重民生"思想,也就是他的"富民"思想是具有空想性的,在当时并不具备实现的条件,但是,他的超前思想体现了他浓厚的"重民生"情感,也对当时的社会发展起到了一定的推动作用。除此之外,康有为的"重民生"民本思想在他

---

① 康有为. 康有为全集:孟子微·卷一[M]. 北京:中国人民大学出版社,2007:54.
② 康有为. 康有为全集:孟子微·卷一[M]. 北京:中国人民大学出版社,2007:143.

的"大同说"中也有体现。

在他的大同说中，他极力陈述了他心中的大同社会——一个没有困苦，人民安居乐业，社会平等博爱的世界。民本思想在这里得到了十分充分的体现。但康有为理想中的大同社会过于空想化，并不现实，他主张全世界无国家之分，成立一个公共政府，财产上也主张世界公有，因此，他的大同说在现实社会并不可能实现，但其中所蕴含的民本思想仍对当时的中国人民思想革新和社会变革有一定的进步意义。

梁启超的"重民生"民本思想。梁启超是我国近代著名的思想家、政治家，也是戊戌变法的领袖之一，曾师从于康有为，因此他有些思想与康有为类似。他和康有为一样，是资产阶级改良派的代表人物，主张宪政，倡导民权，也对我国传统的"重民生"民本思想以及西方民主思想十分推崇。他认为，民主并不是西方独特的产物，而是我国自古就有之，这便是我国传统儒家的民本思想。梁启超常常会借儒家的传统民本思想来表达自身的观点，引证自己的政治主张。比如他常引用孟子的"民贵君轻"思想，来强调民主化政治改革对国家兴亡的重要性，并且将建设一个"民为政"的民主国家看作是人类政治历史进步的最终理想归宿。[1]

梁启超主张重商主义，他认为商业对西方国家的发展具有极大作用，并反对当时中国数千年的重农抑商政策。梁启超表示，重视商业发展是符合当时的社会状况的，且商业也可以推动农业的发展，从而使整个经济快速发展，实现民富国强。他还推崇自由贸易和经济交往，他强调："通商者，天地自然之理，人之所籍以自存也。"梁启超还表示，国之差别已然存在，但如果继续闭关锁国，不进行经济贸易，国与国的差距将会越来越大。此外，梁启超主张土地私有制，并提倡引进西方发达国家先进的农业技术，这样便可使农业得到快速发展，农民也能生活富足。另外，梁启超主张引进、发展大机器生产，还要建立股份制企业，国家应该健全相关法律并培养专业人才来推动股份制企业的发展。[2] 总而言之，梁启超的"富民"思想十分丰富，体现了他

---

[1] 许盼. 梁启超新民思想及其当代意义研究[D]. 南京：南京信息工程大学，2015：78.
[2] 高月仓. 梁启超经济思想研究[D]. 上海：复旦大学，2001：34.

对经济社会发展方面的独特认识，但由于他"实君宪政"的政治主张和当时恶劣的社会环境，他的经济思想并不能够实现。

梁启超的"重民生"民本思想另外一个重要方面体现在他的"新民说"。梁启超"新民说"的产生，来自三方面：一是他自小接受的中国传统儒家教育；二是他"西学东渐"所得到的启迪；三是近代中国内忧外患的时代背景。在"新民说"中，梁启超指出，一个国家和民族，不会因积贫积弱、内忧外患而灭亡，但是，如果民众的民族观念、国家观念不强，民众不归心，那么这个国家或者民族必亡。因此，一定要培养民众的民族观念和爱国精神，摆脱近代清政府压迫下民众"麻木散弱"的人格，提升民众自身素质，以达到强国目标。梁启超还认为，仅仅培养民众的民族和国家观念是不够的，还需要让民众具备更加完整的人格，提升综合素质。因此，"新民说"还包括梁启超所主张的"新民"要具有自由、独立和自治等先进意识，具有平等、自由的人格。拥有这种新民，国家才有了实现民族振兴、国家富强的基础。总而言之，梁启超的"重民生"民本思想对近代社会发展以及思想启蒙都产生了重要的影响，但梁启超仍在一定程度上受缚于传统的封建意识，始终坚持要有君主的存在，因此他的民本思想具有较大的局限性。

孙中山的"重民生"民本思想。孙中山是我国伟大的爱国主义者、中国民主革命的伟大先驱，他第一个举起了彻底的反帝反封建旗帜，推翻了腐朽的清王朝。同时他也提出了三民主义，深刻蕴含了他的"重民生"民本思想。孙中山的民本思想充分吸收了中国传统儒家"重民生"民本思想精华，又兼和了西方民主思想，其民本思想精髓淋漓尽致地体现在他的三民主义思想之中。但孙中山对于"民"的认识，也经历了一个发展提高的阶段。在早期，孙中山对"民"的认识，尤其是对"农民"的认识存在着很大的局限性，且带有浓厚的阶级感情色彩。他出身于一个贫苦的平民家庭，幼年时常农活不离身，这也让他对"民"有着深厚的感情，但这种感情在当时带有同情性和阶级性。一方面，他在《上李鸿章书》中提出人尽其才，地尽其利，物尽其用，货畅其流，并把这些看作是"富强之大经，治国之大本"。他认为"地利"是"生民之命脉"，主张只施以"善政"，方可"生民""养民"。另一方面，他认为"农民只知恒守古法，不思变通"。到了辛亥革命时期，孙中山对"民"的认识更为充分了,且带有鲜明的政治色彩,蕴含着西方民主思想。辛亥革命时期,国内革命形势和阶级力量发生显著变化,同时一大批具有民主革命思想的知识分子的出现,让孙中山意识到,除了农民和官员,这些有政治意识、改革意识的知识分子也是"民",且比农民更为重要,他认为改革要成功,这些知识分子群体所能发挥的作用要比农民阶级更大。显然,孙中山的这种观点是错误的,他仅看到了组织广大有志之知识分子参与革命的重要性,而忽视了广大农民群众的力量,这是他认识的一个误区。到了孙中山晚年改组国民党时期,他对"民"的认识才有了一个飞跃,他的民本思想才正式成熟。1919年的五四运动与俄国十月革命胜利,使孙中山深刻认识到人民群众和工农阶级所拥有的伟大力量。孙中山晚年还接受过共产国际和中国共产党的帮助,因此在他改组国民党期间,确立了"联俄、联共、扶助农工"三大政策,这也是他生命中政治上的伟大转变,标志着他对于"民"的认识有了巨大的进步,[①] 形成了新三民主义思想。新三民主义同样包含民族、民权、民生三方面的内容,其民族主义明确提出了反对封建专制和帝国主义的斗争要求,认清了国内外反动势力对革命的危害,且新三民主义中的民族主义没有了最初狭隘的种族观念,认为国内人民一律平等,没有种族、阶级、宗教的区分;民权主义指的是要把数千年来统治中国的,具有"恶劣政治之根本"的封建专制制度推翻,从而建立一个"主权在民"的、"平等"的资产阶级共和国,[②] 它强调国家政权为"一般平民所有";孙中山所说的民生主义,即民生主义最重要的原则不外乎两个方面,第一是平均地权,第二是节制资本。[③] 通过进行彻底的经济制度改革从而保证人民民生和民主权利,这就是民生主义的核心要义。

孙中山的民生主义是他的"重民生"民本思想非常重要的一个方面。民生主义体现出孙中山革命的目标是建立一个人民生活幸福安定、人民独立且享有充分权利的社会。当时的中国民众生活困苦,受到封建主义和帝国主义

---

① 肖飞. 孙中山民本思想探析 [J]. 山东社会科学,2012 (07):52-55.
② 卢玲. 孙中山三民主义思想探析 [J]. 人民论坛,2013 (08):180-181.
③ 中国社会科学近代史研究所. 孙中山全集:第9卷 [M]. 北京:中华书局,2006:377.

的双重压迫,孙中山迫切想要改变这种局面,积极投身于革命运动之中,但前期受到清廷迫害,曾被迫逃往欧洲,在欧洲期间,他又看到了欧洲社会贫富差距巨大,甚至引发了剧烈的社会动荡,因此,孙中山产生了平均地权的思想。他对平均地权的解释是:"民生主义,即贫富均等,不能以富者压制贫者是也。"① 在孙中山看来,国家应该控制土地所有权,农民应当拥有国家赋予的土地占有权和经营权,故而就可遏止土地买卖,土地兼并问题也自然就得到解决。他认为,这样一方面可让农民都能有土地耕种,另一方面又能避免因贫富差距过大造成阶级矛盾激化,从而引发社会动荡。孙中山还认为,实行土地涨价归公的政策,既能增加财政收入,又能使全民共享土地收益,这样一来,资本家、地主以及广大人民的利益都能得到保障,社会财富实现合理共享。民生主义另一个重要内涵是"节制资本"。"节制资本"包括三方面的内容:"节制私人资本、发达国家资本和利用外国资本。三方面相互联系,目的是'反对少数人占经济之势力,垄断社会之富源耳'。"② 孙中山主张大力发展本国经济富国强民,这就要避免关乎国家经济命脉的产业被资本垄断,国家支柱产业必须要由国家经营。同时孙中山又认为人民生活要想得到改善,社会经济要想得到发展,需要私人资本的发展。他说:"有许多事业可由国家管理而有利,亦有必须竞争始克显其效能者。"③ 但也要限制私人资本的发展,比如说限制私人资本的发展行业,国家支柱产业不允许私人资本进入;通过另立税收政策限制私人资本,"用累进税率多征资本家的所得税和遗产税"④。

总而言之,孙中山的"重民生"民本思想在对传统"重民生"民本思想的继承过程中有了巨大的超越。第一,对制度的超越。传统的民本思想,包括近代康有为、梁启超等人的思想,都是维护封建君主制度,其民本思想只是为了限制军权,在一定程度上维护民众利益。而孙中山的民本思想也是为了建立资产阶级民主共和国,力求将国家权力交于民众。第二,对社会关系

---

① 卢玲. 孙中山三民主义思想探析 [J]. 人民论坛, 2013 (08): 180-181.
② 卢玲. 孙中山三民主义思想探析 [J]. 人民论坛, 2013 (08): 180-181.
③ 孙中山. 孙中山选集: 下卷 [M]. 北京: 人民出版社, 1956: 777.
④ 孙中山. 孙中山选集: 第九卷 [M]. 北京: 中华书局, 1986: 367.

和社会观念的超越。传统的民本思想维护的是封建统治阶级的利益，强调社会阶级差异，拥护三纲五常。而孙中山的民本思想主张平等、民权，坚决反对封建专制，强调人人平等，更是推动了妇女权利的解放，促进了民众民主意识的觉醒，极大提高了民众文化素质和思想认识水平。第三，注重民众的经济生活。传统民本思想即使是倡导民富国富，也是为了稳固封建君主的统治，因此只能主张通过爱民、轻徭薄赋来调节社会矛盾，却不能从根本上解决问题。孙中山的民本思想主张平均地权，节制资本，期望消除贫富差距，改善民众生活水平，深刻体现了以民为本，虽然他的思想仍具有一定的局限性和空想性，但在当时社会仍具有超前的先进性，对社会进步、思想启蒙起到了巨大的推动作用。

（四）民本思想在古代社会的实践

我国传统的民本思想是在封建专制制度的条件下形成的，因此，传统民本思想所倡导的爱民、重民，甚至说以民为本，都是思想家基于封建专制社会的稳定而考虑的。也就是说，传统的民本思想之所以能够不断发展，也是依靠了专制君主至高无上的皇权，因此历朝历代的民本思想都无法在国家管理和社会治理中得到真正实施。

春秋战国时期"重民生"民本思想的实践。春秋战国时期，周王室逐渐衰微，分封制瓦解，贵族把土地视为私有财产，随着铁器牛耕的出现和推广以及水利建设的发展，井田制遭到破坏，土地私有制逐渐确立。受到各种民本思想的影响以及为了争霸的需要，统治者政治家们开始重视底层民众对国家经济发展实力提升的作用，像鲁国的"初税亩"制度，秦国的商鞅变法，齐国的管仲改革采取"相地而衰征"，这些政策都表明土地私有制已是大势所趋，它适应了生产力的发展，促进小农经济的形成，形成了我国传统农业社会生产的基本模式，这个时期农民有较高的生产积极性，不受官府垄断的民间手工业也在这个时期产生。但是春秋战国时期的小农经济十分脆弱，其中主要的原因便是土地兼并严重，地主们依靠他们的政治经济特权，大量兼并农民的土地，因此为了巩固统治，历代政府采取各种措施抑制土地兼并，维护小农经济，并采取重农抑商的政策，强调农业为本，脱离农业生产的工商业为末，鼓励农业生产，生产"粮帛"多的人可以免除徭役，限制工商业的

第四章 "重民生"民本思想与当代"以经济建设为中心"公共政策

发展。这些政策在一定程度上保障了农民的利益,体现了"重民生"的民本思想。

汉唐宋时期"重民生"民本思想的实践。先秦的民本思想在汉唐宋时期得到了进一步的丰富和发展。汉唐宋三朝初期的统治者都经历过或者深刻了解过前朝政府因"暴政废政"而"民不聊生、国不成国"的现实,因此他们以及大臣都会认识到民生建设的重要性,有着"重民生"的民本思想,并将其予以实践,在治国理政的策略上更偏向于宽民、爱民,休养生息、发展生产。

汉朝初期,刚经历秦末农民战争动乱和楚汉之争,生灵涂炭,而且与北方匈奴军事力量对比也不占优势,急需时间休养生息,重建家园。贾谊在汉初的历史条件下,深刻总结了秦二世而亡的历史教训,为了维护汉帝的统治和封建统治阶级的利益,提出了"民为政本"为核心内容的民本思想,主张有一个与民休息的安定的社会局面。贾谊在总结了前朝历代兴亡的历史教训后,指出社稷的根本在于民众,民众是决定国家命运的力量,提出为政应当实行以民为本的统治策略。[1] 而汉朝初期的统治者也十分注重民生,尤其是"文景二帝",推崇"黄老治术",在他们统治期间都实行了与民休息、轻徭薄赋的"重民生"政策,对外也尽量维持和平相处,不轻易动兵。同时汉文帝以身作则,节俭度日,使贵族官僚们也不敢奢靡无度,甚至不让治下郡国上贡奇珍异宝,大大节约了国家的开支。"文景二帝"同样十分重视农业的生产,设置了三老、孝悌、力田等,给予赏赐,鼓励农民发展生产,同时多次农业减轻赋税,实行了各种税收优惠政策,文景时期农业得以快速发展,民众生活也比较充足,国家经济也得到了很好的发展,中国古代历史上第一个盛世——文景之治也应运而生。

到了唐朝时期,唐太宗李世民继承皇位时,唐朝还是处在隋炀帝留下的烂摊子之中,人口稀少、社会疲敝、民生凋敝。他曾亲身经历过隋朝因为穷兵黩武,消耗民力而灭亡,因此唐太宗十分注重下层民众的生产生活,将

---

[1] 刘彤,张等文. 论中国共产党民本思想对传统民本思想的传承与超越 [J]. 马克思主义研究, 2012 (12): 104-109.

"君舟民水"当作自己的座右铭,并在《贞观政要》中得出"为君之道,必须先存百姓,若损百姓以奉其身,犹割股以啖腹,腹饱而身毙","君依于国,国依于民"①的结论。政治上,唐太宗任用贤才,励精图治,维护了国家稳定;法律上,唐太宗注重法治,修订律法,减轻刑罚,天子犯法与庶民同罪,做到了执法公正公平;经济上,强调以民为本,轻徭薄赋,奖励垦荒,重视民众的生活,同时还注重商业的发展,兴起了多个商业城市,促进了经济发展;民族上,唐太宗尊重所依附民族的生活习俗,曾说四海之内就是一家,都是我的衷心之子。唐太宗善政爱民,使大唐政治清明、社会安定、人民富足,国力大大提升,史称贞观之治。

宋朝时期商品经济发展繁荣,产生了许多思想大家。北宋李觏主张"安民"和"足食",有利于广大劳动人民的利益;南宋朱熹认为"生民之本,足食为先",只有农民富裕了,国家才能富裕,他主张轻赋体民;南宋陈亮认为天下之事,人民的心和生命是最大的,在他看来,天下是民众之天下,而不是少数君王的天下。宋朝的民本思想才真正把商人纳入"民本"中的"民"。宋朝乃我国古代首个鼓励经商的朝代,宋朝商人的经商自由、人身自由与社会地位得到了空前提高。在这个时期,政府经济政策开明,商业"坊"和"市"的限制被打破,并出现了夜市,各种店铺随处可见。宋朝宽松开明的政策极大地促进了商业发展,然而北宋不抑兼并且田制不立,使得土地集中越来越严重,民众生活慢慢变得十分困苦,因此便有了王安石变法。王安石实行"方田均税法",在减轻民负的同时,也调整了纳税的种类,不仅使民众在一定程度上得以休息,还大大提高了国家税收。但可惜,"方田均税法"损害到了官僚地主阶级的利益,遭到了他们的强烈反对,不久就被迫废止。后来王安石又大力推行"募役法",把从前民众要固定参与的职役,改为可以出钱雇用他人充役,这样以银钱代替募役,加上"方田均税法"的田亩、财产分摊,使得税收征收范围扩大,增加了国家财政收入,还减轻了百姓沉重的徭役负担,让百姓有更多时间和精力从事农业活动,在一定时期内推动了宋朝经济发展。由此可见,王安石变法注重解放民众负担,开源节流,以求

---

① 吴兢. 贞观政要集校 [M]. 北京:中华书局,2003:11.

民富国强，体现出了他特有的民本思想。王安石变法在一定程度上保障了农民阶级的利益，但由于其部分政策不合时宜，变法更加触犯了地主阶级的利益，遭到他们的强烈反对，使得变法在推行过程中困难重重，甚至出现地方官员阳奉阴违的现象，反而使得百姓负担加重。再加之后期变法最大支持者宋神宗信念动摇，变法已经举步维艰，随着变法派内部的分裂和宋神宗的去世，王安石的变法基本以失败落下帷幕。

明清时期"重民生"民本思想的实践。明清时期，封建君主专制开始走向顶峰，社会阶级矛盾日益尖锐，封建制度开始慢慢走向衰弱。另外，由于生产力的发展、租佃制的普及、纸币的广泛应用和水陆交通的便利等，商品经济得到了充分发展，资本主义开始萌芽，在这种情况下，明清时期的思想家们对民本思想又有了新的认识，中国古代的民本思想也发展到了顶峰。虽然明清时期的思想家们仍未摆脱传统民本思想，但是他们已经有了反对专制的民主思想的萌芽。黄宗羲提出"天下为公"原则，深刻批判了君主专制制度，同时他也认为天下"不在一姓之兴亡，而在万民之忧乐"。这表明他已经认识到了社会变更的原因在于人民。顾炎武认为"天下兴亡，匹夫有责"，认为每一个人都是国家兴亡的责任主体。王夫之则说"君以民为基，无民而君不立"，对几千年来的家天下传统提出了质疑，他指出"一姓之兴亡，私也；而生民之生死，公也"，不能"以天下私一人"。[①]

经济方面，明朝初期，因为前朝徭役繁重和连年战争，加之纸币发行不当导致的通货膨胀，经济面临崩溃，民生凋敝。明太祖朱元璋十分看重民生建设，在洪武年间推行种种休养生息、发展生产的政策。他鼓励移民垦荒，对垦荒者予以奖励，还实行屯田制度，军屯使军队粮食实现了自给自足，减轻了民众和国家负担，"商屯"使边疆得到了开放，同时又发展了经济。朱元璋还注重水利建设，推动了农业、商业发展。此外，他还开放了食盐专卖制度，发放盐引，解决了边防军需难题。同时，他编修律法，大力整治贪官污吏。这些措施从多方面入手，使得满目疮痍的大明有了蓬勃向上的生气，明朝的经济开始迅速发展。明朝中后期，商品经济繁荣发展，商人的地位也得

---

① 徐靖诗. 中国传统民本思想及启示 [D]. 重庆：西南大学，2009：23.

到了空前提高，政府设立了商籍，让商人子弟有了科举取士的机会，甚至还有一些士大夫认为经商成功与读书有为在价值上是相同的。此外明朝的一条鞭法也体现出了一定的民本思想。明朝初年的赋税制度非常繁杂。当时的赋税主要为粮，辅之银绢，并分为夏季秋季征收。除此之外，明初的农民还要按照政府规定服各种徭役。所以"一条鞭法"出现了，它的主要内容为："总括一县之赋役，量地计丁，一概征银，官为分解，雇役应付。"① 就是把全国各地的赋役合并，按照田粮和人丁数量来征收赋税，并且赋役统一转为银两折算缴纳，实行官收官解。这样不仅使得征收的手续大大简化，还让地方的官员、大地主难以在赋税上作弊。"一条鞭法"的推行使有田地的农民能有更多时间耕种土地，减轻徭役负担，使农民的人身自由得到一定程度的解放。同时，有了更多时间精力的农民可以去参与多样的生产，给手工业、工商业带来了更多的劳动力，促进了商品经济的发展。

清朝康熙年间，三藩被平定，台湾收复，国家政局稳定。康熙帝继续采取重视民生、轻徭薄赋的政策。他以多年免税来鼓励垦荒，多次蠲免钱粮，这也是有名的仁政措施。康熙帝还注重漕运兴修，为国家增加了许多良田，也推动了商业发展。他还多次微服私访，体察民情，增进对民生的真实了解。这些措施使康熙年间的经济得到迅速发展，为康乾盛世打下了坚实的基础。到了雍正年间，清朝赋税的征收依然遵循着一条鞭法，但由于人口增长过快，土地面积却没得到相应的增加，土地又逐渐集中到了大地主们的手里，土地兼并矛盾尖锐。农民没有土地，国家又要赋税，农民无力承担，只能四处逃逸，成为流民。这样国家财政收入受到打击，社会稳定性也遭受着威胁。为了改变这一现状，雍正年间开始实行"摊丁入亩"赋税改革，将丁银分摊入田赋进行征收，并把丁银数量固定，规定之后生的人口不再需要征赋，实现"地丁合一"。"摊丁入亩"让一些少地无地的农民减轻了丁役的沉重负担，让农民获得了更多的人身自由，也减轻了手工业者的赋税压力，进一步推动了商品经济和资本主义萌芽的发展，民生状况得到了一定程度的改善。但在乾隆后期，由于实行闭关锁国，人口数量激增、土地兼并严重以及贪腐成风，

---

① 王德礼. "一条鞭法"与农村税费改革［J］. 经济研究参考，2003（64）：34-35.

<<< 第四章 "重民生"民本思想与当代"以经济建设为中心"公共政策

清朝的经济开始走向衰弱。闭关锁国断绝了清朝与西方工业革命的联系，清朝开始落后于他国发展，与时代脱轨。到了清末，国力衰微，各种矛盾持续激化，人民生活苦不堪言，即使晚清政府进行了各种改革，然而封建腐朽王朝的灭亡不可避免，终于，随着辛亥革命的爆发，这个统治了中国276年的清王朝轰然崩塌，同时也宣告着中国彻底告别了封建君主专制制度，开始了新的道路的摸索。

二、"以经济建设为中心"的公共政策的缘起和其在当代中国的社会实践

自清王朝末期到中国共产党成立这段时期，我国社会涌现出了许多的民本思潮，并企图找到救亡图存、恢复中华的道路，有主张宪政的改良派，也有主张建立资本主义共和国的改革派。虽然这些人、这些学说都有主张经济发展，改善民生的想法，但由于国内外时局，都没有得到贯彻实行，甚至成为一纸空谈。只有中国共产党找到了最适合中国发展的道路——中国特色社会主义道路，后确立了以经济建设为中心的公共政策，并贯彻至今。

（一）邓小平"以经济建设为中心"思想的提出

邓小平"以经济建设为中心"思想形成的时代背景。以阶级斗争为纲的"文化大革命"极大破坏了当时国内的经济建设，使经济发展趋于停滞，国内的政治秩序也遭受到了重创，人们的思想也在这场长期的动乱中变得僵化。"以阶级斗争为纲"的观点，其实是对马列主义关于阶级斗争理论的错误实践。马克思主义经典作家认为，社会主义革命和社会主义建设时期都存在阶级和阶级斗争，但在不同的时期，阶级斗争的地位是不一样的。[①]"以阶级斗争为纲"的观点所犯的错误是，教条化地遵从马克思主义的阶级斗争理论，盲目地认为阶级斗争在社会主义建设时期仍占据主导地位，国家建设本末倒置，这就必然会使得阶级斗争中的中国秩序混乱，经济僵化，建设停滞。邓小平深刻感受到"左"倾思想的危害，并和其他共产党人开始在全国范围内进行拨乱反正。邓小平面对全国上下的一片乱象，坚决表明要坚持发展生产，

---

① 杨近平."无产阶级专政下继续革命理论"对马克思主义的背离[J].中国延安干部学院学报，2019（01）：79.

对革命至上、抓革命保险、抓生产危险的错误思想进行了严肃的批评。在当时特定的历史条件下，他强调，要重视经济建设，加快国民经济发展，并提出了国民经济两步战略的设想，表示这是发展大局，是重中之重。在这个时候，邓小平的"以经济建设为中心"思想已经慢慢孕育出来了。在1976年"四人帮"粉碎后，由邓小平牵头，在全国范围内展开了关于真理标准问题的讨论，从根本上否定了"两个凡是"的思想，也坚定了发展生产力的想法，全国开始摆脱"文革"遗留下来的危害，全心进入社会主义现代化建设进程中去。在这之后，邓小平"以经济建设为中心"的思想逐步趋于成熟。1987年10月党的十三大成功召开，大会第一次系统论述了党在社会主义初级阶段的基本路线——"一个中心，两个基本点"，即以经济建设为中心，坚持四项基本原则，坚持改革开放。在二十世纪八九十年代，国际上的苏联解体、东欧剧变，国内的政治风波，都对我国人民思想以及社会主义现代化建设造成了很大的冲击，很多人的信念开始动摇。在这个风云变幻的时期，邓小平在1992年南方谈话中回答了"姓资还是姓社""市场经济会不会让社会主义变色"等问题，坚定地指出了要坚持党的基本路线不动摇，只有坚持以经济建设为中心，坚持改革开放，才能不断提高人民的生活水平，不断增强我国的综合国力。

党的十一届三中全会的召开标志着中国从此确立了"以经济建设为中心"的方针政策，自此以后，中国共产党的三位领导核心都进行了坚决执行。江泽民同志指出："加快改革开放和经济发展，目的都是为了满足人民日益增长的物质文化需要。"胡锦涛同志指出："始终把实现好、维护好、发展好最广大人民根本利益作为一切工作的出发点和落脚点。"[1] 习近平同志强调："从根本上说，没有扎扎实实的发展成果，没有人民生活不断改善，空谈理想信念……最终意识形态工作也难以取得好的成效。""坚持以经济建设为中心就不能也不应该改变。这是坚持党的基本路线100年不动摇的根本要求，也是解决当代中国一切问题的根本要求。"[2]

---

[1] 林祖华. 新中国70年我们党解决民生问题的成功经验[J]. 群众, 2019（19）: 23.
[2] 习近平总书记为何多次强调"实干"？[EB/OL]. （2008-09-09）[2021-05-12]. http://cpc.people.com.cn/xuexi/n/2015/0826/c385474-27517707.html.

"以经济建设为中心"思想的意义。以邓小平为核心的党的第二代领导集体坚持"一个中心两个基本点"的指导思想,大力开展我国的经济建设。"以经济建设为中心"的确立和贯彻执行,为我国扫除了影响经济社会发展的遗留问题,给我国的发展开启了新的篇章,迅速推动了我国经济腾飞,创造了世界经济史上的奇迹。在"以经济建设为中心"为指导思想实行后,我国建立起了具有中国特色的社会主义市场经济体制,形成了良好的对外开放格局,社会生产力得到了极大的解放和发展,人民的生活水平得到了不断改善和提高,人民的生产建设积极性也空前高涨,国内基础设施建设不断完善,国家科技创新水平也不断提高,国内生产总值连年攀升。总而言之,"以经济建设为中心"让我国发展状况发生了巨大变化,完成了许多历史性目标,国家的综合国力和国际地位不断提升,取得了举世瞩目的伟大成就。以经济建设为中心对推动国家、民族振兴具有重要意义,能保证我们国家社会安定、经济发展、产业兴旺,只有坚持以经济建设为中心才能不断满足人民日益增长的美好生活需要,才能加快社会主义现代化强国建设进程,才能实现中华民族伟大复兴。

(二)对"以经济建设为中心"思想的传承与发展

江泽民的民本思想与当时的经济建设。江泽民的民本思想体现在党与人民群众的关系和人民利益的实现方面。江泽民认为,无论是中国还是他国的历史和现实都表明,政党和政权的存在是必须要紧靠依附人民群众的,历史上的任何一个政党或者政权,如果不能赢得民众的依靠,那么必然会迅速垮台。江泽民还认为,维护和实现广大人民群众的根本利益极其重要,他在党的十六大报告中表示,能密切联系群众是我们党的最大政治优势,而脱离群众是最大的危险。此外,江泽民重视发展人的综合素质,认为不能偏向于物质方面上的丰富,在精神文化等方面也要发展提高。江泽民民本思想最核心的内容便是人的全面发展,这体现出他对以往所有民本思想上的巨大创新。[1]

江泽民的民本思想系统体现在他关于民生建设的思想。他极为重视民生

---

[1] 杨秋菊,刘大勇.几代中央领导集体执政理念中的"民本"价值诉求[J].黑龙江教育学院学报,2007(08):21-23.

建设，他认为人民群众是历史的创造者，人民群众更是推动改革开放的重要力量，加强民生建设能使人们享受到发展成果，从而更加拥护改革开放，同样也能不断巩固党的执政地位。江泽民的民生建设思想以全面建设小康社会为目标，目的是让每个人民群众都能过上衣食无忧的富足生活，而要实现这样的成果，就必须建立健全社会主义市场经济体制。他表示，非公有制经济是社会主义市场经济的重要组成部分，要让公有制经济与非公有制经济共同发展，这样才能让国内经济全面快速发展，人民的收入也能得到稳步提高。江泽民还注重科技创新对经济发展的作用，他提出要搞素质教育，推动教育创新和提高教育公平，从小培养起创新型人才，推动我国科技和经济不断发展。他的民生建设思想还包含了社会保障和扶贫开发两方面。江泽民指出，社会保障关系着人们基本生活的方方面面，国家对于人民的社会保障是否到位，影响着社会安定和经济发展，所以必须构建社会保障体系，保证社会公平正义，让人们能够过得安心。在扶贫开发方面，他表示要极其重视贫困问题，不仅政府和社会要致力于扶贫，贫困地区自身也应当注重开发，提升自身脱贫开发能力。

胡锦涛的民本思想与当时的经济建设。以胡锦涛为核心的党中央干部队伍在党的十六大以后，解放思想、深化改革，着力改革党的群众观思想，巩固党的民本执政理念。胡锦涛在上任之前便已形成成熟的"民本"政治理念。就像他说的"群众利益无小事"一样，他要求对群众利益的关注要贯穿党员干部工作的方方面面，要把群众利益放在首位，同时在进行工作时要能广泛听取群众呼声，要重视群众的意见，要能看到群众的智慧。① 胡锦涛的民本思想创新还体现在 2002 年视察西柏坡提出的"权为民所用、情为民所系、利为民所谋"中，这也为中国共产党为人民服务的宗旨增添了崭新的内容，其质朴的语言中流露着他对人民群众的深刻情感，极具针对性地指出了在新的历史条件下应如何为民服务。

在党的十六届三中全会上，胡锦涛第一次明确提出了科学发展观的思想。这是胡锦涛民本思想最突出的体现。科学发展观包括以人为本，全面、协调、

---

① 冯靖倚. 胡锦涛民本思想研究 [D]. 洛阳：河南科技大学，2013：67.

可持续等方面的内涵。以人为本是其核心，要求人民利益至上，社会经济的发展要能不断满足人们的新需要和新要求，并且要促进人的全面发展；全面，就是不能只注重经济发展，导致社会其他方面出现短板，要同时推进政治文明、精神文明的发展；协调，就是不能出现良莠不齐的状况，要让乡村经济、相对落后区域的经济跟上脚步；可持续，就是在经济发展的同时要注重生态环境的保护，人与自然应当和谐发展。

科学发展观的第一要义是发展。它强调了建设中国特色社会主义、建设社会主义现代化强国的首要就在于发展，国家政策方针与人民利益的实现都必须要依靠发展来落实。胡锦涛曾指出，要牢牢抓住经济建设这个中心，一心一意谋发展，把握发展规律，转变发展方式，破解发展难题，实现又好又快的发展。这便是对发展的最佳阐释。科学发展观的核心与本质是以民为本，这个观念的确立打破了之前将发展单纯理解为经济增长的局限，从而重新界定了我们的社会该如何去发展。人民群众在社会中占据主体地位，因而社会的发展归根结底是人的发展，在这样的情况下更需要将人的发展作为社会发展的最高目标，摆在核心位置，进而树立起一种根本价值标准来衡量社会进步，即提升人的素质、提高人的生活质量、满足人的需求、维护与保障人的切身利益。这意味着在新时期的社会主义发展道路中，我们党始终坚定不移地从人民群众的自身需要出发，促进人的全面发展，无论社会发展到怎样的阶段，党的性质永远不变，永远与时俱进，全心全意为人民服务，永远代表最广大人民的根本利益。科学发展观是强调全面、协调、可持续的发展，而以人为本则是说党从全局的角度出发，人民需要什么我们就发展什么。自2003年提出科学发展观以来，纵观18年来我国社会的发展，从全面建设小康社会到乡村振兴，从以经济建设为中心到科教兴国战略，党和政府的重心始终放在解决人民群众最关心、最直接、最现实的利益问题上。也正是在这样一种以人为本的思想指导下，我国的经济社会发展才会如此迅速，民生建设也越发完善。科学发展观是发展观的新飞跃，其着眼点始终是实现人的全面发展，是人民群众主体地位的新提升，是维护和发展最广大人民群众根本利益的重要体现。

习近平的民本思想与新时期的中国经济发展。习近平民本思想主要来源于三方面：①中华民族优秀传统文化中的民本思想；②马克思的民本思想；③中国共产党中央领导集体的民本思想。因此习近平的民本思想相对于前人更加具体深刻。作为党的新一届最高领导人，习近平日理万机、夙夜在公，只为心中人民。在中央财经委员会第十四次会议上他强调"落实以人民为中心的发展思想"，指出："全面建成小康社会，在保持经济增长的同时，更重要的是落实以人民为中心的发展思想，想群众之所想、急群众之所急、解群众之所困，在学有所教、劳有所得、病有所医、老有所养、住有所居上持续取得新进展。"① 习近平心中最重要的始终是他心心念念的人民，他治国理政的唯一主线便是为了人民、依靠人民、服务人民。习近平民本思想最具特色的便是"以民为本"的理念，他不仅要求党员干部要以人民群众为中心，还注重干群关系和官僚主义的改善和纠正。从习近平上任始，他就一直强调领导干部的作风问题，致力于全国范围内的反腐倡廉，沉重打击了损害人民和国家利益的大大小小的贪官，赢得了人民群众的广大呼声，给政府涵养了清廉之风，保障了人民权利，拉近了干群距离。

习近平认为"坚持以人民为中心的发展思想"是经济发展的根本目的，发展的前提是要明确我们应该为了谁发展、依靠谁发展，这就是以人民为中心发展思想的内涵——发展为了人民、发展依靠人民、发展成果由人民共享。以习近平同志为核心的党中央一直以来都把人民放在所有工作的最高位置，将以人民为中心的发展思想落实到了方方面面。衡量一切工作得失的根本标准是人民的拥护与否，纵观习近平一直以来提出的一系列思想和举措，其本质都是站在广大人民的立场，为了实现人民对美好生活的向往。习近平总书记始终强调，任何发展都要坚持以人民为中心，不断增进人民福祉、促进人的全面发展、稳步推动共同富裕发展进程。为此，他要求，不能盲目地追求GDP的增长率，要让民众普遍享受改革发展成果。党的十八大以来，习近平总书记更是站在世界的角度，以他卓越的洞察力，对当前世界格局的变化有了新的认识，表示现在是实现中华民族伟大复兴的重要历史机遇，因此形成了"创新、协调、绿色、开放、共享"的习近平新时代中国特色社会主义经

---

① 贺勇等. 落实以人民为中心的发展思想［EB/OL］. 人民网，2016-12-28.

济思想,这是他对当前经济实践经验的总结,也是他对中国未来经济发展的道路规划,是一次重要的经济理论创新,这对我国经济发展和中华民族伟大复兴具有深刻意义。①

三、"以经济建设为中心"思想对中国传统"重民本"思想的传承与超越

(一)"以经济建设为中心"思想对中国传统"重民生"民本思想的传承

"以经济建设为中心"和"重民生"都是政权和社会稳定的物质基础。邓小平继承并发展了中国传统民本思想,吸收了传统民本思想的精华,并对其进行了超越。

首先,他坚持了传统"重民生"民本思想中"爱民""重民"和"富民"的思想精华,他坚信人民群众的力量是巨大的,人民群众是社会主义现代化事业的主体,他还认为,人民利益的实现就是中国特色社会主义最大的政治。因此邓小平对经济发展和提高人民生活水平非常重视,提出的"以经济建设为中心"的指导思想就与他继承和发展的传统"富民"思想有关。国家的繁荣富强、人民的富裕幸福是邓小平所关注的两大根本问题。"以经济建设为中心"是站在人民的立场上,致力于发展社会主义经济,使人民生活水平不断提高,从而使人民对政府归心,国家得以稳定发展,最终达到共同富裕。传统的"重民生"思想也是期望能通过重民、养民的经济政策,让百姓得以休养生息,能安分从事农业生产,从而维护封建君王的统治。

其次,经济建设要求有清明的政治基础,因此,邓小平十分重视政治上治理腐败,听取民意。他认为贪腐问题会给社会主义经济建设,甚至是党的执政带来极其严重的危害。传统"重民生"民本思想也强调民意、民心和吏治的重要性,官员贪腐会掏空国库,危害百姓,影响君王统治。中国共产党始终都十分注重贪腐问题和干群关系问题的解决,如果干部和群众的关系处理不好会给社会主义现代化建设带来很多桎梏。改革开放以来,我国经济得以飞速发展,但由此也滋生了不少的腐败现象,人民群众对反腐的声音也十分高涨,邓小平高度重视这一现象,一定要加强廉政建设,否则任由腐败发

---

① 韩庆详.习近平总书记经济思想的民本情怀[EB/OL].中国经济网,2016-02-03.

展，甚至会葬送党的事业。他多次强调要狠抓腐败问题，坚决开展反腐斗争，要听取民意，取信于民，赢得民心。

经济建设是国家社会其他事业建设的基础。以经济建设为中心是党对国家长远发展建设目标的一个总体规划，就是说在当前乃至很长一段时间内，我们国家的事业都要围绕着经济建设来展开，并且要着重进行经济建设。经济建设是我国其他事业的基础，一个国家没有经济实力，其他事业的建设也无从谈起，只有经济发展了，才能有足够的资本去进行政治建设、精神文明建设、社会建设和生态文明建设，只有经济实力上升了，国家才有雄厚的实力去搞军事建设，国家和人民的安全才能得到充分保障，才能不断提升国际地位，在这个风云变幻的时代稳稳立住脚跟，并不断向前跃进。

我国古代的"重民生"民本思想其实也有这方面的思考。"重民生"是重民、爱民的思想，是倡导君王多为百姓民众着想，实施更多体民、利民的政策，对外尽量保持和平，减轻民众负担，让民众安心从事农业、手工业等行业的生产，从而发展社会经济。百姓生活富足就能"安分守己"，心向君王，这样君王统治就能稳固，财政收入也能提高，整个国家就有一个稳定的环境和充实的资本去开展其他事业的建设，比如说政治建设——打造一个完善的封建官僚体系，维护封建官僚统治；精神文明建设——更好地营造一个忠君、爱君的氛围，让百姓民众心中头等大事就是忠君，另外，经济发展导致物质世界的发展，也促进百姓精神文化方面的满足；军事建设——有了更多财力，更安稳的环境去完善军备、改善兵力；等等。这些都表明了，不论是古代社会还是现代社会，经济的建设都是其他事业建设发展的基础，没有经济，其他事业也将成为无源之水、无根之木。

发展生产力是社会主义的本质属性，也是任何一个社会的本质属性，任何一届政府的天职就是发展生产力。中国古代传统的"重民生"民本思想提倡与民休息，让民众能够安分从事农业、手工业的生产，为封建经济发展输送活力，从而稳固封建君王的统治。"以经济建设为中心"也是专注经济建设，大力发展生产力，从而不断提高人民生活水平。所以说，不论是什么样的社会形态都有一定的生产关系，生产力的发展是维持这种生产关系的关键。因此，发展生产力是任何一种社会的本质属性，政府的执政人若想政权稳固发展，就必须推动生产力不断发展，这也是政府的天职所在。

"以经济建设为中心"思想也与马克思主义的"生产力发展"标准相一致。马克思主义的基本原则就是发展生产力。马克思、恩格斯在《共产党宣言》中指出："无产阶级终将会取得领导地位，并将会拥有资产阶级的所有资本，从而无产阶级要把一切生产工具集中起来，致力于生产力总量的提高。"[1] 这表明，无产阶级在夺取政权建立社会主义国家之后，要不断解放和发展生产力。"以经济建设为中心"的思想正与其"生产力发展"标准一致。邓小平是坚定的马克思主义者，但他从来不是一个教条主义者，他将马克思主义生产力发展的思想与中国社会实际相结合，形成了自己独特的关于社会主义经济建设的思想。邓小平还提出了"科学技术是第一生产力"的科学命题，极为重视科学技术的发展，大力引进先进技术、先进机器和培养科技人才。1992年邓小平南方谈话时提出了"三个有利于"的标准，这更为他对于社会主义经济建设的理论增添了新的内容，使马克思"生产力发展"的思想不断丰富时代内涵。邓小平之后至今的几个中央领导集体都坚持了"以经济建设为中心，大力发展生产力"的基本思想，都与时俱进地进行了理论创新，让其更加适合中国特色社会主义现代化建设的发展。

（二）"以经济建设为中心"思想对中国传统"重民生"民本思想的超越

我国传统的"重民生"民本思想所蕴含的富民、利民因素说到底都是带有功利性的，[2] 是为了在国家动乱时维持社会稳定，在政局稳定时壮大人口数量，在人口发展时培养封建人才。而当下习近平总书记的"以人民为中心"的发展思想则是真正从人民角度出发，以人民为主体，确保实现每一个人民的根本利益，真正地实现了重民生。古代的"重民生"民本思想也只是封建统治阶级对底层百姓生存生活多给予优待的提倡和善举，是由上而下的一种"施舍"，而且这种百姓渴求的富民、利民、养民政策并没有一套合理规范的制度保证，这些对百姓有利的政策往往得不到落实，甚至会被一些贪官污吏

---

[1] 李合敏.论邓小平对马克思主义关于发展生产力思想的丰富和发展[J].成都教育学院学报，2000（08）：1-4.

[2] 李合敏.论邓小平对马克思主义关于发展生产力思想的丰富和发展[J].成都教育学院学报，2000（08）：1-4.

用来谋取私利，百姓的生存生活根本得不到改善。中国共产党领导下的新中国，其领导政党的宗旨就是全心全意为人民服务，建立人民代表大会的根本政治制度，完全彰显和确保了人民的主体地位和人民的利益，使人民的生存生活以及权利实现有了坚实的制度保障，民生政策能真正落到实处，人民生活幸福安康。

"以经济建设为中心"政策是中国共产党民本思想对传统"重民生"民本思想的一次大飞跃，深刻蕴含了"以人民为中心"的发展理念，是实实在在地为人民利益着想，人民群众也切切实实地享受到了改革发展的成果，在未来更会使中华儿女生活得更加幸福富足。"以经济建设为中心"将稳步朝着全社会共同富裕进发，朝着复兴中华民族历史荣光的崇高使命进发，为中华民族的万代子孙谋福利。反观古代的"重民生"民本思想，只能让某个朝代的寥寥数个君王去实施一些利民政策，百姓民众只能得到一段时间的休养生息，在贤君过后，又只能勉强生存。百姓们一边承受着牢不可破的阶级歧视，一边还要为封建统治阶级服务，百姓们当下看不到希望，子孙后代也将生活在这种地位、财富差距犹如鸿沟的封建社会中。所以说，当代"以经济建设为中心"远远超越了"重民生"民本思想的种种局限性，它为人民带来了幸福的生活，也将造福我们中华民族的子孙后代。

"以经济建设为中心"的思想是中国共产党民本思想在经济方面的重要体现，蕴含着中国共产党"人民当家作主"的思想主张，表明了中国共产党重视人民的生存和发展，把人民利益放在突出位置，致力于实现共同富裕的美好目标。广大人民因此也拥护党的各项政策方针，整个国家上下齐心，和谐统一。民本思想超越了阶级局限性，是传统民本思想所无法触及的高度。如今中国政府已经消除了绝对贫困，取得了脱贫攻坚战的胜利，并加快与乡村振兴的衔接。这种"富民"政策超越了古代社会的"保民"而王，后者仅仅是维护其统治的工具，前者是目的，是全心全意为人民服务的理念使然。中国传统民本思想是君为主体，民为客体的民本思想。以君主为代表的统治阶级不仅在经济上剥削民众，而且在精神上和政治上处于支配地位统治和压迫民众。统治者总是居于高高在上的地位，由上而下地通过"济困""施恩"

<<< 第四章 "重民生"民本思想与当代"以经济建设为中心"公共政策

"行善"来为被统治者解决生计,民众始终处于一种消极被动的地位。① 中国传统"重民生"民本思想在政治上是统治阶级对百姓的"施善",是为了维护封建君王统治;在理念上,是"为民作主",统治者并不在意民众的权利是否实现;在经济上,实行重民、富民政策只是为了民众能够安分守己,维护封建经济制度,巩固封建君王统治。因此,中国传统的"重民生"民本思想具有很大的、牢不可破的局限性,民众的生存生活永远得不到稳定保障,民众的利益也永远得不到真正实现,民众的地位永远处于社会底层。而中国共产党的民本思想是真真切切为人民着想,在中国共产党执政下,中国实现了人民当家作主,人民群众享有广泛的权利,人的发展也得到了全面性的提高。在"以经济建设为中心"思想的指导下,在中国共产党发展创新的民本思想的指导下,国家将会愈加发达,人民将会更加幸福安康。

总之,"重民生"民本思想在春秋战国得到了儒、墨、道等各学派的第一次阐发,虽然由于时代的局限性,没有能够真正、长远被统治者接纳和落实,但仍然为当时饱受战乱之苦的普通民众带来了慰藉并起到了一定的积极作用。到了后世王朝,国家统一,政局相对稳定,生产力也得到了发展,"重民生"的民本思想也越来越丰富,贤明的统治者们也或多或少有着自己独特的民生见解,他们为了维护统治,采纳臣民们的民本思想,以自身至高无上的地位把民生政策落实,民众的生活状况也得到了很好的改善。但是各种利于普通百姓的政策都会触及封建官僚地主阶级的利益,因此,历史上的利民、富民政策往往会随着政权的更迭而崩塌。清末民初时期,国门被帝国主义侵略者打开,同时国内民众还承受着封建势力的压迫,在这种历史条件下,"重民生"的民本思想得到了巨大的创新,康有为、梁启超、孙中山等有志之士将西方民主思想与传统"重民生"民本思想融合发展成自身独特的民本思想,并作为自己的政治主张,致力于救亡图存、恢复中华。即使他们的思想都不够充分且具有空想性,但对当时的社会变革以及普通民众的思想启蒙具有非常重要的意义。中国共产党的诞生为中国找到了最适宜的道路,党和国家的

---

① 刘彤. 论中国共产党民本思想对传统民本思想的传承与超越 [J]. 马克思主义研究, 2012 (12): 104-109.

历代领导人都具备强烈的为民意识，他们继承了传统"重民生"民本思想的理论精华，并与马克思主义和社会现实相匹配，形成了中国共产党人与时俱进的民本思想。中国共产党人的民本思想超越了传统"重民生"民本思想的种种局限性，做到了真正以人民为中心和人民利益至上，并且将"以经济建设为中心"作为指导，致力于民生建设，提高人民生活水平，以共同富裕为终极目标。当代的人民群众不论是在权利上，还是在生存发展上都受到了前所未有的重视，并且这种重视以后将会一直存在。人民的素质将会越来越高，生活将会越来越好，国家将会越来越强盛，中华民族伟大复兴也并不遥远。

第五章

"上情下达、下情上达"传统思想与"上下来去"公共政策

体察民情、重视民意、顺应民意是古代社会"上情下达、下情上达"传统思想的集中体现，古代君王之所以会如此行事，是因为得到人民拥护的君王才有统治的合法性，失去民心的君王没有统治的合法性，也就是所谓的"得民心者得天下"。新中国成立之后继承了这一优秀传统思想，并把体察民情、重视民意、顺应民意作为密切联系群众的一种重要手段，因为脱离群众同样会使新生政府失去执政的合法性，不仅如此，中国共产党人还对"上情下达、下情上达"传统思想有所创新，形成了一整套"上下来去"公共政策理论体系，新一届政府树立"以人民为中心"的执政理念就是这一理论体系的升华，这在根本上突破了传统政府被动为民众服务的藩篱，使人民成为政策制定的真正主体而非政策制定的工具。

一、"上情下达、下情上达"传统思想与古代公共政策过程

（一）"下情上达"与古代政策信息的关系

自秦汉以来，"视朝"或者"常朝"是君主了解民情的重要方法之一。《后汉书·周党传》曰："及陛见帝廷，党不以礼屈，伏而不谒，偃蹇骄悍，同时俱逝。"① 这是关于朝见（陛见）最早的记载。在宋朝，官员的陛见陛辞开始受到皇帝的重视，陛见陛辞制度在元朝和明朝时期得到了进一步发展，《明史》曰："陛见，慰谕甚至，赐玉带、织金蟒衣。"②"陛辞，赐白金、宝

---

① 范晔．后汉书：逸民列传第七十三 [M]．北京：中华书局，1965：1421．
② 张廷玉．明史：卷一百五十六 [M]．北京：中华书局，1974：4280．

钞、彩币、袭衣。"①《元史》曰："陛辞，赐尚酝、御衣、弓矢、甲胄、卫卒十人、纱万五千贯以行。"② 陛见陛辞制度在清朝达到了顶峰，该制度尤其在雍乾时期得到了很好的运用，具体体现在雍正和乾隆两位皇帝身上，它不仅对当时的政治巩固发挥了重要作用，而且对清朝后期的政治稳定发挥了重要作用。

　　据史料记载，宋朝的皇帝是视朝听政时间最长的帝王，每日用于"御朝听政"的时间不少于三小时，这反映了宋代帝王对"下情上达"的重视，通过对底层信息的广泛收集，防止政务凋敝。宋朝的最高决策者非常清楚地知晓，要制定出有效的公共政策，广泛收集各方面的信息是非常重要的，因此，增加"朝视活动"的频率和开放性，为皇帝提供与众多臣僚进行面对面交谈的机会，这样，大量的民间信息能够从地方官员处传到君主耳中，为君主的正确决策提供了有力的依据。宋朝君主与臣僚沟通的渠道有以下四种：一是通过御殿视朝的形式实现君臣的面对面交流，这种"视朝活动"通常包括在京城机构的"日常奏对""在京官员请对""轮官转对"和"地方官员奏对"四种形式。二是通过内引奏事的形式实现君主与臣僚之间的面对面交流，"内引奏事"与"视朝奏对"有相似之处，但也有不同之处，大体而言，"内引奏事"比"视朝奏对"更为宽松，它能够为双方（君臣）创造出更多面对面交流的机会。日程的安排上，"视朝奏对"比较固定，而"内引奏事"则相对灵活，更具弹性，每次交流的时间不受严格限制，这有利于君臣的深入交流，而且在交流的内容上，内引奏事涉及较为广泛，不受文本（札子）的限制，更多涉及政风民情等实际内容。三是通过经筵问答形式实现君臣的面对面交流，经筵比内引奏事还要宽松，在交流的内容上，往往没有固定的范围，可以随意交谈，形式也多种多样，这种形式灵活、内容多样的交流更加有利于君王从对话中获取更多有价值的信息。四是通过"禁中夜对"的形式实现君臣私密性质的交流，"禁中夜对"有着以上诸多奏对没有的优势，内容完全没有任何限制，时间则是更为宽松，君臣可以就双方感兴趣的所有问题展开

---

① 张廷玉. 明史：卷二百一十三 [M]. 北京：中华书局，1974：5637.
② 宋濂. 元史：卷一百四十四 [M]. 北京：中华书局，1976：3435.

<<< 第五章 "上情下达、下情上达"传统思想与"上下来去"公共政策

交流，双方交流的问题也不必记录下来，因此保密性极强，交流双方可以就各种问题尽抒己见，而不必有任何的顾虑，这样一来不仅可以防止信息被垄断，而且能够为君主提供其他渠道无法获取的信息，君主利用"禁中夜对"独有的信息能够及时纠正一些政策失误。总之，"禁中夜对"为君王提供一条体制之外的获取信息的渠道，这样便于君主全面了解各种信息，防止权臣弄权。

雍乾时期陛见陛辞（相当于宋朝的"视朝"）常常有如下三种类型：一是君臣礼节性日常朝觐；二是官员在特殊情况下（包括致仕、乞休、丁忧等原因）的陛见陛辞；三是其他原因的陛见陛辞。

朝觐是中国古代官员定期朝觐君主的一项礼仪和行政制度，说它是一种礼仪制度，是因为"故朝觐之礼，所以明君臣之义也"[1]，即通过朝觐实现君臣礼仪；说它是一种行政制度，"朝觐，所以教诸侯之臣也"[2]，安排诸侯定期朝见天子，就是为了教育诸侯如何恪尽臣职。所以说，朝觐，既是一种礼仪制度，又是一种行政制度。

礼节性的日常朝觐同时也是君王获取信息的重要手段之一，比如，臣子剿匪有功，获胜归来之后朝觐君主时，君王能够从臣子口中获取大量地方信息。乾隆三十四年（1769）的时候，由于大臣哈国兴剿匪有功而且将地方治理得井井有条，于是皇帝将哈国兴调补为云南提督并且兼太子少保卫，三十五年（1770 内引奏事）四月，谕来京陛见。[3][4] 再比如，地方发生突发事件，朝廷会任命官员处理此事，事情完成之后朝觐君主，君主便可以从臣子口中获取大量的相关信息。乾隆五十一年（1786），河南宜阳县发生农民杀死县官逃逸的事件，乾隆帝让大臣王兰泉担任云南布政使，让其将杀死县官的农民缉拿归案，并令其"事竣入都陛见"。[5]

致仕丁忧的陛见陛辞。官员致仕时的陛见陛辞，官员行将退休时，官员

---

[1] 朱彬. 礼记训纂：卷二十六 [M]. 北京：中华书局，1996：282.
[2] 朱彬. 礼记训纂：卷二十六 [M]. 北京：中华书局，1996：282.
[3] 王钟翰. 清史列传：卷二十四哈国兴 [M]. 北京：中华书局，1987：1793.
[4] 钱仪吉. 碑传集：卷三十七 [M]. 香港：文海出版社，1966：1937.
[5] 王钟翰. 清史列传：卷二十三 [M]. 北京：中华书局，1987：1739.

陛见陛辞，官员退休得到君主的批准后，在即将离职前，需要将任期内的诸多事项对君主交代清楚，这是君主掌握地方事务的方法之一，"请嗣后抚藩离任，奏请陛见之日，即将在任库项曾否挪借、有无亏空之处，另附奏折。"①官员向皇帝陛辞时，聆听皇帝的教诲，此时，君主会对即将退休的官员进行一定的赏赐，借以表彰其对朝廷的贡献，这是古代君王稳定地方行政的一项非常重要的举措。官员丁忧时的陛见陛辞，官员遭遇父母过世时，一律回到祖籍守孝三年（又称27个月），守孝期过后陛见。尽忠尽孝是古代官员的基本素质之一，所以，丁忧是中国所有的古代官员必须遵守的一项礼制，官员服满三年丧期之后再回来任职，前者是尽孝，后者是尽忠。

其他原因的陛见陛辞。出现水患灾难时候的陛见陛辞，古代中国以农业立国，所以，以君主为代表的朝廷非常重视与此有关的相关事项，比如平时的修建水利工程，水灾来临时候的防范工程，一旦地方出现水患灾难，君主都会要求当地官员亲自参加陛见陛辞，君主在与当地官员的面对面交流时，能够准确地掌握当地的水灾信息，并及时做出政策应对。与此类似的还有其他灾难，比如传染疾病暴发，或者匪患猖獗，地方出现造反或者边疆告急，等等，上述事件都会对君王的统治造成极大的威胁，所以，一旦出现上述事件，君王都会要求当地官员亲自面圣，或者以奏折的形式对皇帝做详细报告。

训示即将赴任的封疆大吏时的陛见陛辞。所谓的封疆大吏是指掌管一省或者数省军政大权的总督或巡抚，或者是执掌边关大印的统帅，由于封疆大吏是清朝政府最重要的地方行政官员，这些官员是否能够"上传下达"（下情上达与上情下达的简称）关系到整个国家能否稳定，所以，这些官员上任之初，皇帝要亲自面授机宜，传达政令和要求，"地方大吏，一切关系地方的事件。务必实力行之，不可视为具文。即如严保甲、查私铸、断烧锅、禁赌博，皆朕令尔等奉行之事。"② 同时，这些官员要及时向皇帝传达地方百姓的想法，让皇帝了解民情，这关系到内地和边疆的稳定。从上述谕旨中，我们能够判断出封疆大吏在清朝官员中的地位，他们负责掌管地方的军政大权，而

---

① 永瑢，等．四库全书：《世宗宪皇帝圣训》卷十九［M］．上海：上海古籍出版社，2003：265．
② 李焘．续资治通鉴长编：卷一二九［M］．北京：中华书局，2004：761．

<<< 第五章 "上情下达、下情上达"传统思想与"上下来去"公共政策

皇帝在其任职前对其进行训示，是为了让其明白自己肩负的职责。

当然，皇帝了解地方实情的方法除了上述所有的陛见陛辞之外，还有官员对皇帝的奏折，地方官员所在处每每发生重大事件（如各种蝗灾、荒灾、水灾、匪患、叛乱或者外敌入侵等事件）都会以奏折的形式向朝廷（也就是向君王）做详细汇报，比如，曾国藩剿灭太平天国之后，曾撰写了一份奏折——《奏报攻克金陵尽歼全股悍贼并生俘逆酋李秀成洪仁达折》。在该奏折中，曾国藩详细地描写了湘军是如何剿灭太平天国并俘虏太平天国将领李秀成的。

（二）"上情下达"与古代公共政策过程

皇帝收集到各种来自地方的信息之后，需要出台管理地方的公共政策，这种政策的颁布往往是以圣旨的形式向下推进的，但圣旨的产生过程及其后续的工作其实就是一个完整的"上情下达"的过程，这个过程大体分成三个环节，分别是殿前的准备工作、殿上的"进呈取旨"工作、圣旨的传达工作。

1. 殿前的准备工作

皇帝与臣僚之间的文书往来。在皇帝与宰执（宰相与执政官的合称）正式奏对之前，皇帝与宰执的交流主要依靠各种文书，而文书主要是指皇帝与文武臣僚在交往过程中留下的对各种事宜的批示、下级机构呈送给上级机构的公文、有主要臣僚（这里的主要臣僚特指宰辅）陈述意见的"奏札"等，但文书中最重要的还是经由皇帝批阅的奏章之类，一般而言，臣僚的奏章议题若要变成政策实施，首先要交付宰辅，由宰辅提出处理意见，经过皇帝与宰辅共同协商后才能最终形成政策方案。如果宰辅有不同意见，可以面奏皇帝。例如，康定元年，仁宗下令："自今内降指挥与臣僚迁官及差遣者，并令中书、枢密院具条执奏以闻。"① 宋徽宗时，在蔡京的支持下，皇帝（宋徽宗）绕开宰执，直接指挥官吏发布政策，"这在当时造成了很大的弊端，后来被认为是北宋衰亡的重要原因之一。此后的君主，不敢不以为戒。"②

同僚的相互讨论。中国古代的公共政策表面上看是由皇帝制定的，但实

---

① 王化雨. 面圣：宋代奏对活动研究 [M]. 上海：三联书店，2019：221-222.
② 李焘. 续资治通鉴长编：卷三七七 [M]. 北京：中华书局，2004：879.

际上是朝廷官员合力完成的,在政策制定过程中,需要由群臣集体讨论,然后才形成政策方案,宋朝自真宗开始,基本上形成了一种制度,凡是国家的重大决策,在没有上殿奏事之前,都要召集两府宰执于都堂上集体讨论,尽管如此,效率仍然不高,"长者得以专决,同列难尽争也",经过调整之后,效率得到了很大的提高,由此,这一制度得以保持下来。对于相关议题如何处理,也就是说在与皇帝奏对时,应该拿出什么样的统一建议是至关重要的,在集体讨论过程中,有时候能够达成统一的意见,但也有时候意见无法统一,这时候往往换一个谈论的场所继续谈论,直到达成统一的意见为止。总之,在与皇帝奏对之前,"宰执们"都会想好与皇帝奏对的具体内容和具体的展开方式,以便为政策的顺利出台提供便利的条件。

2. 殿上的"进呈取旨"工作

进呈文书。如前文所言,君臣奏对通常需要依托各种文书。皇帝与文武臣僚在交往过程中留下的对各种事宜的批示、下级机构呈送给上级机构的公文、主要臣僚(这里的主要臣僚特指宰辅)陈述意见的文书都在呈送范围之内。在进呈文书时,大臣们通常都用两种方法,一是展读,二是节略进呈,所谓的展读就是将文书当着皇帝的面一一展开阅读给皇帝听,并实时回答皇帝的问题,但由于文件太多,或者一份文件太长,所以,第一种方法并不适合于处理所有的文书。第二种方法是"提炼"文书,所谓的"提炼"是省略繁杂的论证,直接将结论展示出来,然后奏请皇帝做进一步的批示。表面上看,在进呈文书时,"宰执"没有太大的作用,仅仅是做辅助性的工作,其实不然,由于皇帝不可能对所有的文书信息都了如指掌,所以,一定程度上,"宰执"掌握着文书信息,也就存在利用信息"蒙蔽"君主的可能性,"一日万机,势未能尽览,不过如平时下之中书、密院,至于无所行而后止。"[①] 但"宰执"也并非就可以胡乱作为,因为他们也面临着台谏官员的巨大压力,一旦"蒙蔽"皇帝之事坐实,极有可能遭到疾风暴雨般的攻击,所以,在进呈文书的过程中,君臣便是政策制定的第一步合作,哪份文书需要进呈,哪份文书不需要进呈,相当于说,哪件是大事,哪件是小事,按照现在公共政策

---

① 脱脱. 宋史: 卷三二一·郑獬传 [M]. 北京: 中华书局, 1985: 867.

的术语说，就是哪项提案需要纳入政府的议程，哪项提案不需要纳入政府议程，这需要君臣双方商量着办。

"进呈"之后便是最重要的"取旨"工作，所谓的"取旨"就是对各种事务处理策略之简称，从"取旨"的表面文字看，"取旨"工作的大权完全由皇帝掌握，即皇帝有绝对的决策大权，有时候也的确如此，"圣德如此，中外所不知……陛下圣德仁厚……，外人往往不知。"[1] 皇帝对某项事务做出自己的决策，而臣子在一旁称赞，但有时候也不尽如此，当皇帝做出决策之后，如果"圣旨"有不合理或者不恰当之处时，宰执也会立即指出"圣旨"的"瑕疵"，而皇帝也往往会根据宰执的建议，当场做出一定程度的修改，这就是说，政策的决策并非由皇帝"独断"。首先，皇帝在"取旨"之前往往会对宰执进行"咨询"，一般而论，皇帝对宰执的正确建议都会采纳，而且皇帝都是以宰执的意见为依据做出决策的，故此，皇帝的决策不是个人的"独断"，而是集体智慧的结晶。其次，在皇帝做出决策之前，"宰执"往往会预先呈上自己对议程的初步处置方案，由于"宰执"对具体议程的信息收集比皇帝更加齐全，所以，他们往往比皇帝更加能够做出准确、全面的判断，再者，政策决策必须符合各种现有的制度，而宰执毋庸置疑比皇帝更加了解这些制度，所以，在大部分情况下，皇帝的决策不会完全脱离"宰执"的大体框架，从这种意义上说，皇帝的最终决策是君臣合力的结果。

3. "圣旨"的传达工作

"圣旨"的传达工作是"上情下达"的最后一个步骤。皇帝决策的"圣旨"相当于今天中央发布的文件，而古代中央政府下达的文书旨令向下传递有两种方式，一是事关急切的文书旨令，二是一般的政策指令，前者一般有专使传递，后者则往往由邮驿传递。例如，《唐大诏令》载："除事关急切须遣专使外，其余书诏文牒，一切分付度支入递发遣。"[2] 邮驿是中国古代信息传递的专设机构，中国大百科全书给邮驿的定义为："邮驿是国家出现后专门

---

[1] 曾布．曾公遗录：卷七 [M]．北京：中华书局，2016：342．
[2] 宋敏求．唐大诏令 [M]．北京：中华书局，1991：59．

为政府传送公文和传递军情而设置的国家通信机构。"①《辞源》定义邮驿为："邮驿是传递官文书之所。"②《辞海》定义邮驿为："古时供文献传递文书的人或来往的官员途中歇宿换马处所。"③ 综合以上诸种定义，我们不难推断，邮驿是中国古代一种兼有交通、通信、接待和运输功能的机构，它不仅仅传送诏旨，还兼传送各种各样的文书，如皇太子所下的"令"，亲王公主所下的"教"，尚书省下达各州县的"符"，涉及政治、经济和军事等诸多领域。高效运转的邮驿起到"下情上达"和"上情下达"信息传递作用。"下情上达"，将地方的诸多信息传达至朝廷的最高指挥官——皇帝，同时又"上情下达"，将君主的指令快速准确地传达给臣民。

二、当代中国"上下来去"公共政策

（一）"上下来去"公共政策的哲学基础

1. 辩证唯物主义的认识论

马克思主义理论与实践的关系是辩证唯物论，即任何理论都是从实践中产生，这是由物质决定意识推导出来的，物质是第一性的，而意识是第二性的，是前者决定后者，而不是后者决定前者，如果相反，则是唯心主义的认识论。物质决定意识，而意识又反作用于物质，即理论诞生之后又能很好地指导实践。将这一理论运用到公共政策和领导方法上便产生了"上下来去"公共政策模型和"从群众中来，到群众中去"领导方法。"上下来去"公共政策模型中的"上下来去"是指主观与客观、认识与实践、一般与个别、政策与国情、领导与群众、中央与地方、上级与下级、直接决策者与间接决策者、核心决策者与外围决策者之间的上下互动。④ "从群众中来，到群众中去"领导方法是指一切为了群众，一切依靠群众的领导方法，具体来说是指，

---

① 中国大百科全书总编辑委员会. 中国大百科全书：邮政卷·邮政史 [M]. 北京：中华大百科全书出版社，2004：555.

② 吴泽炎，等. 辞源 [M]. 上海：商务印书馆，1931：236.

③ 辞海编辑委员会. 辞海 [M]. 上海：上海辞书出版社，1979：2613.

④ 宁骚. 中国公共政策为什么成功？——基于中国经验的政策过程模型构建与阐释 [J]. 新视野，2012（01）：20.

领导干部要深入群众当中去做仔细的调查研究，了解群众的愿望和需求，并与实际情况相结合形成具体的政策方案。当工作政策方案形成之后，又回到群众中去做政策宣传和解释，最终付诸行动。通过实践发现真理，在实践中检验真理，且以真理（或理论）指导实践，这是马克思主义认识论的真谛，在具体的领导工作中，一切为了人民群众，一切依靠人民群众，从群众中来，到群众中去，这是马克思主义的领导工作的基本方法。马克思主义的认识论与其领导方法是一脉相承的关系，都以人民群众为主体，一切为了群众，一切依靠群众，"在我党的一切实际工作中，凡属正确的领导，必须是从群众中来，到群众中去。这就是说，将群众的意见（分散的无系统的意见）集中起来（经过研究，化为集中的系统的意见），又到群众中去做宣传解释，化为群众的意见，使群众坚持下去，见之于行动，并在群众行动中考验这些意见是否正确。然后再从群众中集中起来，再到群众中坚持下去。如此无限循环，一次比一次地更正确、更生动、更丰富。这就是马克思主义的认识论。"①

2. 历史唯物主义的群众史观

首先解释一下历史唯物主义和历史唯心主义，前者认为社会存在决定社会意识，而后者认为是社会意识决定社会存在。历史唯心主义的主要特点，除了认为社会意识决定社会存在之外，还认为个人的思想观念或者"绝对精神"才是历史发展的动力，由此推出英雄史观：英雄人物是历史的创造者，比如尼采认为，历史的意义是因为有"超人"的存在，"超人"的统治和意志力是决定历史前进方向的绝对力量。马克思经典作家认为，历史的发展是有规律可循的，这个规律便是，历史前进的方向是由社会存在决定的，而不是由意识存在决定的，这种历史唯物主义的观点同时又认为，历史是由广大的人民群众创造的，随着历史的深入发展，人民群众还将在历史的创造中发挥更大的作用，即"无论历史的结局如何，人们总是通过每一个人追求他自己的、自觉预期的目的来创造他们的历史，而这许多按不同方向活动的愿望及其对外部世界的各种各样作用的合力，就是历史"②。从这一段话我们可以

---

① 毛泽东. 毛泽东选集：第3卷 [M]. 北京：人民出版社，1952：901.
② 毛泽东. 毛泽东选集：第1卷 [M]. 北京：人民出版社，1991：248.

引申出下面三层含义：第一，世界的物质财富终究是由人民群众创造的，尽管在每个社会形态中，人民群众的社会地位不高，实际拥有这些社会财富的也不是人民群众，但不可否认的是，人民群众是物质资料生产的主体，在整个人类历史活动中，是人民群众创造了吃穿住行等必要的生产资料和从事其他活动（政治、科学、文化艺术等）所必需的物质资料。第二，人民群众不仅是整个世界物质财富的生产者，而且是整个世界精神财富的创造者。既然人类社会的物质财富都是人民群众创造的，那么，就意味着人民群众是精神财富的间接创造者，而纵观整个人类社会的历史，人民群众作为一个整体，同时也参与了整个社会精神财富的创造。第三，从人类社会的历史进程来看，是人民群众在不断地推动着整个社会的变革运动。整个人类社会的发展的主线是生产力决定生产关系，而生产关系又反作用于生产力，当生产关系不能适应于生产力发展的时候，是人民群众自觉的革命实践在推动着生产关系的改变，从而最终推动着生产力的发展，也最终使人类社会取得不断的进步。换言之，整个人类社会的发展是由生产力决定的，但生产力的进步不会自发完成，它需要通过广大人民群众的革命实践来实现。

3. 当代中国的认识论和群众史观

中国的政党是马克思主义的政党，故此，当代中国的认识论与马克思主义的认识论一脉相承，当代中国的群众史观与马克思主义的群众史观完全一致，并且在实践中，提炼出"从群众中来，到群众中去"的政策模型和领导方法，这是中国革命和社会主义建设能够取得成功的理论基础。在革命斗争中，善于发动群众，带领群众参加革命斗争，并最终取得革命的胜利。在革命斗争中，要和敌人战斗必须要有铜墙铁壁般的力量，"真正的铜墙铁壁是什么？是群众，是千百万真心实意地拥护革命的群众。这是真正的铜墙铁壁，什么力量也打不破的，完全打不破的。"在革命斗争中，要取得最后的胜利，还必须要有真正的英雄，而"群众是真正的英雄，而我们自己则往往是幼稚可笑的，不了解这一点，就不能得到起码的知识"。[1] 革命取得成功之后，在社会主义的建设中，群众的作用仍然不可低估，我们的政府更要注意运用

---

[1] 邓小平. 邓小平文选：第2卷［M］. 北京：人民出版社，1994：368.

<<< 第五章 "上情下达、下情上达"传统思想与"上下来去"公共政策

"从群众中来,到群众中去"的工作方法,发挥人民群众在中国特色社会主义建设中不可替代的作用。改革开放的总设计师说:"社会主义现代化建设的极其艰巨复杂的任务摆在我们的面前。很多旧问题需要继续解决,新问题更是层出不穷。党只有紧紧地依靠群众,密切地联系群众,随时听取群众的呼声,了解群众的情绪,代表群众的利益,才能形成强大的力量,顺利地完成自己的各项任务。"[1] 换句话说,群众路线是我们的优良传统,广大的人民群众任何时候都是我们事业取得成功的根本保障,所以,必须继续与群众保持密切的联系,绝对不能站在群众的对立面,如果什么时候,我们脱离了群众,那就会被人民无情地抛弃,没了人民群众的支持,就等于丧失了力量的源泉,我们的事业最终就会失败。那么,我们政策好坏的依据是什么?毫无疑问,是群众的意见和评价,一个好的政策总会受到人民群众的拥护和赞扬,反之,如果出台恶政,群众会反对或抵制,"我们想事情,做工作,想得对不对,做得好不好,要有一个根本的衡量尺度,这就是人民拥护不拥护,人民赞成不赞成,人民高兴不高兴,人民答应不答应。"换言之,人民,只有人民才是我们政策好坏的唯一裁决者。因为我们政策的出发点是人民群众的利益,"坚持一切为了群众、一切依靠群众,坚持权为民所用、情为民所系、利为民所谋,坚持把实现好、维护好、发展好最广大人民的根本利益作为我们一切工作的根本出发点和落脚点,是我们做好各项工作的保证,任何时候都不能动摇。"[2] 在实际的工作中,出台政策要征求群众的意见,执行政策要得到群众的理解,监督政策要依靠群众的配合。

(二)"上下来去"公共政策的成功实践

当代中国"上下来去"公共政策,无论是在革命战争年代还是社会主义建设时期或者改革开放时期,都有非常成功的实践,尤其是在改革开放时期,中国政府本着"从群众中来,到群众中去"的基本理念,不受制于马克思经典理论,在整个改革开放的过程中"摸着石头",以群众的社会实践为基础,探索出了一条适合中国的社会主义道路。而这条中国特色的社会主义道路之

---

[1] 江泽民. 论党的建设[M]. 北京:中央文献出版社,2001:193-194.
[2] 中共中央文献研究室. 十六大以来重要文献选编(中)[G]. 北京:中央文献出版社,2006:317.

所以能够探索出来，固然离不开人民群众的配合，从某种意义上说，改革开放的道路之所以越走越宽，是人民群众促成的，他们在党的领导下，在"四个坚持"（坚持社会主义，坚持无产阶级专政，坚持党的领导，坚持马克思主义、毛泽东思想）的基础上，敢于在实践中大胆探索，最终走出了一条适合自己的道路。

经济体制改革的政策实践以小岗村为例。1978年12月的一个夜晚，凤阳县小岗村18位农民为了生计签下这样的"秘密协议"："我们分田到户，每户户主签字盖章，如以后能干，每户保证完成每户的全年上交和公粮，不在（再）向国家伸手要钱要粮。如不成，我们干部坐牢杀头也甘心，大家社员也保证把我们的小孩养活到18岁。"[①] 小岗村的分田到户是形势逼出来的，在"不许包产到户，不许分田单干"的年代，农民迫于生计，只能签订"秘密协议"，"秘密协议"的后半部内容体现了农民敢为天下先的大无畏精神。小岗村的经济改革是中国农村经济体制改革的缩影，在中国的农村经济改革还没有形成正式政策的时候，小岗村18户农民率先摁下"18颗红手印"，这本身就是创举，从这种意义上说，中国农村"家庭联产承包责任制"是基层农民创立的，发明权归小岗村的18户农民，对此，改革开放的总设计师（邓小平）称赞道："农村搞家庭联产承包，这个发明权是农民的。农村改革中的好多东西，都是基层创造出来，我们把它拿来加工提高作为全国的指导。"[②] 总设计师的话语刚好印证了改革开放过程中，中国的政策是"从群众中来，到群众中去"，"家庭联产承包责任制"是农民创造出来的，是典型的"从群众（农民）中来"，中央总结农民的经验，经过加工锤炼形成具体的政策，"到群众（农民）中去"，用以指导农村工作，这是改革开放总设计师推进农村改革的基本方法，也是中国农村改革取得非凡成就的经验总结。在这里，总设计师还提到了基层农业单位和农民创办乡镇企业的问题，他总结道："乡镇企业容纳了50%的农村剩余劳动力。那不是我们领导出的主意，而是基层农业单位和农民自己创造的。"[③] 在这里，总设计师实际上总结出了今后农村工作

---

① 陈诺.小岗村：18枚"红手印"摁响"惊雷"[N].光明日报，2021-06-05（03）.
② 韩长赋.邓小平如何处理农民问题[N].人民日报，2004-08-31（04）.
③ 韩长赋.邓小平如何处理农民问题[N].人民日报，2004-08-31（04）.

第五章 "上情下达、下情上达"传统思想与"上下来去"公共政策

的基本原则，那就是要充分地尊重并依靠群众，因为，广大的农民群众是农村改革的主体，没有农民群众的参与，农民的改革事业是不能取得成功的。政府要鼓励农民不断地大胆实践、大胆创新，让农民自己在实践和创新中找到解决农业和农村实际问题的方法和手段。

政治体制改革的政策实践以果作村为例。1980年2月，广西河池市宜州区屏南乡合寨村全体村民冒着很大风险，投票选举成立村民委员会，中国第一个真正意义上的基层民众自治组织——果作村民委员会（也称果地村民委员会）宣告成立。143户群众代表签名盖章并按上手印，投下庄重一票，揭开了中国农民"直接行使民主权利，依法办理自己的事情，创造自己的幸福生活"的历史序幕。[①] 两年之后（1982年12月4日），宪法（八二宪法）确立了村民自治的基本原则，规定村民委员会是我国农村的基层群众性自治组织，正式认可了村民委员会的合法地位。"村民自治"与"家庭联产承包责任制"一起并称为20世纪80年代中国农村两次影响深远的历史性变革。果作村民委员会与家庭联产承包责任制一样，都是农民群众的创举，是"从群众中来"，中央立即承认其合法性，充分显示政府的博大胸怀，不仅如此，政府还及时总结果作村的民主自治成功经验，由此形成村民自治公共政策，"到群众中去"，指导全国的村民民主自治实践。

（三）"上下来去"公共政策的过程模型

中国的改革开放取得了巨大的成就，但这些成就的取得不是西方的政策理论能够解释得了的，为了有效地解释中国的成功，著名学者宁骚提出了"上下来去"公共政策的过程模型。[②] 公共政策的"上"和"下"不是简单的地理位置的上和下，也不是单纯的"中央"和"地方"的关系，它总共包含九对"上下"关系，分别是指：主观与客观、认识与实践、一般与个别、政策与国情、领导与群众、中央与地方、上级与下级、直接决策者与间接决策者、核心决策者与外围决策者。"上下来去"政策过程模型又包含四个子模

[①] 刘华新，等.广西河池合寨村果作屯第一任村民委员会主任韦焕能——退而不休 干劲不减 [N]. 人民日报，2019-02-14（08）.

[②] 宁骚. 中国公共政策为什么成功？——基于中国经验的政策过程模型构建与阐释 [J]. 新视野，2012（01）：20-21.

型，分别是：一个政策认识模型（实事求是），三个政策操作模型（"群众—领导"模型、"民主—集中"模型和试验模型）。

实事求是的政策认识模型。实事求是的政策认识模型也被称作"真理性模型"。其逻辑基础为：政策是否正确取决于政策主体是否能够在实践中发现客观真理，客观真理是事物内在固有的规律性，它是不以人的意志为转移的客观存在，我们对每一事物的认识，都必须从实际出发，从本国的国情出发，从人民的社会实践出发。比如在改革开放过程中，我们对经济规律的认识，不是一步完成的，在没有马克思经典理论指导的前提下，我们对经济规律的探索，就是一个"摸着石头过河"的过程。马克思主义的认识方法在这里仍然适用，那就是，由个别到一般，由感性认识到理性认识，由有限理论到完全理性。在经济政策制定过程中，可以分为两个大的阶段，一是在经济实践过程中找到经济运行的一般规律；二是用之前找到的经济规律去指导新的经济实践。前一阶段是物质到精神的过程，也就是"客观到主观"的过程；后一个阶段是精神到物质的过程，也就是"主观到客观"的过程。由此形成循环往复的过程："实践—认识—实践""物质—精神—物质""个别—普遍—个别"。该模型的大略宗旨是：一切从实际出发，实事求是；调查研究是解决问题的根本方法；实践是检验真理的唯一标准。

"群众—领导"政策操作模型。"群众—领导"政策操作模型也被称作"群众路线模型"。其基本的逻辑基础是：政策过程总是从群众到领导，然后又从领导到群众的过程。政策的第一步是尊重群众的事件，吸取群众的经验教训，听取群众的意见，作为政策制定的领导要"紧紧地依靠群众，密切地联系群众，随时听取群众的呼声，了解群众的情绪，代表群众的利益"。在具体政策的形成过程中，领导者将群众意见收集起来，经过认真研究，使之转化为系统的建议，由此找到解决问题的政策方案。而政策执行过程则是领导者带着政策方案到群众中去做宣传和解释，使群众理解和了解政策，随后带领群众参加政策实践，并在群众实践中检验政策是否正确，然后再从群众中收集意见和建议，领导者将新的意见收集起来之后，根据这些意见修正和完善政策，再到群众中去贯彻执行。如此循环往复，上下来去。"群众—领导"政策操作模型的大略宗旨是："从群众中来，到群众中去"。

<<< 第五章 "上情下达、下情上达"传统思想与"上下来去"公共政策

"民主—集中"政策操作模型。"民主—集中"政策操作模型也被称作"民主集中制模型"。其逻辑基础为：无论是政策的形成还是政策的实施都离不开民主集中制原则。在该模型中，首先将政策行为者划分为决策者和非决策者，决策者由若干成员组成，而非决策者由体制外非决策者和体制内非决策者组成。无论是体制外还是体制内的非决策者（也称群众）都有发表自己意见和提出政策建议的权利，而决策者将群众的建议和意见集中起来，加以分析和研究，使之成为政策的基本方案，又在民主集中制原则的指导下，按照多数决定的规则对政策方案做出抉择，并形成最终的政策方案。最终政策方案形成之后，决策者依据"少数服从多数、个人服从组织、下级服从上级、全国服从中央"的原则，将最终政策方案拿到群众中去执行。群众贯彻政策时要领会上级的基本精神，而决策者在政策执行完成之后，要对政策执行的情况进行总结，以备政策再执行之用。该模型的大略宗旨是："在民主的基础上的集中，在集中的指导下的民主"。

试验政策操作模型。试验政策操作模型通常也被称为政策试错模型。其基本的逻辑基础是：完整政策的形成经过这样的一个过程，由点到面，然后由面到点。共性存在于个性之中，普遍性存在于特殊性之中，必然性存在于偶然性之中。在公共政策进行全面推广之前，一般先进行个体或者局部的政策试验，通过对个体和局部政策试验的观察，发现导致政策问题出现的众多原因，以此为依据，对政策的相关要素做一定程度的修改。一般来说，大型的公共政策关系到国家政治经济等多方面的内容，在没有绝对的把握之前，先在部分地区进行政策试点是非常有必要的，一来是缓解政策压力，二来是在政策试验过程中吸取经验教训。例如，我国的开放政策，首先仅仅是开放深圳、珠海、汕头和厦门等经济特区，其次是开放14个沿海港口城市，然后扩大到沿海开放区域（包括41个市，218个县），又开放上海浦东新区，接着是开放沿边、沿江及内陆省会城市。除了开放政策之外，我国其他多项政策的实行都是采取这一步骤，从个别地方的个别人群和个别单位的个别事件中取得经验，检验政策是否达到预期的效果，做政策的相关可行性试验，力求以"典型示范"推动政策的全面实施。该模型的大略宗旨是："凡是政策都要经过试验""解剖麻雀，积累经验""个别指导一般，一般与个别相结合"。

三、"上下来去"公共政策对"上情下达、下情上达"思想的传承与发展

(一)"上下来去"公共政策对"上情下达、下情上达"思想的传承

继承了体察民情、重视民意、顺应民意的优良传统。自夏朝开始进入奴隶社会到清朝最后一个封建王朝，我国先后经历了无数个朝代，但每个朝代的命运都有相似之处，先是体察民情、重视民意、顺应民意，后来严重违背民意、压制民意，最后分崩离析。历朝历代的统治者大概从历史中吸取的教训是：为政者体察民情、重视民意、顺应民意，其政权才能平稳地运行下去，逆民意而为，则政权不会长久。所以，中国古代贤能的君主大抵都能体察民情，顺应民意，最后形成了重民的传统思想。尧舜禹时期，尧帝将满足民众的需求作为行政的宗旨，"帝曰：'弃，黎民阻饥。汝后稷，播时百谷。'""帝曰：'契！百姓不亲，五品不逊。汝作司徒，敬敷五教，在宽。'"大禹明确指出不可违背民意，"罔违道以干百姓之誉，罔咈百姓以从己之欲。"在箕子看来，民与神是并列的，"立时人作卜筮，三人占，则从二人之言。汝则有大疑，谋及乃心，谋及卿士，谋及庶人，谋及卜筮"。周朝的统治者认为，要从民心来揣测天意，正所谓"天矜于民，民之所欲天比从之"。"天视自我民视，天听自我民听。"[①] 春秋时期，民为邦本的观念基本确立下来了，敬神鬼而远之，爱民保民国家才能兴旺发达。季梁曰："夫民，神之主也，是以圣王先成民而后致力于神。"史嚚曰："国将兴听于民，将亡听于神。"逢滑曰："国之兴也，视民如伤，是其福也。其亡也，以民为土芥，是其祸也。"[②] 儒家、法家和墨家的代表人物都有顺民意的思想。管子认为法令要合乎民心，不合民心的法令是不能推行的，正所谓："政治所行，在顺民心；政之所废，在逆民心。"[③] 墨子认为，执政者要从民众的需求施政，"民有三患，饥者不得食，寒者不得衣，劳者不得息。三者民之巨患也。"[④] 孟子认为，执政者要从民所欲。乐民之所乐，忧民之所忧。"乐民之乐者，民亦乐其乐，忧民之忧

[①] 慕平. 尚书：泰誓中 [M]. 北京：中华书局，2009：249-543.
[②] 左丘明. 左传：哀公元年 [M]. 上海：上海古籍出版社，2016：327-432.
[③] 李山，等. 管子：牧民 [M]. 北京：中华书局，2009：186.
[④] 吴毓江. 墨子校注：非乐上 [M]. 北京：中华书局，2006：324.

<<< 第五章 "上情下达、下情上达"传统思想与"上下来去"公共政策

者，民亦忧其忧。乐以天下，忧其天下，然而不王者，未之有也。"①

新中国成立后，政府当然明白体察民情、重视民意、顺应民意的重要性，这关系到政权的合法性和稳定性。所以，在各个时期政府都非常重视民意，到群众中去了解民众的需求，"和群众打成一片"是了解民意的高度概括，比如，新中国成立初期的土地改革政策，是政府长期观察农民需求的政策应对，几千年来，农民对土地的渴望非常的强烈。再比如，经过长期的人民公社运动之后，政府观察到，农民建设"共产主义"的热情逐渐消退，生产积极性大幅度的下降，这是后来政策转变的重要前提。总之，执政党从政权的合法性和政权的稳定性出发，一方面应积极地继承古代统治者体察民情、重视民意、顺应民意的优良传统，在实践中，以新的形式体现政府对民意的重视，并使之焕发新的活力；另一方面又吸取了古代统治者违背民意、压制民意最终失败的教训，对违背民意、压制民意的官员或事件进行严肃处理，以平民愤。

继承了"化民意为政策"的优良传统。古代统治者体察民情民意的最终目的，是为了让民情民意转化为需要立即执行的公共政策，并最终实现民意。中国历史上著名的几次改革就是统治者化民意为政策的经典案例。中国历史上，关于土地兼并的问题时有出现，由于土地的大量兼并直接威胁到农民的生存，所以，一旦出现土地大量快速兼并现象时，政府都会采取政策措施，限制土地兼并，确保农民利益，限制大地主利益，以维系封建统治，保证国家稳定的财政收入。较为著名的有：北魏至唐朝前期实行的均田制，宋朝的王安石变法，明朝张居正草拟的一条鞭法，清朝康熙年间的摊人丁入亩制度，等等。在中国历史上，一旦遇到灾情，政府便会出台减免税收政策。例如，汉朝，鸿嘉四年，关东连年大水，汉成帝下诏：凡"被灾害什四以上，民赀不满三万，勿出租赋。逋贷未入，皆勿收"。② 绥和二年秋，因河南等地出现水灾，汉哀帝下诏："令水所伤县邑及他郡国灾害什四以上，民赀不满十万，

---

① 杨伯峻. 孟子译注：梁惠王章句下 [M]. 北京：中华书局，1960：23.
② 班固. 汉书：成帝纪 [M]. 北京：中华书局，1962：2127.

111

皆无出今年租赋。"① 到了唐朝，因灾减免税收的政策更加成熟和稳定，比如将佃租和徭役的减免与庄稼或桑麻的损失量化挂钩，如果灾区的民众已经纳税的，来年可以冲抵。

新中国成立以来，对于不同的国情、民情、民意，政府都对相应的政策做出了重大修改，这是对"化民意为政策"优良传统的传承。在经济政策方面，政府总能够顺应民意在宏观体制和微观政策两方面都不断地做出调整，宏观经济政策方面，从改革开放之前的完全计划体制到有计划的经济体制到现在的有中国特色的市场经济体制；在微观经济政策方面，尤其是分配政策方面，根据不同的市场需求做出及时的改变，从最早的按劳分配，到现在的按市场要素分配，中间做出了很多微调，中国的经济发展能够取得目前的成就，与政府适应国内外环境和民众需求不断调整政策是有很大关系的。社会管理政策方面，政府也能够顺应民意，在社会管理的诸多政策方面不断地进行政策调整，比如，一个"孙志刚事件"之后，国家立即出台《城市生活无着落的流浪乞讨人员救助管理办法》。其实，孙志刚本来不属于城市生活无着落的流浪乞讨人员，导致孙志刚"非正常死亡"的主要原因，是地方政府的管理政策存在巨大的漏洞，比如不尊重人权，随意殴打关押人员；比如不尊重生命，不尊重人的自由行动权利。孙志刚的非正常死亡引发了社会关于法律和社会管理问题的大讨论，由此引发政府相关政策的出台，这是政府顺应民意而为的具体表现。取消农业税是我国政府顺应民意的又一个重大政策措施。"三农"问题由来已久，李昌平曾经上述国务院："农民真苦，农村真穷，农业真危险。"改革初期的农民生活可谓是十分的艰辛，一方面农业的收入非常的有限，另一方面还要承担非常繁重的赋税，这里需要说明的是，单纯的国家农业税不至于很高，但地方政府增加了很多不合理的收费，比如教育附加费用，这让农民不堪重负，最终导致"丰城事件"的爆发，"丰城事件"之后的2000年3月2日，国务院和中共中央就发布了关于农村税费改革试点工作的通知，随后，多个省市相继开展农村税费改革试点，2005年12月29日，十届全国人大常委会19次会议通过一项决议，从2006年1月1日起，全

---

① 颜师古. 汉书：贡禹传 [M]. 北京：中华书局，1962：1827.

国全面停止征收农业税。从此，在中国延续了2600多年的农业税正式退出历史舞台。

（二）"上下来去"公共政策对"上情下达、下情上达"思想的发展

在现代中国公共决策体制中，民意是推动政策改革的直接力量，而在中国古代，民意只是政令（相当于现在的公共政策）变革的间接力量。在"上下来去"公共政策中，实事求是是政策认识模型的理论基础，何为实事求是？"'实事'就是客观存在着的一切事物，'是'就是客观事物的内部联系，即规律性，'求'就是我们去研究。我们要从国内外、省内外、县内外、区内外的实际情况出发，从其中引出其固有的而不是臆造的规律性，即找出周围事变的内部联系，作为我们行动的向导。"[①] "过去我们搞革命所取得的一切胜利，是靠实事求是；现在我们要实现四个现代化，同样要靠实事求是。"[②] "只有解放思想，坚持实事求是，一切从实际出发，理论联系实际，我们的社会主义现代化建设才能顺利进行。"[③] 换言之，中国在改革开放的过程中，一切从实际出发，一切从满足人民群众的需求和愿望出发，不断地调整我们的各项公共政策，在这里，人民群众的意愿（民意）成为决定公共政策走向的首要因素，也是公共政策改革的直接力量。而在中国古代，民意只是政令（相当于现在的公共政策）变革的间接力量。在中国古代亚圣（孟子）的学术思想里，民是第一位的，国家排第二位，君主排最后（民为贵，社稷次之，君为轻），其逻辑关系为，有了人民才能建立国家，有了国家才需要君主，所以，民贵君轻的思想在理论上是"正确的"。荀子在《荀子·王制》中曰："君者，舟也，庶人者，水也，水能载舟，亦能覆舟。"[④] 其逻辑关系为，庶人（人民）是水，君王是舟，舟能平稳运行全靠水的支撑，水（庶人）可以载舟（君王），水（庶人）也可以覆舟（君王），在人民与统治者关系问题上，荀子与孟子的观点是一致的，其核心要义是，得到人民拥护的君王才有统治的合法性，失去民心的君王没有统治的合法性，也就是所谓的"得民心

---

① 毛泽东.毛泽东选集：第3卷 [M].北京：人民出版社，1991：801.
② 邓小平.邓小平文选：第2卷 [M].北京：人民出版社，1994：143.
③ 邓小平.邓小平文选：第2卷 [M].北京：人民出版社，1994：143.
④ 安小兰.荀子：王制篇 [M].北京：中华书局，2007：124.

者得天下"。古代的统治者深知人民力量的强大，也从历史王朝的更迭中吸取了教训，所以，从民意的工具性视角出发去利用民意，推动政令（公共政策）的变革，满足民众的需求不是统治者的真正目的，仅仅是作为巩固其统治地位的手段和工具，所以，民意只是政令变革的间接力量。

在当代中国社会，人民群众是民意表达的直接主体，而在中国古代社会，普通民众（老百姓）只是民意表达的间接主体。从公共政策的三个操作模型看，人民群众无一例外都是民意的直接主体。在"群众—领导"模型中，公共政策形成的过程本身就是一个从群众到领导，又从领导到群众的过程。根据马克思主义认识论原理，正确的政策要经过群众的检验，它"从群众中来"，即政策制定之初是根据群众的实践经验，剔除已经不符合时代要求的原政策部分，而根据时代要求增加新的内容，新的政策一旦由领导负责制定之后，又"到群众中去"，即回到实践中去，由实践的成效来检验，如此循环往复，最终形成成熟的公共政策。在"民主—集中"模型中，但凡政策的决策都是在民主集中的原则下完成的，民主原则要求在政策正式完成之前，要广泛地征求群众的意见，无论是体制内的群众还是体制外的群众都有资格以不同的形式参与政策的讨论，这使得群众的意见和要求能够从不同的路径反映到决策者手中，而决策者将各种信息收集起来，加以分析和研究，最终在"少数服从多数、个人服从组织、下级服从上级、全国服从中央"的原则下形成政策决策。在试验模型中，一切政策的执行都要经过试验环节，正确的政策执行都是从点到面、从个别到一般、从局部到全面的过程。政策在全面推广之前要经过试验环节，这充分体现理论与实践相结合的基本原则，除此之外还有以下两方面的考虑：一是通过局部和个别的试验来检验政策的成效；二是避免大规模的政策失误，因为任何政策都有风险，在没有经过试验之前就匆匆向全国推广可能产生重大的损失。而在政策试验过程中，群众又一次发挥重大的作用，在政策试验过程中，群众对新政策的评价是政策是否可以继续执行的重大参考意见，如果群众对新政策的评价整体是正面的，新政策的推行得到群众的肯定，那么，新政策才可以继续实行下去，如果新政策被群众全面否定，那么，新政策的试验就要告一段落，或者进行修改之后，才可以继续实行。

第五章 "上情下达、下情上达"传统思想与"上下来去"公共政策

在中国古代社会,普通民众只是民意表达的间接而非直接主体。从实现民意的路径来看,皇帝是从其下属的行政官员那里获取民众信息的,皇帝与官员的信息交流,虽然某种程度上也能反映一定民意,但这种民意并不完全真实。实现这种信息交流的方式有如下五种:一是朝觐制,中央或者地方行政官员朝觐君王,由中央或者地方行政官员向君王传达民情、民意。二是巡察制,巡察又分巡狩和巡抚两种,前者是指天子亲自巡察,了解民风、民志和民情;后者是指天子委派亲信巡察地方,了解民间疾苦,掌握地方治理的详情。三是咨询制,所谓咨询制是指我国古代君王亲自到相应的官僚机构中去广咨博询,它是我国古代皇帝听取代表民意言论的一种重要的形式。四是谏诤制,我国古代政府大多在行政体制中设谏议机构,由谏官向皇帝上疏进谏,这是古代向君王表达民意的一种重要途径。五是封驳制,"封驳制"是一种对公共政策(政令)进行审议的制度设计,"封"是封还皇帝的诏敕,"驳"是驳正官员的奏章,这种制度设计从一定程度上能够保证公共政策(政令)符合民意。考察"朝觐制""巡察制""咨询制""谏诤制"和"封驳制"等民意表达制度,这些民意表达制度的最大特点是官员成为"媒介",负责向皇帝传达民情民意,就古代官员分内职责而言,他们本来应该积极地向上传递民意、民情,但受制于君王专制体制,大多数的古代官员(少部分为民请命的除外)从自身的利益出发,或者完全放弃上报实情,或者有选择性地传递民情民意,这样一来,民情民意就在传递过程中产生了失真现象。就普通民众而言,他们没有畅通的自下而上表达意愿的渠道(有也是诸如"拦轿"鸣冤或者"击鼓"鸣冤等狭窄的表达意愿方式)。从古代中国民意表达的启动顺序上看,不是自下而上,而是自上而下,前者是主动的民意表达顺序,后者是被动的民意表达方式。在中国古代社会中,民众的意愿表达都是由统治者上层(皇帝)提出要求,然后普通民众做出机械式回应,贤能的君主往往会就民生问题主动下访,探知民众的意愿。老子曰"圣人无常心,以百姓心为心",意思是,圣人对待人民一视同仁,没有偏见,没有私心,没有成见。但老子又曰:"圣人在天下,歙歙焉,为天下浑其心,圣人皆孩之。"[①]

---

① 冯达甫.老子译注:第四十九章[M].上海:上海古籍出版社,1991:104.

意思是，人民的心思混混沌沌，像婴儿一样，以便于圣人的统治。从老子的言论中不难得出结论，统治者是站在圣人统治的角度来谈民意的，他们的最终目的是统治者的长治久安，而民意仅仅是实现其政治目的的手段和工具而已，因为古代君王的利益与人民群众的利益从本质上说是对立的，这决定着古代君王不可能真正代表民意，也不可能真正重视民意，当两者的利益发生严重的冲突时，统治者便会违背和践踏民意，失去民心的统治者最终被人民群众无情推翻，于是，改朝换代就发生了。在君权至高无上的封建时代，普通民众没有主动自下而上表达意愿的权利，因为在古代君权神圣不可侵犯的封建政治体系中，普通民众只能被动接受统治者的一切安排，也不可能有直接向最高统治者表达意见的机会，充其量只能以文字或者民谣等形式隐性化地表达对专制社会的不满，即使这样，也存在巨大的政治风险。

在当代公共政策体系中，政策以人民为中心，在古代政策体系中，君主替民做主。共产党的政策满足人民的实际利益。毛泽东强调中国共产党的"每句话，每个行动，每项政策，都要适合人民的利益"[1]，这里的利益必须是实际的利益，毛泽东说："为群众服务，这就是处处要想到群众，为群众打算，把群众的利益放在第一位。"[2] 邓小平认为，我们党的政策要从社会实际情况和人民的真实需求出发，不能随意为之。江泽民认为，党的政策必须跟上时代的步伐，只有党的政策解决了广大人民的燃眉之急，维护了所有群众的利益，那么人们自然会拥护党的政策。习近平指出："始终植根人民、造福人民，始终保持党同人民群众的血肉联系，始终与人民心连心、同呼吸、共命运。"[3] 当代中国的"从群众中来，到群众中去"的公共政策，能够完全实现为人民服务，新一代领导集体提出"以人民为中心"的理念更加夯实了公共政策为人民服务的理论基础，使人民真正成为公共政策的中心。

考察中国古代政治制度，民本思想是其最大的亮点之一，但中国古代的民本思想不是现代意义上的民主，即民本不是以人民为中心。首先，这种政

---

[1] 毛泽东. 毛泽东选集：第4卷 [M]. 北京：人民出版社，1991：1128.
[2] 中共中央文献研究室. 毛泽东著作专题摘编：下 [M]. 北京：人民出版社，2003：18.
[3] 中共中央文献研究室. 十八大以来重要文献选编：上 [M]. 北京：中央文献出版社，2014：81.

第五章 "上情下达、下情上达"传统思想与"上下来去"公共政策

治体制的设计是宣扬圣贤立国，假设君王是圣人，由于其超众的品格因而是天生的统治者，民众则因其天生是需要被管制、教化和救赎的对象而成为被统治者，当然，这种制度同时规定，君王应该关心民众的疾苦，应该注意民心所向。其次，这种政治体制强调君权的至高无上，正所谓"天惟时求民主，乃大降显休命于成汤"[1]，即天为民求主，天降大任于成汤，使之为民主，这里的"民主"其实是"民之主"而非"民为主"。最后，这种政治体制的设计者没有制约和监督机制，一方面强调民贵君轻（人民在国家政治生活中的重要性），另一方面却没有在体制内给予民众制约和监督君权的方法和手段（体制外的推翻君权的方法和手段是暴力手段，但社会成本过大，所以周而复始的朝代更迭破坏了生产力的发展），所以，这种政治体制自始至终都未将人民视作国家真正的主权者。尽管在封建社会里，统治者也会出于维护政权稳定的需要，在政策上做一定的改变，但这些政策没有从根本上改变其为统治阶级服务的本质，它只能解读为为利益的让步，却没能改变统治阶级的政权性质。比如，历史上出现过多次的土地政策改革，但每次土地政策改革都没有解决根本的问题，农民的生产积极性还是没有得到很大的提高。

---

[1] 慕平. 尚书：多方[M]. 北京：中华书局，2009：342.

第六章

"不患寡而患不均"传统思想与扶贫政策

中国自古就有"不患寡而患不均"的传统思想,由于古代的知识分子认识到贫富差距过大一定会带来非常严重的社会危害,所以要有手段阻止社会财富集中到少数富人手中,要有政策阻止统治阶级与民争利。新中国成立之初,政府首先是吸取了历史上贫富差距过大所导致社会不稳定的经验教训,废除了私有制,建立了"大而全"的公有制,这种制度安排大致实现了社会财富的平均分配,但由于"大而全"的公有制不能充分调动广大人民群众的生产积极性,于是轰轰烈烈的改革运动开始了。随着改革开放的不断深入,贫富差距开始不断地扩大,于是扶贫政策被列入政府正式议程之中。当代中国的扶贫政策大体上继承了传统"均贫富"的思想,即不要让贫富差距的持续扩大影响到社会的稳定,这一点和传统社会是完全一致的,但当代中国政府消除贫富差距的理念和着眼点与古代政府截然不同,前者消除贫富差距的理念是为了达到共同富裕,后者是为了施舍穷人;前者消除贫富差距的理念是为了让所有人享受国家发展的成果,后者是为了维护统治者和富人的既得利益。

一、"不患寡而患不均"的内涵及其在古代的积极意义

(一)"不患寡而患不均"的内涵及其思想的发展

"不患寡而患不均"出自《论语·季氏》,是孔子最先提出的针对财富分配方面的思想,《论语·季氏》有曰:"丘也闻有国有家者,不患寡而患不均,不患贫而患不安。盖均无贫,和无寡,安无倾。夫如是,故远人不服,则修

文德以来之。既来之，则安之。"①"寡"意为鲜少、不足，在战国时期的大环境下农耕技术刚刚得到发展，生产力水平相比后世而言严重不足。"均"意为各得其份，既不绝对平均又不致差异过大致使社会动荡百姓生活困难，意即不论有国的诸侯或封地的大夫，不应担心财富不多，只需要担心财富分配不均；财富分配均平，便无所谓贫穷；境内和平团结，便不会觉得人少；境内平安，国家便不会倾危。做到这样，远方的人还不归服，就再修仁义礼乐的政教来招徕他们。他们来了，就得使他们安心。不过，对于孔子的这段话，后人有多种理解，那么，到底哪种才是正确的呢？孔子原话到底是表达什么意思，我们不妨做具体的分析。自从董仲舒作《春秋繁露》之后，将上述句子中的"寡"和"贫"二字做了对调，因为从语言逻辑的关系看，"贫"和"均"是对应的关系，它们是描述财富的常用词语，"寡"与"安"是对应的关系，它们是描写人数多少与社会稳定的常用词语，这样一来，似乎语句变得通顺了。"寡"和"贫"二字对调之后，原句变成"不患贫而患不均，不患寡而患不安"，这句话就可解释为：不怕老百姓贫穷，就怕社会财富分配不均匀；不怕百姓人数少，就怕他们不安分守己（而犯上作乱）。在这里，语句是变得通顺了，但整个句子的意思与孔子的一贯思想却出现了明显的矛盾，因为照此句理解，孔子变成了敌视人民的策士，这显然是不成立的。其实，原句不存在语句不通顺的问题，"不患寡而患不均"有两种理解都是符合孔子保民思想的，第一种解释是"不怕百姓少，就怕其分配不均衡，赋税负担不合理，造成贫富悬殊的现象"。这句话准确地表达了孔子爱民利民的思想，和其民众在先国家在后的思想也是完全一致的。第二种解释"不怕土地少，就怕土地分配不均"。在当时，由于土地的多寡就是财富的多少，也表达了孔子关注民生的精神，和其一贯的"井田均平"思想也是完全一致的。无论是哪种理解，"不患寡而患不均"都表达相同的意思：财富的大致均等是社会稳定和百姓安居乐业的首要因素，财富的均等不是指绝对的平均，但不能差距过大而影响到社会的稳定。

孔子的"均平"思想意思是"各得其份"的平均分配，由于人与人之间

---

① 杨伯峻. 论语注释：论语·季氏 [M]. 北京：中华书局，1980：174.

大不相同，在智力、财力、勤奋程度以及出身背景上有着显著差异，因而获益和财富积累程度也会与之呈现正相关。其实在先秦时期就已出现了贫富差距，但由于当时生产力水平低下其影响远没有后世影响严重。其实，在孔子之前，管子就提出过社会财富大致均分的思想，"天下不患无财，患无人以分之"①就是这种思想的写照。轻重论者重视"调通民利"，管子曰："凡将为国，不通于轻重，不可为笼以守民，不能调通民利，不可以语制为大治。"②而思想家孟子继承儒家学派思想后则认为"仁者不富，富者不仁"③。

孟子的分配理念不是指每个人都获得同样多的收益，而是指获得收益的机会是平等的。确实，少数人可以获得超过平均值较多的收益，但是只要绝大多数人的收益是符合社会生产力情况均值和社会生活标准的平均水平就可以称为均平。因此，没有绝对的平等，只有大致的平等。

董仲舒是中国儒学史上又一位重视财富均平的代表性人物，在他的分配思想中有两个重要观点：一是限制私人占有土地的数量（限田论）；二是阻止统治阶级与民争利，限制收入分配差距，遏制统治阶层的贪欲（调均贫富论）。他认识到贫富差距过大一定会带来非常严重的社会危害，所以，他在《春秋繁露义证·度制》一文中运用孔子的话语来论证这一问题："孔子曰：'不患贫（寡）而患不均。'故有所积重，则有所空虚矣。大富则骄，大贫则忧，忧则为盗，骄则为暴，此众人之情也……使富者足以示贵而不至于骄，贫者足以养生而不至于忧，以此为度而调均之，是以财不匮而上下相安，故易治也。今世弃其度制，而各从其欲，欲无所穷，而俗得自恣，其势无极，大人病不足于上，而小民羸瘠于下，则富者愈贪利而不肯为义，贫者日犯禁而不可得止，是世之所以难治也。"④

那么，怎样调节贫富差距呢？董仲舒认为分配不均是导致社会贫富差距明显的一个主要原因，"过富"和"过贫"都不利于社会稳定，贫富差距过大极易引起社会动荡不安，分配不均必然导致"上下之伦不别，其势不能相

---

① 李山，等.管子：牧民［M］.北京：中华书局，2009：187.
② 黎翔凤.管子校注：国蓄［M］.北京：中华书局，2004：1264.
③ 杨伯峻.孟子译注：滕文公上［M］.北京：中华书局，1960：356.
④ 苏舆.春秋繁露义证·度制［M］.北京：中华书局，1992：227-229.

治，故苦乱也；嗜欲之物无限，其势不能相足，故苦贫也"，"富者愈贪利而不肯为义，贫者日犯禁而不可得止"。① 所以，统治者应该调节收入分配差距，那又怎样调节收入分配差距呢？董仲舒的观点是国家实行"度制"，所谓的"度制"就是在既有差别又不能差距过大的原则下"以此为度而调均之，是以财不匮而上下相安"② 的收入分配政策。

　　董仲舒认为官与民争利是造成社会贫富差距明显的另一个重要原因。统治阶层与老百姓争利，这在一定程度上加剧了普通民众的贫困，因此，要调均贫富，就要遏制统治阶级不断膨胀的欲望，董仲舒要求官员必须做到"正其义不谋其利，明其道不计其功"③，他认为，为官者既然领取了国家的俸禄，就没有理由再获取其他行业的利益了，如果政府官员利用手中的资本与权力，涉足其他行业，抢占了本属于其他阶层的利润，必然导致"民日削月朘，浸以大穷。富者奢侈羡溢，贫者穷急愁苦；穷急愁苦而上不救，则民不乐生；民不乐生，尚不避死，安能避罪！此刑罚之所以蕃而奸邪不可胜者也"④⑤。因此，董仲舒建议政府放弃"盐铁官营"政策，由普通民众来经营盐铁，即所谓的"盐铁皆归于民"。董仲舒认为土地的兼并也是导致贫富差距进一步扩大的一个重要原因。董仲舒崇尚井田制，"理民之道，地著为本。故必建步立亩，正其经界。六尺为步，步百为亩，亩百为夫，夫三为屋，屋三为井，井方一里，是为九夫。出入相友，守望相助，疾病相救，民是以和睦，而教化齐同，力役生产可得而平也。"⑥ 在井田制下，土地不得随意买卖，这种制度安排大致能够保证社会财富的均平分配，上述文字所描述的便是一幅井田制下百姓富庶祥和、欣欣向荣的农村经济生活图景，可是井田制被破坏之后，"用商鞅之法，改帝王之制，除井田，民得卖买，富者田连阡陌，贫者无立锥之地。"⑦ 在中国古代农业社会里，农民很容易因自然灾害和突发事件

---

① 苏舆．春秋繁露义证·度制[M]．北京：中华书局，1992：229．
② 苏舆．春秋繁露义证·度制[M]．北京：中华书局，1992：228．
③ 班固．汉书：董仲舒传[M]．北京：中华书局，1962：2524．
④ 班固．汉书：董仲舒传[M]．北京：中华书局，1962：252
⑤ 班固．汉书：食货志[M]．北京：中华书局，1962：1119．
⑥ 班固．汉书：食货志[M]．北京：中华书局，1962：1137．
⑦ 王利器．盐铁论校注：贫富[M]．北京：中华书局，1992：221．

导致破产，而破产的农民得不到政府的救助，便出卖土地来换取活命，而购买土地者因为获取土地资源而变得越来越富有，如此循环往复，两极分化便不可避免。

几乎是同一时期的桑弘羊和贤良文学都是孔子"不患寡而患不均，不患贫而患不安"思想的继承者，尽管两者的出发点不一样，但殊途同归，两者都持"均平分配"的经济主张。

对于贫富差距的产生，桑弘羊认为是人的聪明与勤奋程度所导致的："道悬于天，物布于地，智者以衍，愚者以困"①，"共其地，居是世也。非有灾害疾疫，独以贫穷，非惰则奢也。无奇业旁入，而犹以富给，非俭则力也"②。如果出现了社会财富的分配不公平现象，桑弘羊建议政府要通过经济活动加以干预，因为贫者越来越贫，富者越来越富、国家就会出现不稳定因素，而要消除这种不稳定因素的主要方法是，国家介入商品经济，减少商人的利润，使其不得暴富。桑弘羊的经济思想与传统经济思想不同，他不认为农业是国家经济的"本"，而工商业是"末"，即所谓的"农本商末"，他是很早认识到商品流通对经济发展有巨大促进作用的"理财专家"，通过加快商品流通，能够起到快速调配财富和物资的作用，这就是他所说的："农商交易，以利本末……财物流通，有以均之。"③ 换言之，国家致富并非只有农业一条道路，有时候工商业还比农业更快让国家富裕起来，财物流通（商品流通）不仅可以增加社会财富，而且还可以进行利益再分配，调剂贫富差距。一旦社会财富出现了严重的两极分化现象，甚至可以采取剥夺富商财富的手段来实现"百姓均平"的目的，正所谓："理国之道，除秽锄豪，然后百姓均平，各安其宇以排富商大贾，买官赎罪，损有余，补不足，以齐黎民。"

贤良文学同样继承孔子"不患寡而患不均，不患贫而患不安"的财富均平思想，他认为贫富不均出现表面的原因是"礼义坏，则君子争于朝。人争则乱，乱则天下不均，故或贫或富"。而导致富者越富、贫者越贫的深层次的原因是政府的盐铁专卖政策，而要防止贫富差距的进一步扩大，就必须废除

---

① 王利器. 盐铁论校注：授时 [M]. 北京：中华书局，1992：422.
② 王利器. 盐铁论校注：通有 [M]. 北京：中华书局，1992：43.
③ 王利器. 盐铁论校注：轻重 [M]. 北京：中华书局，1992：179.

盐铁专卖政策。和桑弘羊"禁暴止奸"（禁止商人谋取暴利）实现百姓财富均平方法不同，贤良文学的主张是"重农固本"，缩小贫富差距的最好方法是国家不要干涉太多，商人不要盘剥太多，只需要在农业方面平均分配生产资料即可，如果能够多到"不违农时，谷不可胜食。蚕麻以时，布帛不可胜衣也。斧斤以时，材木不可胜用。田渔以时，鱼肉不可胜食"①，则财富收入的差距自然不会太大，在"利归上"还是"利归下"的问题上，贤良文学与桑弘羊展开了激烈的竞争，贤良文学认为，藏富于民是国家的发展方向，于是极力反对盐铁官营，反对官与民争利，只有民众富裕，国家才有税源，他还以《论语》的观点来论证藏富于民的正确性："筑城者先厚其基而后求其高，畜民者先厚其业而后求其赡。论语曰：'百姓足，君孰与不足乎？'"② 还补充道："民人藏于家，诸侯藏于国，天子藏于海内。故民人以垣墙为藏闭，天子以四海为匣匮。天子适诸侯，升自阼阶，诸侯纳管键，执策而听命，示莫为主也。是以王者不畜聚，下藏于民，远浮利，务民之义；义礼立，则民化上。"③

桑弘羊则极力反对贤良文学的观点，他认为，一旦"天下之利皆归于民"，则会出现豪强暴民不守法度的现象，"故民饶则僭侈，富则骄奢，坐而委蛇，起而为非，未见其仁"④。盐铁民营（与官营对应），商业垄断不可避免，贫富差距也会越来越大。

（二）古代调解贫富差距的社会实践及其意义

从中国古代社会以来，贫富差距是从私有制产生以来就一直存在着的，从"贫"至"富"发展的过程来看这也是社会经济和阶级相互融合、整合的过程。调节贫富的各类学说、理论设计范围涵盖了土地制度、赋税制度、工商关系、保障制度等领域。由于古代经济制度以小农经济为主，再加之生产力发展条件约束以及文化背景潜移默化的影响，乃至当时大部分的贫富思想都是根植于此，并且在此基础之上进行多方位的探讨。因此贫富思想贯穿着

---

① 王利器. 盐铁论校注：通有 [M]. 北京：中华书局，1992：43.
② 王利器. 盐铁论校注：未通 [M]. 北京：中华书局，1992：191.
③ 王利器. 盐铁论校注：禁耕 [M]. 北京：中华书局，1992：67-68.
④ 王利器. 盐铁论校注：授时 [M]. 北京：中华书局，1992：422.

中国古代传统思想中的均平主义，并且具有相当明显的延续性。

夏商周时期。夏商周时期是古代社会的起源乃至发展阶段，这个时期产生了诸多制度，建立成功的制度是生产力发展的实际追求。而到西周时期，统治者借助礼乐制度对社会阶层进行了划分，其中包括了对社会财富的分配。周礼中规定了不同阶级的人在社会财富分配中的等差态势，且对各个阶级所拥有的财富进行了大致的形容，虽然从某种角度来说体现了社会分配的不平等性，但是更多的是防止社会要素分配差异的日益扩大。

春秋战国时期。春秋战国时期是我国古代社会贫富差距分化的显现时期，随着社会体系的逐渐成熟，井田制逐步瓦解，铁制农耕用具的出现使小农家庭从农村公社中走了出来，成立了相对独立的家庭经济单位，但由于生产规模普遍较小且分布零散，致使当时的经济特征多了脆弱性和分散性，土地拥有广泛者逐步发展为富者，另一部分则愈趋于贫者。社会财富差距达到了历史顶峰。在此时期，统治者通过土地授予的方式培育了众多以小块土地生存的小农家庭经济成为封建自耕农，与此同时还实施着"军工赏田法"，培育出官僚地主和军工地主，打破了民众之间的财富均平并造成了贫富分化。

先秦时期。自私有制和贫富分化萌芽之后，在经过诸子百家对贫富差距产生的原因和如何对待及解决贫富差距等一系列问题进行探讨后，管子提出的"贫富有度"和荀子提出的"贫富有差"都是具有代表意义的思想理论，这些思想并非提倡平均财富，而是如何调节贫富差距（如发展财税和借贷等），对后世产生了深远影响。

秦汉至隋代。西汉董仲舒则认为贫富不均是由多方面影响的[1]，一方面是由于土地自由买卖，另一方面则是徭役赋税的加重，与此同时地方官的贪婪也使贫富分化加剧，商业资本的侵蚀和财富呈指数累积的方式使得贫富悬殊扩大。曹操引用"不患寡而患不均"来防止地方豪贼规避赋税而实行"田出租""户出调"的租调制，此制度根据民众贫富状况来进行差额征收赋税。曹操曾颁布《收田租令》说："有国有家者，不患寡而患不均，不患贫而患不安。袁氏之治也，使豪强擅恣，亲戚兼并；下民贫弱，代出租赋，衒鬻家财，

---

[1] 班固．汉书：卷24《食货志》[M]．北京：中华书局，1962：586.

不足应命；审配宗族，至乃藏匿罪人，为通逃主。欲望百姓亲附，甲兵强盛，岂可得邪！"① 新的调租制划分民户的资产级别，然后根据该级别的高低收取不同适量的实物税收（如绵绢等），这种调租制对中国赋税制度产生了深远影响，减轻了农民的负担，对贫富差距的缩小起到一定的作用。

早在西汉末期，王莽鉴于当时"富者犬马余菽粟，骄而为邪；贫者不厌糟糠，穷而为奸"②的社会情况提出了王田制。王田制是以井田制为蓝本来设计的一套田地国有制度。而王田制就是要效仿井田制度，"更名天下田曰'王田'……其男口不盈八，而田过一井者，分余田予九族邻里乡党。故无田，今当受田者，如制度。敢有非井田圣制，无法惑众者，投诸四裔，以御魑魅，如皇始祖考虞帝故事。"③ 由于战国以来的土地占有关系与井田制下的土地占有关系发生了重大变化，井田制已经失去了再度实施的社会经济条件。只能用抑制兼并，抑制大土地占有制的发展来调节和缓解土地占有的矛盾。

哀帝时的限田措施是董仲舒限田思想的具体化，为"限田思想"注入了新的内容。它将"限民名田"的理论现实化，具体地制定了从诸侯王到吏民按品级占有一定数量土地的制度，体现了占田与限田的统一。虽然井田制已经不可能推行，但限制地主无限地扩张土地却是有可能的措施，限田制是指由原来的无限占田向有限占田转变。汉哀帝时，政府公布了诸侯王至吏民占田、占奴婢最高限额，同时还规定了商贾不得占田及对占田逾限者的处罚措施。

其内容据《汉书》卷24《食货志》记载："诸侯王、列侯皆得名田国中。列侯在长安，公主名田县道，及关内侯、吏民名田皆毋过三十顷。诸侯王奴婢二百人，列侯、公主百人，关内侯、吏民三十人。期尽三年，犯者没入官。"④

魏末晋初，在土地兼并日趋严重的背景下，西晋在太康元年（280）颁布占田令，推行占田之制。从占田令来看，西晋占田制继承了自秦商以来"名

① 陈寿.三国志魏书：卷1《武帝纪》[M].北京：中华书局，1974：73.
② 班固.汉书：卷99《王莽传》[M].北京：中华书局，1962：1189.
③ 班固.汉书：卷99《王莽传》[M].北京：中华书局，1962：1191.
④ 班固.汉书：卷24《食货志》[M].北京：中华书局，1962：289.

田宅",特别是汉朝"限民名田"的田制传统。首先,占田令以法令的形式肯定了从王公至一般百姓均有占田的合法权利,将占田分为一般百姓以口占田和官吏依品级占田两个部分,分别规定了占田的最高限额。在官员占田方面,法令明确规定各级官吏皆依品秩占田数量,对于抑制贫富分化和贫富悬殊带来的社会矛盾发挥了重要作用。均田制崩溃以后,尽管从宋元明清以来,再未出现过任何种类的全国性田制,但当贫富悬殊和社会矛盾加剧之时都有主张恢复均田制的呼声,可见均田制在抑制兼并和缓解贫富矛盾上的深远影响。

北魏至唐的均田制是授田与限田的统一,国家通过直接授田和对"人户世业之田"实行名义上的授受将全国土地纳入了均田制之下,而田令中所规定的受田数额则对人户占田的最高限额做出了限制。

唐代是一个繁盛的时代,这种繁盛不仅体现在政治和军事实力上,还体现在社会的发展上。由于唐朝经济的发展,社会的消费也得到了很大的发展。这种社会消费的发展一方面体现在唐代百姓的消费能力的提升上,另一方面则体现在唐代消费品的丰富上。然而,这种消费能力的提升和消费品的丰富并不是体现在大多数的普通百姓身上的,而是集中体现在中上层的阶层上。这些中上层的阶层生活相对富裕,他们在满足了温饱之后还有大量的钱财可以花费在其他项目上,他们的社会消费是相当丰富的。城市中的居民相对而言生活没有那么优越,但是在长安、洛阳等大城市,普通的城市居民常常也会有一些闲钱可以进行社会消费,但是,在广大的农村地区,数量庞大的农民根本没有闲钱可以进行消费,在他们所处的地方也没有什么可供消费的项目。

唐代在物质消费上的贫富差距实际上在当时就已经为众人所知了,唐代杜甫就曾在《自京赴奉先县咏怀五百字》中对当时消费上的贫富差距有过生动的描绘:"中堂舞神仙,烟雾散玉质。煖客貂鼠裘,悲管逐清瑟。劝客驼蹄羹,霜橙压香橘。朱门酒肉臭,路有冻死骨。荣枯咫尺异,惆怅难再述。"[1]杜甫本人之所以对这种消费上的贫富差距这么了解,恰恰是因为他本人的经济状况就是相当贫困的,杜甫虽然在文学上才华横溢,但是在生活上却并不

---

[1] 萧涤非. 杜甫诗选注 [M]. 北京: 人民文学出版社,1998: 53—59.

如意，终其一生都过着相对贫困的生活，不仅和奢华的消费享受无缘，就是连基本的温饱也难以保障。杜甫在他的许多诗歌中都对他以及他所观察到的身边人的困苦、悲惨的状况有过描写，因此，从杜甫的诗歌中，我们可以对唐代时的贫苦百姓的生活有一定的了解。而如果碰到灾年或者荒年，那么这些贫苦百姓的生活便更加凄惨，甚至要卖掉家中的孩子来维持生计。相反，城市中的官僚、贵族以及皇亲国戚们的生活则是相当奢侈，他们不仅有大量的钱财可以用来消费，而且还可以得到当时最为丰富的消费品。《请减宁王圹内食味奏》中记载了宁王当时一场相当奢华家宴的情景："尚食所料水陆等味一千余种，每色瓶盛，安于藏内，皆是非时瓜果，及马牛驴犊獐鹿等肉，并诸药酒三十馀色……又非时之物马驴犊等，并野味鱼雁鹅鸭之属，所用铢两，动皆宰杀，盛夏胎养，圣情所禁。"①

唐代百姓凭借自身拥有的资产总量分为九等，上三等户为上流阶层，而下三等户为贫农阶层。文宗时，韩愈也说："所在百姓，贫多富少。"② 据张泽咸先生研究，中天宝年间，贫农占全国总人口的90%左右，而富者仅为全国人口的10%。虽然唐代各个阶层之间的人口数量差异较大，但阶级之间的资源占有量和消费水平，却呈现出差距极大的倒金字塔结构。

唐代是身份社会，富贵的前提是有"贵"的身份，而北宋时期更为明显的则是土地不均的问题，朝廷实行"田制不立""不抑兼并"等土地政策，由此严重加剧了社会贫富的两极分化。宋代开国以来不抑制互市，土地等资源迅速集中，加之大宋律法的完善，真正从某种意义上达到了"齐民"，普通百姓也可通过自身劳动达到富民，宋政府不再强行干预土地分配，在当时，居民分为乡村户和城郭户，乡村户又划为五个等级，一、二等户称为上户，南宋名臣张守曾说过："有田三五顷者多为上户。"三等户称为中户，主要是田地占有量不多的自耕农。四、五等户又称为下户，南宋末年方回指出："不满一贯文为四、五等户"，而税收在五百钱以下的则称为五等户，为了生存大部分自耕农选择成为佃农，南宋时陆九渊说："所谓农民者，非佃客庄即佃官

---

① 司马光. 资治通鉴：卷二百一十二·唐纪二十八 [M]. 北京：中华书局，2011：2988.
② 董诰. 全唐文 [M]. 北京：中华书局，1975：5569.

庄，其为下户自有田者亦无几。"① 但此时他们不是地主的私有财产，而是国家统一收编入册的编户齐民，因此富民拥有土地财富之多与宋政府提倡的"不抑兼并"政策密不可分。

元明清时期。元明清时期是我国古代社会发展的最后阶段，也是封建王朝统治的巅峰时期。元代初立，蒙古人主中原之时统治者并未对当时的经济制度进行干预，贫富差距一直存在。明朝初期，洪武皇帝曾言："惩元末豪强辱贫弱，立法多右贫抑富。"② 且此时创立的"里假制度"有效抑制了贫富差距拉大的趋势，随着朝代变迁和"里假"制度的崩溃，土地兼并开始越演越烈，资本的快速发展导致了贫富差距越来越大，贫富不均现象严重。

在元明清社会中，对应于土地兼并和赋税不均所产生的贫富分化和贫富悬殊，产生了"均田"与"均赋"两种缓解贫富差距的思想和主张，"均田论"仅停留在讨论层面，而"均赋论"直接引发了明清赋役改革，摊丁入亩成为赋役改革的主要内容。所谓的摊丁入亩，就是按地亩之多少，定纳税之数目，地多者多纳税，地少者少纳税，无地者不纳税，这项措施有利于贫民而不利于官绅地主。但同时值得注意的是明清时期科举制度的完善保障了各个阶层能够有着跨越阶级、机会均等、财富流动的机会，平民百姓也可以经过自身寒窗苦读一朝登榜光宗耀祖，有能力的人可以由穷至富，自下而上；无能者亦可以由富至贫，自上而下。

二、新中国扶贫政策的演变与控制贫富差距的努力

（一）新中国扶贫政策的演变

新中国成立初期，政府的主要工作是尽快将生产力恢复到内战之前的水平，即当时政府的核心工作是围绕发展生产展开的，加之当时强调收入的平均分配，在我国普遍贫困的大背景下，政府不可能将扶贫工作列入政府的主要议程。现在回过头来做分析和总结，我国在没有启动改革开放时贫富差距不大的主要原因有两个：第一是体制的原因，因为当时我国采用的是公有制，

---

① 脱脱，等．宋史［M］．北京：中华书局，1977：432．
② 张廷玉．明史：卷77《食货一》［M］．北京：中华书局，1974：1234．

<<< 第六章 "不患寡而患不均"传统思想与扶贫政策

无论是农村还是城市,在公有制为主体单一体制下,城市或者农村内部的差距都不大,虽然在"工业化"政策的引导下,城市与农村的收入差距还是存在的,但总的来说,这种差距还是处于可以控制的范围之内,那时候的国家干部或者工人可以享受国家诸多方面的福利待遇(比如医疗保险和退休金),但人民公社建立的农村"五保"制度以及对应的社会保障制度一定程度上"抑制了因失去土地陷入更深程度的贫困现象的发生以及贫富差距的出现……(农村)在基础教育、合作医疗和社会保障方面的成就甚至超过了改革开放初期"[1]。第二是分配体制中的平均主义原因,随着20世纪50年代私有制改造的完成,收入分配上的"平均主义"思想日益加固,到改革开放前夕,据有关专家推算,当时农村内部的基尼系数为0.21~0.22之间,而城镇则更低为0.16。[2] 改革开放之后,随着单一公有制体制的打破和收入分配差距的拉大,我国社会的贫富差距逐渐拉开,从某种程度上说,我国改革开放的历史就是一部社会贫富差距不断扩大的历史,所以,从1979年开始,国家在不同的历史时期,根据不同的社会现状推出了诸多不同的扶贫政策,总的来说,这些扶贫政策可以分成四个阶段:救济式扶贫政策(1979—1985);开发式扶贫政策(1986—2000);参与式扶贫政策(2001—2010);精准扶贫政策(2011—2020)。

救济式扶贫(1979—1985)。改革开放政策启动初期,国家的经济开始逐渐好转,但受长期"封闭"政策的影响,截至1978年12月,我国农村从整体上说仍然处于贫困状态,全国贫困人口约2.5亿,贫困发生率竟然高达30.7%,[3] 虽然之后的六七年时间里,宏观政策得到根本的转变,农村的普遍贫困状况有所缓解,但由于自然和历史等多重因素的影响,广大农村地区的经济发展水平明显低于全国平均水平,为了从根本上改变这一现状,从20世纪80年代初期开始,政府启动了"自上而下"的扶贫工作,扶贫政策也在此时陆续出台。1979年9月16日,全国第七次民政工作会议在北京召开,在这

---

[1] 张磊. 中国扶贫开发历程 [M]. 北京:中国财政经济出版社,2007:28.
[2] 李秋蒙,王浩,等. 中国贫富差距问题分析 [J]. 学理论,2018 (11):95.
[3] 国家统计局. 中国农村贫困监测报告(1978)[M]. 北京:中国统计出版社,1978:38.

次会议上划定了农村贫困标准,并且从救济款项中分出扶贫专项款。一年之后(1980年以后),政府设立多项专项扶持资金(诸如"支援经济不发达地区发展资金""革命老区、少数民族地区和边远地区贷款""以工代赈资金")用于扶贫开发。1984年9月29日,国务院发布了尽快帮助贫困地区改变面貌的通知,在通知中号召各级党委和政府高度重视贫困地区的经济落后问题,制定相关政策帮助"老、少、边、穷"等地区逐渐脱贫,这些政策包括延长耕地承包期、允许转让承包权、免交所得税等款项。此外,全国还划定秦巴中高山区、陕北白于山区、黄河沿岸土石山区、中西部山区和丘陵地区,沂蒙山区、闽西南、闽东北地区、努鲁而虎山区、太行山区、吕梁山区、秦岭大巴山区、武陵山区、大别山区、井冈山区和赣南地区,定西干旱山区、西海固地区为18个集中连片贫困地区,给予政策照顾。

  开发式扶贫政策(1986—2000)。经过上述扶贫政策的实施,绝对的贫困人口数量在减少,但是,此时的扶贫工作出现了新的问题,在市场经济的影响下,两极分化现象较为突出,集中表现在以下两方面,一是我国区域之间两极分化现象非常明显,区域之间两极分化表现在东部发达地区与中西部欠发达地区的经济发展差距越拉越大;二是我国城乡两极分化现象非常明显,城乡之间的两极分化表现在快速发展的城市与缓慢发展的偏远乡村的经济发展差距越拉越大。一边是全国的经济在快速增长,一边是农村贫困地区的经济出现滞涨,原来救济式的扶贫政策的作用逐渐降低,这使得国家的扶贫工作陷入被动境地,为此,国家从1986年开始,有计划有组织地开启新的扶贫政策,1986年5月成立专职的领导机构(国务院贫困地区经济开发领导小组),该机构的主要职责是完成国家大规模的开发式扶贫工作。开发式扶贫与救济式扶贫的主要区别在于,前者是借助提高农村经济的造血功能的形式促进农村经济的快速发展,后者是借助单向资金流动的输血形式改变农村的落后面貌。政策方面也有所创新,在八七扶贫攻坚期间,我国推出了一系列新的扶贫政策:增加贫困县(国家规定)的数量;增加扶贫投资数量;强化了部门扶贫的工作重点;鼓励国际机构和民间组织共同参与扶贫开发工作;增加人力资本投资在西部地区的投资额度；强化扶贫开发工作的监督管理。① 这一时期的扶贫主要是"由道义性扶贫向制度性扶贫转变，由救济式扶贫向开发式扶贫转变，由扶持贫困地区（主要是贫困县）向扶持贫困村、贫困户（主要是贫困人口）转变"②。为了积极配合开发式扶贫工作的开展，同一时期，轰轰烈烈的农村社会保障制度改革拉开了序幕，这是我国农村社会事业标志性的重大事件，从此，真正意义上的农村社会养老保险制度完全建立起来了。

参与式扶贫政策（2001—2010）。进入 21 世纪以来，由于我国贫困人口呈现更加分散的特点，由原来的区域分布转向点状分布，这要求我们出台多元化的政策措施，去帮助贫困村人口脱贫。《中国农村扶贫开发纲要（2001—2010）》于 2001 年正式启动，与此同时，西部大开发、全面建设小康社会、社会主义新农村等政策相继出台。2001 年，我国推出了"整村推进"的扶贫政策，根据相关指标，国家乡村振兴局确立了将近 15 万个贫困村，将扶贫对象及资金分配，由贫困县转移到贫困村以及低收入的贫困户。③ 这些政策有以下五方面的创新：一是将瞄准对象由贫困县转向贫困村；二是整村推进、产业化扶贫和劳动力培训转移成为主要扶贫方式；三是强化对扶贫资金的监督管理；四是组织社会力量参与扶贫开发；五是动员更多的国际组织参与中国的扶贫开发。

精准扶贫政策。（2011—2020）2011 年，我国颁布了农村扶贫的十年开发纲要《中国农村扶贫开发纲要（2011—2020）》，2012 年 11 月 8 日，中国共产党第十八次全国代表大会在北京召开，从此，中国的扶贫目标就与全面实现小康（目标）紧密联系在一起。2013 年 11 月，习近平总书记首次提出"精准扶贫"概念（在湖南省湘西州十八洞村考察时正式提出"精准扶贫"概念）。从此，精准扶贫成为我国脱贫攻坚的基本方略。

精准扶贫政策有如下三方面的内容和一个非常措施，三方面的内容是：

---

① 张磊. 中国扶贫开发历程 [M]. 北京：中国财政经济出版社，2007：3.
② 王朝明. 我国扶贫开发的历史进程 [N]. 内蒙古日报，2012-03-30（12）.
③ 张磊. 中国扶贫开发政策演变（1949—2005）[M]. 北京：中国财政经济出版社，2007：243.

一是提出脱贫的新目标；二是全方位精准扶贫策略；三是全社会参与扶贫工作、多种扶贫手段联合使用。一个非常措施是选派机关优秀干部到村任第一书记，即所谓"第一书记"驻村帮扶政策。从后来的实际效果看，"第一书记"驻村帮扶政策取得了显著成效。

精准扶贫的新目标。该目标我们可以从2011年颁布的《中国农村扶贫开发纲要（2011—2020）》中导出，该文件明确指出，我国这一阶段的扶贫目标为"两不愁，三保障"，所谓的"两不愁"固然是指"不愁吃"和"不愁穿"，"三保障"是指"义务教育保障""基本医疗保障"和"住房保障"。该文件还将贫困人口的收入标准提高到人年均2300元，并且设定一个非常重要的指标——贫困人口人均纯收入增长幅度要高于全国平均水平，其公共服务主要领域的指标要接近全国平均水平，并彻底扭转发展差距进一步扩大之趋势。

全方位精准扶贫策略。准确、正确识别身份是减少贫困的先决条件，我们可以识别贫困居民。总的原则是"以地区为单位，准确和基于问责的身份识别和主动管理"；进行挨家挨户的调查和工作记录，包括深入评估、住房调查、公告和检查站、数据输入等。精准帮扶，贫困居民识别出来以后，针对扶贫对象的贫困情况定责任人和帮扶措施，确保帮扶效果。就精确到户到人来说，重点为：一是坚持方针。精确帮扶要坚持习近平总书记强调的"实事求是，因地制宜，分类指导，精准扶贫"的工作方针，重在从"人""钱"两方面细化方式，确保帮扶措施和效果落实到户、到人。二是到村到户。改造破旧的农村家庭住房，帮助链接到家庭村庄。永久忽略资源的利益，发布"减贫"政策的内容，真正把资源优势挖掘出来，把扶贫政策的能量释放出来。三是因户施策。让村庄和家庭参与进来，分析贫困的根源，并实施精准政策，家庭支持项目和补助金。按照恢复缺失的原则，实施"六农"项目，以改善水、电、路、煤气、住房和环境，以有效改善人民生活、生产力发展和创收。四是干部帮扶。从"减贫"政策到乡村条件和家庭状况，帮助贫困家庭阐明他们的发展思想，制订与现实相符的减贫计划，制定工作重点和具体措施，并实行严格的问责制。精准管理，建立贫困家庭信息管理网络，整合基本信息和减贫体系的积极组成部分，实行有效管理。为贫困的农村家庭实施一户一项"减贫"计划和一系列救济措施，以确保最需要支持的人和最需要帮助的地方得到支持。

全社会参与扶贫工作、多种扶贫手段联合使用。始终做到参与式扶贫、开发式扶贫和社会保障相结合，积极将行业扶贫、专项扶贫和社会扶贫三方力量有机结合，动员社会各方力量积极参与扶贫工作，形成全社会共同参与扶贫工作的大格局。其中，教育扶贫、科技扶贫、文化扶贫、旅游扶贫、金融扶贫、电商扶贫等系列政策陆续被创造性提出，并运用到具体的扶贫实践中，日益多样化的扶贫模式提高了扶贫的精准度，提高了扶贫的整体效能。

(二) 新中国成立初期我国控制贫富差距的政策

共同富裕被以生产关系的方式赋予科学的内涵。在共同富裕这个概念中，"富裕"反映了社会群众对财富的拥有量，同时也是社会生产力发展水平的体现；"共同"则反映了社会成员对财富的占有方式，是社会生产关系性质的集中体现。共同富裕包含着生产力与生产关系两方面的特质，共同富裕是共同和富裕两方面的有机统一，是消除两极分化和贫穷基础之上的普遍富裕。

毛泽东不仅仅是我党对于共同富裕的先行者，更是我国思想先进阵容中最坚定的践行者，共同富裕这一理念贯穿着毛泽东思想的始终，从人民的角度出发看待问题，一切为了人民，共同富裕是社会主义建设的一大重要部分，是毛泽东思想的出发点同时也是归宿。新民主主义转向社会主义是毛泽东对于革命的一大重要转折点，1953年国民经济状况逐渐走进人们的视线，而对于此时的新中国来讲，饱经战火的土地急需得到疗养，劳动力不足、经济发展落后、工业化水平严重不及世界平均水平。1953年，中国共产党中央委员会通过了《中共中央关于发展农业生产合作社的决议》（以下简称《决议》）。《决议》指出："为着进一步地提高农业生产力，党在农村中工作的最根本的任务，就是要善于用明白易懂而为农民所能够接受的道理和办法去教育和促进农民群众逐步联合组织起来，逐步实行农业的社会主义改造，使农业能够由落后的小规模生产的个体经济变为先进的大规模生产的合作经济，以便逐步克服工业和农业这两个经济部门发展不相适应的矛盾，并使农民能够逐步完全摆脱贫困的状况而取得共同富裕和普遍繁荣的生活。"①

此时，以毛泽东为代表的共产党人对如何建设社会主义社会、怎么建设社会主义社会进行了深刻的思考与探索。毛泽东指出：只有通过社会主义改造完成生产资料由私有制到公有制的转变，才能够进一步推动生产力与技术革新的发展，从而使制造业、手工业的产出满足人民的生活所需。②

同一时期，中国共产党正式提出了"共同富裕"这一口号，1953年以前，"共同富裕"一词从未出现过，而在1953年，这一词汇在《人民日报》连续出现了12次。在《决议》通过的12月，这一词汇则连续出现了9次。与此同时，作为向社会主义过渡的第一步，毛泽东两次发表谈话，要求加快农业合作化的进程，并亲自领导主持了《中共中央关于发展农业生产合作社的决议》的起草。"共同富裕"的概念在《决议》中出现绝非偶然，它表明中国特色社会主义在最初就与"共同富裕"紧紧联系在了一起。③

共同富裕是贯穿我国社会主义建设和发展的一条生命线，毛泽东思想及其理论都是围绕共同富裕展开的。在社会主义建设初期，毛泽东明确表示，共同繁荣的目标是仅在社会主义基础上实现共同繁荣，一旦受到资本主义的控制，它将不可避免地导致两极分化。

（三）改革开放之后我国控制贫富差距的政策

1978年邓小平同志提出"贫穷不是社会主义"，那时的共产党人已经对于当前社会经济状况有了更多的思量，于是在1980年时，针对当前现状邓小平又提出了"大力发展生产力"，在经过几年的发展和实践之后，我党在1992年正式提出了"最终实现共同富裕"④ 的总目标。

邓小平在1985年时指出："社会主义的目的就是要全国人民共同富裕，不是两极分化。如果我们的政策导致两极分化，我们就失败了；如果产生了

---

① 中共中央文献研究室. 新中国成立以来重要文献选编：第4册[M]. 北京：中央文献出版社，2011：570.
② 中共中央文献研究室. 毛泽东年谱：第2卷[M]. 北京：中央文献出版社，2013：188.
③ 中共中央文献研究室. 毛泽东年谱：第2卷[M]. 北京：中央文献出版社，2013：449.
④ 邓小平. 邓小平文选：第3卷[M]. 北京：人民出版社，1993：373.

什么新的资产阶级,那我们就真是走了邪路了。"①

邓小平同志针对共同富裕的思想是扎根于马克思主义的,马克思理论是其理论基石,思想根植于"天下大同",《礼记·礼运》中记载:"大道之行也,天下为公。"②"天下为公"这一观点主要是宣扬人人为公的乌托邦型社会,是古人对于殊途同归的最高见解。从古至今,人们一直在为大同世界奋斗,随着社会类型演化至今,邓小平同志在提出"共同富裕"思想时汲取了"天下大同"中生产资料公有制和消灭剥削的理念,这里共同富裕的思想的根本就是人人平等,最终达到全民富裕的水平。邓小平对于如何解决贫富不均和地区发展严重不平衡等一系列问题都提出了可行性很强的构想。他在1989年时提出了"两个大局"的思想。他说:"沿海地区要加快对外开放,使这个拥有两亿人口的广大地带较快地先发展起来,从而带动内地更好地发展,这是一个事关大局的问题。内地要顾全这个大局。反过来,发展到一定的时候,又要求沿海拿出更多力量来帮助内地发展,这也是个大局。那时沿海也要服从这个大局。"③ 也就是先富带后富。

在1992年的南方谈话中,他又谈到,社会主义制度就应该而且能够避免两极分化,共同富裕并不是搞平均主义,而所谓的平均主义也不是真正意义上的社会主义,搞平均主义实则就是在吃"大锅饭",经济得不到真正的发展,社会水平停滞不前实则最终会导致共同落后,尽管小平同志对于解决贫富差距和地区发展不平衡的问题提出了自己的设想和时间表,但他深知,这个问题的解决并非易事。他曾在1989年会见外宾时就说过,要我们所制定的每项政策都能照顾到各方面,是不可能的。总有一部分人得益多些,另一部分人得益少些。

解放生产力是实现共同富裕的第一步也是最为重要的一步,在新中国成立初期,社会主义蓬勃发展甚至走向了岔路,"大跃进""人民公社"等思想限制了社会生产力的蓬勃发展,搞绝对主义的平均是行不通的,邓小平此时

---

① 邓小平. 邓小平文选:第3卷[M]. 北京:人民出版社,1993:373.
② 陈戍国. 礼记校注:《礼记·礼运》[M]. 长沙:岳麓书社,2004:154.
③ 中共中央文献研究室. 邓小平年谱(1904—1974):下[M]. 北京:中央文献出版社,2004:1847.

察觉出了问题的关键,改革才是打破僵局的首选,他曾说:"过去我们搞土地革命,是解放生产力;现在我们搞体制改革也是解放生产力,这也是一场革命。"① 邓小平将解放生产力视为一场革命,并且大刀阔斧进行了一系列改革,找准问题切入点,建立社会主义市场经济体制,制定公有制为主体、多种所有制共同发展的经济政策,优化了市场资源配置,达成了政府和市场双向促进经济发展的作用。同时进行了社会主义科技体制建立,从科技拨款和技术市场两方面入手,实现了科技改革和经济发展相匹配的良好发展前景,通过改革实现社会发展变革,解放生产力。生产关系适应生产力的发展,使得社会主义生产力从体制束缚中解脱出来。

邓小平主要从完善国家体制机制建设、全力推进技术成果转化、尊重人才这三方面来解放生产力,13亿人口怎样实现富裕,富裕起来之后财富怎样分配,这都是大问题。这里邓小平提出了实现共同富裕过程中效率与公平的辩证关系问题。只有效率出众才能够使生产力得到充分的发展,只有市场环境尽可能的公平才会真正激发社会主义市场经济的特色及长处,效率、公平二者辩证统一、相互促进,若是过于强调效率或是公平乃至把二者割裂开来看待,社会主义市场经济都不会发挥出最大的作用。在改革开放初期,我国生产力低下,邓小平曾提出:"现在不能搞平均主义,毛泽东讲过先让一部分人富裕起来。好的管理人员也应该待遇高一点,不合格的要刷下来,鼓励大家想方法。讲物质刺激,实际就是要刺激。"② 邓小平的观点则是发展就必须要提高生产力,解决效率低下的迫切问题,然后逐步实现社会公平,最终实现效率和公平的协调推进。

三、扶贫政策与"不患寡而患不均"思想的关系

我国的扶贫与发展始于20世纪70年代末期。经过近30年的不懈努力,它取得了举世瞩目的成功。但是,我国在长期的扶贫工作中存在诸如具体扶

---

① 邓小平. 邓小平文选:第2卷 [M]. 北京:人民出版社,1994:128.
② 中共中央文献研究室. 邓小平年谱(1975—1997):上 [M]. 北京:中央文献出版社,2004:384.

贫对象是谁等问题。由于我国农村贫困人口的基数太大，贫困居民是谁？为什么贫困？如何提供有针对性的援助？援助对特定工作的影响是什么？整个国家都没有建立减轻贫困的信息系统，因此，在为贫困人口提供救济方面存在很多盲点，还有一些真正的贫困农民和当地的贫困人口没有得到帮助，而得到政策照顾的某些地区不愿意"脱贫致富"，数字被伪造，甚至出现严重的腐败现象。精准扶贫是全面建成小康社会、实现中华民族伟大复兴的重要步骤。扶贫工作的重要意义在于帮助贫困地区人民早日实现经济繁荣的梦想。众所周知，消除贫困、改善民生、实现共同富裕，是社会主义的本质要求，要全面建成小康社会，当然离不开广大的农村，而农村贫困地区的小康就显得尤其重要。

（一）扶贫政策对"不患寡而患不均"思想的传承

首先是社会财富大致均分的思想理念的继承。中国古代贫富思想发展中自始至终都贯穿一条主线——对均平理想的向往和追求。无论是封建初期（春秋战国时期）的"不患寡而患不均"还是封建末期（明清时期）的"均利""均天下"，无论是先秦诸子的"均贫富""均无贫"还是近代社会提出的"均贫富，等贵贱"，尽管其中均平的内涵并不完全一致，但自始至终都蕴含着对均平理想的执着追求。在政策制定和实施上也同样如此，纵观中国古代的土地和赋役政策，"均平"都是这些政策制定和实施的重要理论依据，比如，北朝隋唐的"均田制"；还比如，明清时期的"均田均役制"都是依据"均平"思想制定出来的公共政策，可以这么说，以"均平"为重要理念的贫富思想对古代国家政策产生了深远的影响。古代思想家在对待分配问题上的基本理念是，贫富差距的持续扩大不利于社会的健康发展。其实，孔子"不患寡而患不均"表达的意思大致是：财富的大致均等是社会稳定和百姓安居乐业的首要因素，财富的均等不是指绝对的平均，但不能差距过大，社会财富差距过大最终会影响到社会的稳定。管仲也认为，不能无限制地拉大贫富差距，贫和富都有一个度，富者不能无度，贫者亦不能无度，百姓"过于富"和"过于贫"都不便于管理，"甚富不可使，甚贫不知耻。"[①]

---

① 李山，等. 管子：侈靡［M］. 北京：中华书局，2009：286.

"均贫富"强调贫富有度、贫富有差，但绝不是"平均主义"，从逻辑上分析，社会财富的平均分配固然有利于和谐社会的建设，有利于增强社会各要素的相互协作，但又不可避免地带来负面效应：它会抑制生产效率而对社会经济发展产生某种程度的阻碍作用。新中国成立初期，我国的分配政策就有明显的"平均主义"倾向，结果导致生产效率的下降。当然，分配政策不是生产效率下降的唯一原因，比如还有经济体制的原因，这里形成一对矛盾，生产资料的公有制和分配的平均主义有利于社会的和谐和公平，但它会阻碍社会经济的快速发展，而生产资料的多种所有制和拉开距离的分配制度能够促进经济的飞速发展，但又不可避免拉大贫富差距。至于如何取舍，改革开放的总设计师指出："过去搞平均主义，吃'大锅饭'，实际上是共同落后，共同贫穷，我们就是吃了这个亏。"① 因为平均主义是阻碍生产力发展和人民生活水平提高的重要原因，所以他特别强调："搞平均主义，'吃大锅饭'，人民生活永远改善不了，积极性永远调动不起来。"② 自从改革开放以来，我们政府的目标便是促进生产力的发展，为此政府进行了大胆的改革，比如经济特区的成立，比如多种经济体制的设立，比如分配制度的改革，特别是有竞争力的市场构建，随着上述诸多要素的逐步完善，国家的总体经济实力有了明显的提升，居民收入也大幅增加，但与此同时，贫富差距也相当明显。比如国家统计局数据显示："按细行业分组，2000年工资最高的航空运输业为21 342元，最低的木材及竹材采运业为4535元，两者相差4.71倍，2004年工资最高的证券业为50529元，最低的林业为6718元，两者相差7.52倍。"③ 以上统计数据表明两极分化格局事实上已经形成。"人民创造财富，却没有享受财富。短短20多年，中国已由一个平均主义盛行的国家变成一个贫富差距过大的国家。"④ 在贫富差距不断扩大的情况下，缩小这种差距便自然成为政府的主要工作之一，在当代中国，消除贫困比其他社会有更加特殊的意义，

---

① 邓小平. 邓小平文选：第3卷 [M]. 北京：人民出版社，1993：155.
② 邓小平. 邓小平文选：第3卷 [M]. 北京：人民出版社，1993：157.
③ 岳希明，李实，史泰丽. 垄断行业高收入问题探讨 [J]. 中国社会科学，2010（03）：77.
④ 胡希宁，等. 前沿经济学理论要略 [M]. 北京：研究出版社，2009：4-9.

第六章 "不患寡而患不均"传统思想与扶贫政策

因为除了一般社会追求财富均等原因之外,执政党带领人民共同富裕的承诺促使政府更加关注贫富差距问题,从某种意义上说,能否消除贫困、缩小贫富差距不仅关系到和谐社会的建设,而且关系着能否顺利实现全面建设小康社会目标的大局。

其次是遏制贫富差距方法的借鉴。在改革开放的过程中,国家所采取的政策几乎将历史上所有抑制贫富差距扩大的方法都运用在实践中。历史上,中国历朝历代的统治者都非常注重从分析导致贫富差距的原因去创新缩小贫富差距的政策和手段,传统社会中,导致贫富差距扩大的主要原因有两个:一是土地自由买卖导致的土地兼并;二是政府财政吃紧导致的赋税加重。对于前者,夏商周时期的井田制大致能够保证社会财富平均化,由于当时的土地归王室所有,而王室将土地大致均匀地分配给需要土地的农民,因此可以认为这是一种带有公有性质的土地所有制(当然,也有学者认为,既然土地归王室所有,那么其本质还是私有制,但由于王室可以认为是国家的代表,且王室规定土地不能自由买卖,故本书作者认为井田制近似于公有制的土地所有制)。由于此时的土地不能自由买卖,所以,农民的收入有充分的保障,贫富差距也就不大,井田制瓦解之后,土地可以自由买卖,土地兼并的狂潮便在之后的朝代中越演越烈,在农耕社会,由于土地是农民收入来源的稀缺资源,一旦失去土地,农民的收入无法得到保障,于是贫富差距便不可避免地扩大。西晋在太康元年(280)颁布了占田令,这是中国历史上第一次以政策法令的形式规定官民可以拥有土地的数量,由于土地是财富的象征和保障,这一政策可以认为是国家以行政力量调节贫富差距的重要手段,"限田制"和"均田制"就是这种手段的产物,正所谓:"夫富能夺,贫能予,乃可以为天下。"[1] 对于后者,从唐宋开始,由于"安富恤贫"成为贫富思想的主流,这时候,调整贫富差距的手段也开始创新,不再是"均田""限田"和"抑制兼并",而是转向"均赋役"和"济贫弱"。一条鞭法、摊丁入亩等赋役政策便是这种手段的产物,而一条鞭法、摊丁入地等赋役政策的实施有效地调节了贫富关系,有效抑制了由于赋税不均所导致的民不相安。

---

[1] 李山,等. 管子:揆度[M]. 北京:中华书局,2009:569.

新中国成立之后，首先便是吸取了历史上贫富差距过大所导致社会不稳定的经验教训（当然，也是马克思主义的意识形态使然），从产生贫富差距的总源头——私有制入手，于是"大而全"的公有制便形成了，加上"平均主义"的分配制度，以上的制度安排大致能够保证社会财富的均分，于是，在改革开放之前，尽管社会财富不多，但贫富差距不大。但由于以上的制度安排不能充分调动广大人民群众的生产积极性，于是，轰轰烈烈的改革运动开始了，对于这场改革，也有人谑称为"造富运动"，但不管怎么称呼，对于国家富裕之后，不可避免的贫富差距是改革开放的总设计师所要预判并且做出政策安排的，在改革还没有收效之前，改革开放的总设计师已经做好了"政策准备"，这种"政策准备"概括起来就是"限上扶下"。"限上"是对少数人的过高收入实行限制。十一届三中全会以来，随着改革开放的不断深入以及先富政策的支持，我国很大一部分人通过辛勤劳动和诚实经营成了社会上相对较高的收入阶层，这是符合邓小平先富政策的，当然这也在一定程度上导致了两极分化的出现，使得整个社会在收入分配上呈现出一定的伦理不公平。那么如何看待这类高收入群体呢？事实上，对于这一类群体，应该从两方面加以看待。一方面，我们应当承认他们的合法收入，因为他们的收入是自己辛勤劳动、诚实经营所得，应当受到政策和法律的保护。另一方面，我们也应当看到，这种高收入群体的存在，确实违背了差别合理的原则，他们会导致其他群体相对剥夺感的滋生，从而产生不利于社会稳定的问题，因而，对于过高收入，我们要加以限制。"就是有的人、有的单位只顾多得，不但不照顾左邻右舍，甚至不顾及整个国家的利益和纪律。"[1] "扶下"是对于收入过低的群体和地区进行相应的帮扶，由于自然、历史等方面的原因，我国的内陆一些地区生产力还很不发达，人民生活水平相对低下，对于这部分群体，邓小平认为国家应该下大力气进行帮扶，正如他所说的，"国家应当从各方面给以帮助，特别要从物质上给以有力的支持。"[2] 与此同时，对于一些生活比较困难的群众，比如科研人员、中小学教师以及受灾群众、失业者和残疾人

---

[1] 邓小平．邓小平文选：第2卷[M]．北京：人民出版社，1994：258.
[2] 邓小平．邓小平文选：第2卷[M]．北京：人民出版社，1994：152.

等，国家也应当进行一定意义上的"政策倾斜"，进行一定意义上的帮扶工作。对于贫富差距过大的问题，当代社会与古代社会都采取了类似的"限高保底"的措施，古代的土地兼并过程中，采取的土地数目的限高做法和现在企业收入封顶或者城市最低工资标准都是限制贫富差距扩大的基本措施，可谓是异曲同工之妙。例如，国家现在针对部分收入过高的问题正式出台了累进税率和个人所得税政策，这些政策的实施一定程度上可以防止贫富差距的进一步扩大。上述类似政策的运用在精准扶贫期间达到了顶峰，比如中央政府的转移支付政策，就是将国家的财政收入直接从东部转移到西部，以支持西部的文化、教育等公共事业的发展；对于精准扶贫对象，采用"一对一"的富帮穷的政策；对于精准的扶贫对象，其家庭可以享受国家免税政策，或者其子女免交非义务教育的费用（或者可以国家颁发的助学金）等政策，总之，现在的扶贫政策很多都是古代政策的继承和发展，它对抑制当代社会的贫富差距大有裨益。

（二）扶贫政策对"不患寡而患不均"思想的发展

首先是政府解决贫富差距问题理念的不同。社会主义的分配目标是共同富裕。以毛泽东为代表老一辈无产阶级革命家认为中国要实现现代化，必须坚持社会主义发展道路，在以高于资本主义经济效率进行社会主义现代化建设的同时，也要实现公平的分配，最终实现共同富裕。而实现共同富裕的关键就在于相对贫困落后的农村，为此，毛泽东在七届六中全会讲话中指出："要巩固工农联盟，我们就得领导农民走社会主义道路，使农民群众共同富裕起来。"[1] 而对于如何实现公平与效率的相互统一，最终达到共同富裕，则需要进行社会主义工业化建设和社会主义改造，建立社会主义公有制结构和计划经济体制，正如毛泽东指出："现在我们实行这么一种制度，这么一种计划，是可以一年一年走向更富更强的，一年一年可以看到更富更强些。而这个富，是共同的富，这个强，是共同的强，大家都有份。"[2]

邓小平开启改革开放政策是为了发展生产力，对于先富和后富，他有过

---

[1] 中共中央文献研究室. 新中国成立以来重要文献选编：第7册[M]. 北京：中央文献出版社，1993：308.
[2] 毛泽东. 毛泽东文集：第6卷[M]. 北京：人民出版社，1999：495.

精辟的论述:"我们坚持走社会主义道路,根本目标是实现共同富裕,然而平均发展是不可能的。"① 由此可见,社会主义的共同富裕是有差别的,并不是同时富裕和同等富裕,也不是平均主义和同步富裕,而是有差别的富裕,不能搞平均主义。最后,就共同富裕的实现形式而言,并不是同步富裕,不能搞一刀切,必须坚持两点论和重点论的统一。邓小平指出,"一部分地区、一部分人可以先富起来,带动和帮助其他地区、其他的人,逐步达到共同富裕。"② 社会主义的分配战略是先富带后富。实现社会主义共同富裕的分配路径是先富带动后富。邓小平看到了共同富裕目标的渐进性和长期性,要最终达到全体人民共同富裕,在生产力发展水平和人民收入水平提高的前提下,一些人和地区通过诚实劳动和合法经营先富起来,然后再带动其他人群和落后地区后富是必由之路和战略抉择。邓小平在批判"大锅饭"和"平均主义"的基础上,提出了允许一部分人和一部分地区先富起来的方针和政策。他认为,平均主义的分配方式只会既没有效率可讲,也没有公平可言,它只会导致广大劳动人民的生产积极性受挫,从而阻碍经济的进一步发展,最后导致一种普遍贫穷的状态和局面。

  第一,他对如何处理先富、后富和共富的关系问题进行了相应的论述。辩证法认为,事物间的差异就是矛盾,而矛盾是事物发展的动力。先富是后富和共富的前提和基础,后富和共富是先富的目标和旨归。换句话说,必须先有先富,然后通过先富带动后富,最终才能真正实现共同富裕。具体而言,在处理先富、后富和共同富裕的关系时,先富起来的人必须处理好个人与国家、个人与集体和个人与他人的关系,也就是说,先富起来的人群和地区必须照顾他人、集体和国家的利益。第二,邓小平还提出了先富带后富,最终实现共同富裕的具体形式。他曾经指出,"我们提倡一部分地区先富裕起来,是为了激励和带动其他地区也富裕起来,并且使先富裕起来的地区帮助落后的地区更好地发展。"③ 他曾经指出,"一个公有制占主体,一个共同富裕,这是我们所必须坚持的社会主义的根本原则。我们就是要坚决执行和实现这

---

① 邓小平. 邓小平文选:第3卷 [M]. 北京:人民出版社,1993:155.
② 邓小平. 邓小平文选:第3卷 [M]. 北京:人民出版社,1993:149.
③ 邓小平. 邓小平文选:第3卷 [M]. 北京:人民出版社,1993:111.

些社会主义的原则。"① 邓小平在1992年的南方谈话时强调，社会主义的本质是发展和解放生产力，消灭剥削和两极分化，从而最终达到共同富裕。由此可见，共同富裕是党和政府孜孜不倦的价值追求。在粉碎"四人帮"以后，邓小平在领导全国人民进行改革开放和社会主义现代化建设的伟大进程中，认真吸取了中国革命与建设中正反两方面的经验教训，适时提出了社会主义分配的终极目标，即实现共同富裕，明确指出，共同富裕不仅是社会主义分配的终极目标，也是社会主义的本质体现，更是社会主义优越性的集中表现。

其次政府解决贫富差距问题的着眼点不同。古代政府解决贫富差距问题的着眼点是统治者或者富人，维护统治者的统治是最高利益，维护富人的既得利益也是政府解决贫富差距的出发点之一，由于统治者与富人有着千丝万缕的联系，所以，在不触及其统治根基的前提下，政府也是会尽量满足王公和豪强的利益。当代中国的公共政策则是以人民为中心、以人民为主体。从历史唯物主义的视角看，现代的政府认为财富都是最广大的人民群众创造的，最广大的人民群众理应分享由其创造的社会财富，这和西方的政治理念不同，西方的统治者认为，财富是由精英创造出来的，理所当然，社会财富应该由少数人占有。古代君王则是将均平财富视作维护其统治的工具，由于历史的局限性，古代思想家的头脑中没有"共同富裕"的想法，他们所谓的大同世界也不是马克思主义设想的人人完全平等的共同拥有财富的共产主义，而是有差别的"大同世界"。中国最早的"大同"思想是由孔子提出来的，后来由众多学术"大家"深入发展，形成了中国传统的大同思想。从学术背景上看，这些"大家"所代表的是封建统治阶级的利益，故此，其学术思想不是为普通大众服务的，著名的国学大师一针见血地指出："当百家争鸣时，都离不了为当时的政治服务……乘机爬上统治地位，成为最高统治者周围的显赫人物。"② 换言之，古代"大同"思想是有阶级和国别性质的，从阶级层面上看，诸子百家和后来的学术"大家"所构建的"大同"世界是以统治阶级为中心的"大同"世界；从国别层面上看，诸子百家和后来的学术"大家"所

---

① 邓小平. 邓小平文选：第3卷[M]. 北京：人民出版社，1993：111.
② 张舜徽. 周秦道论发微[M]. 北京：中华书局，1982：4.

构建的"大同"世界是以华夏为中心的"大同"世界。而当代的"世界命运共同体"则超越了阶级和国别,我们现在提倡的"世界命运共同体"不仅仅指世界上所有阶层的民众都享有的相同的追求幸福的权利,而且指所有的国家都享有发展的权利,正如习近平所说:"这个世界,各国相互联系、相互依存的程度空前加深,人类生活在同一个地球村里,生活在历史和现实交汇的同一个时空里,越来越成为你中有我、我中有你的命运共同体。"[①] 中国所倡导的"世界命运共同体"与其共同发展理念是一脉相承的,中国是发展中国家,我国站在第三世界的角度发出共谋发展的呼吁,不是为本国谋取特殊的利益,而是真心希望世界所有的国家都有长足的发展,惠及世界人民,这和西方国家以本国利益为中心的发展理念形成鲜明的对比。

---

① 中共中央文献研究室. 习近平谈治国理政:第一卷 [M]. 北京:外文出版社,2017:453.

第七章

"礼乐"文化传统思想与精神文明公共政策

中国自古就是"礼仪之邦",以"礼乐"为首的传统价值体系曾经在中国古代社会发挥了巨大的作用。古代的"礼"不仅是涵盖相关的文化礼节,它还包括古代的相关政治和道德制度,以"仁、义、礼、智、信"为核心的传统价值体系是古代社会文明的象征,它承载了政治、道德和文化等多方面的元素,是中国古代社会得以安全运转的重要保障体系。中国在现代化过程中在对待传统"礼乐"问题上曾经走过弯路,对传统"礼乐"采取的"绝对化"政策直接导致了文化的断裂,结果是将传统礼乐文化中的"精华"当作"糟粕"一同抛弃。十二届六中全会(1986年9月28日召开)通过的《关于社会主义精神文明建设指导方针的决议》正确地指出了社会主义精神文明与优秀传统文化的辩证关系,社会主义精神文明建设离不开优秀传统文化,社会主义精神文明需要传承传统礼乐中的合理元素。

一、"礼乐"内涵及其对传统社会的影响

(一)"礼乐"的内涵

"礼乐"顾名思义由礼而来,礼和仁是儒家的核心思想,在孔子看来,礼和仁是互为表里的关系,仁是孔子思想的内核,而礼是孔子思想的表现形式。颜子问孔子何为仁,子曰:"克己复礼为仁。一日克己复礼,天下归仁焉。为仁由己,而由人乎哉?"[1] 换言之,要达到"仁",就必须要"礼",无"礼"不成"仁",可见,在理想社会中,"礼"和"仁"是必不可少的元素,那

---

[1] 杨伯峻. 论语译注：颜渊篇[M]. 北京：中华书局,2006：138.

么，以"礼"为主要元素的"礼乐"，其具体内涵上是如何表现的呢？

首先表现为政治制度的礼乐。周朝的"礼崩乐坏"让诸子百家非常失望，那么怎样重新建立一个井然有序的理想社会是摆在诸子百家面前的紧迫任务。法家主张以"法"治国，严刑峻法，则百姓莫不顺从，于是，天下大治；道家主张以"道"治国，表现为政治上的"无为"，即无为而治，"为无为，则无不为"[①]；儒家强调以"仁"治国，统治者对人民施"仁政"，则天下太平。但无论是法家、道家、儒家或其他学派都认同"大一统"的政治秩序，政治上的"大一统"最早是指"尊王"，即以"王权"为中心建立"大一统"的政治体制。

那么，怎样构建"大一统"的政治秩序？政治伦理就是关键，孔子是最早提出构建政治伦理的思想家，政治统一是维护统治秩序的重要基础，孔子希望构建国家层面的政治伦理秩序和家庭层面的政治伦理秩序，来达到政治"大一统"，所以，孔子最早的"君君、臣臣、父父、子子、夫夫、妇妇"便是最早的政治伦理秩序。在这个政治伦理秩序中，君主占主导地位，他是整个社会政治秩序的主导者，但君臣之礼是必须遵守的，"君使臣以礼，臣事君以忠。"[②] 只有做到这一点，君臣之间才会和谐相处。孟子继承了孔子的政治伦理思想，孟子认为，只有推行"仁政"，才是王道，才能实现天下一统。孟子生活的时代，社会崇尚以武力安邦，孟子提出了自己的"仁政"思想，希望统治阶级能够以"仁政"来"平治天下"，进而开创社会"大一统"的统治局面。孟子主张君王应注重自己的道德修养，自己道德水平提高之后，推其所为，扩大到整个社会，从而改变当时的混乱状态；在君臣关系上，孟子主张君者要礼贤下士；在君民关系上，君王要以民为重，孟子指出："得天下有道，得其民，斯得天下矣；得其民有道，得其心，斯得民矣。"[③] 可见，民心向背对君王至关重要，如果君主对天下百姓"施仁政"，则他治理天下合理，如果君主对天下百姓"施暴政"，则天下百姓有权利推翻他的统治，即所谓"君不正，臣投他国，国不正，民起攻之"。

---

① 冯达甫. 老子译注：老子·第三章 [M]. 上海古籍出版社，1991：8.
② 杨伯峻. 论语译注：八佾篇 [M]. 北京：中华书局，2006：149.
③ 杨伯峻. 孟子译注：孟子·离娄上 [M]. 北京：中华书局，1960：171.

>>> 第七章 "礼乐"文化传统思想与精神文明公共政策

荀子继承了孔子和孟子的政治伦理观,荀子认为,社会的整体秩序要靠局部的秩序来维持,而局部的秩序则要靠礼义来构建。整个人类社会有了伦理道德,人民才会安分守己,从而达到社会的和谐统一,这就是所谓的"和则一",不仅如此,荀子还提出了"礼法并重"和"群分合一"的学术思想,这为"大一统"秩序的构建提供了有益的思路。

董仲舒对中国古代政治伦理做出了突出贡献,也将"君臣之礼"上升到一个崭新的高度,他提出了著名的"天人感应"和"三纲五常"学说。在"三纲五常"中,他将"君为臣纲"提高到宇宙天命的高度,但在"天人感应"中,他又指出,君王对天下的统治也是有"礼数"的,董仲舒在《春秋》中,将自然现象解释为政治衰败的症结,他认为,人君为政应"法天"行"德政","为政而宜于民",否则,"天"将降灾难以"谴责"人君,如果遭到"谴责"的人君还不知悔改,则"天"会惩罚人君,使其失去天下。显然,董仲舒通过长期观察发现了一条普遍规律——君王"施仁政",则天下大治,君王"施暴政",则自取灭亡。董仲舒所说的"天"不是自然的"天",而是特指农民阶级的政治力量。

宋明理学的出现,标志着中国古代政治伦理的成熟,宋明理学家们将形而上的理视作先于万事万物而存在的总规律,二程(程颢,程颐)在论述理和气的关系时说,"理在气先",因为在他们看来,"理"是形而上者,"气"是形而下者,既然理是客观事物存在的总规律,而人制定的礼乐是天理的产物,当然也就应该顺应天理,所以,礼乐源于天理。张载的礼乐思想认为,万物本来秩序就是礼乐的本来秩序,知天理而行人礼,行人礼而礼义生,正所谓"天之生物也有序,物之既形也有秩"①。宋明理学之后,中国古代的政治伦理秩序便永远固定下来了,君臣的关系需要以"君臣之礼"来维系,首先,君是政治的领导者,君与臣的关系是领导者与被领导者的关系,臣要服从君的领导,但君主也要对臣子以礼相待,君主要像对待家人一样对待自己的臣子,臣子自然会视君主为自己的心腹,如果君主视臣子为草芥,那么臣子就会视君主为仇敌。君王对百姓"施仁政",则百姓会拥戴君王的统治,反

---

① 张载. 张载集 [M]. 北京:中华书局,1978:19.

之，如果君王长期对百姓施暴政，则百姓会转而推翻其统治地位。总之，礼是制度和准则，是维系政治伦理秩序的重要手段，"克己复礼则事事皆仁，故曰天下归仁"①。

其次表现为家庭伦理的礼乐。家庭是社会的"细胞"，封建社会尤其注重家庭关系的处理。在一个家庭中，如果父子关系、夫妻关系和兄弟关系融洽，则整个家庭就处于和谐状态，反之，父子反目、夫妻不和、兄弟成仇则整个家庭就有崩溃的危险。所以，在封建社会中，父亲的地位尤其重要，宋明理学家在构筑以"家"为中心的家庭伦理体系时，将父亲作为非常重要的因子来处理，在"三纲"之中，父占有"两纲"，父为子纲，夫为妻纲，父亲在家庭中承担着家庭和睦的重任。为父者，要慈爱子女、养育子女，并且在道德上成为子女的表率，以培育良好的家风并传承下去，对待自己的妻子要相敬如宾，创造良好家庭氛围，这是父亲的职责所在；而作为子女，则应该尽孝道，不忤逆父母的意愿，体恤父母的辛劳，正所谓"亲亲为大"。孝的后面是悌，前者是子女还报父母的爱，后者则是指兄弟姊妹之间要相互友爱，尽显同根同源与手足之情，因此，悌是家庭关系中除了孝之外的另一个和谐因子，除此之外，对于列祖列宗的追思也是孝悌的一种表现形式，正所谓："慎终、追远，民德归厚矣。"② 总之，孝悌始终是宋代理学家们所要追求的家庭礼乐的主要内容。《论语·学而》中说："其为人也孝弟而好犯上者，鲜矣；不好犯上而好作乱者，未之有也。君子务本，本立而道生。孝弟也者，其为仁之本与。"③ 显然，孔子的礼乐设计是一个完整的伦理体系，上下尊卑，孝悌忠义，在家庭中，遵守孝悌忠义礼节的人，一般是很少犯上作乱的，而且和谐的家庭关系，又会通过礼乐传统传递到整个社会中去，从而形成一个家国和谐的统一整体，一个文明有序的理想社会便呼之欲出。从这种意义上说，从孔子开始的礼乐传统（甚至追溯到更早的周礼），是社会有效运转的"润滑剂"，而不是有的学者眼中的"毒草"，当然，中国社会一片繁荣景象的时候，人民乐在其中，社会出现严重问题的时候，有人便将所有问题出现的原因都

---

① 程颢，程颐. 二程集 [M]. 北京：中华书局，1981：367.
② 杨伯峻. 论语译注：学而篇 [M]. 北京：中华书局，2006：7.
③ 杨伯峻. 论语译注：学而篇 [M]. 北京：中华书局，2006：9.

第七章 "礼乐"文化传统思想与精神文明公共政策

指向这套礼制,这本身是历史唯心主义的分析方法,对待历史,要从客观的角度出发,中国传统社会的稳定和繁荣的获取,一定程度上是由这套传统的礼乐制度促成的,孝敬自己的父母是人生的起点,由孝道推及忠君,然后为整个天下的黎民百姓服务,从而达到个人事业的顶峰,这种礼乐制度的设计在今天看来,还是有其闪光点的。

再次表现为社会道德的礼乐。家庭和国家的礼乐推及整个社会便成为整个社会的礼乐,整个社会是各个家庭的组合,那么,朋友、邻里和邻国之间的关系的处理就是整个礼乐需要解决的问题。封建传统礼乐中的"三纲五常"解决了国家政治伦理和家庭道德伦理,但没有涉及作为和谐个体存在的人与人交往的礼仪准则,"仁义礼智信"就是这种礼仪的高度概括。首先,"仁"是所有交往中的首要原则,孔子说的"仁"是指"爱人",孟子说的"恻隐之心"和"不忍之心"是指人对他人生命的同情和关怀;"义"是人与人交往的另一个重要准则,处理人与人关系上,要"义"字当先,要坚持正义,保持节操,孔子曰:"生,亦我所欲也;义,亦我所欲也。二者不可得兼,舍生而取义者也。"① "礼"是人与人交往的基本的准则,人与人交往要注重礼仪,要尊重对方。"智"是交往的必备条件,"智"即"知",要了解对方,不仅如此,还要通晓天地之道,深明人世之理。"信"是人与人交往的另一重要准则,"信"是诚信和信用,与人交往,"言而有信"。宋代理学家将"仁义礼智信"统一于礼乐之中,张载也是坚持这一原则,朱熹是理学之集大成者,他始终坚持要将"仁义礼智信"统一于礼乐之中,可见,"仁义礼智信"是礼乐的核心内容。

国家交往也要讲究礼仪,中国历史的封建王朝所属国众多,觐礼是维系中央王国与诸侯国,或者是"宗主国"与"藩属国"的礼节。"天子无事,与诸侯相见,曰朝"②。觐礼是对天子的朝觐,这与西周时期的朝觐礼一脉相承。"天子当依而立,诸侯北面而见天子,曰觐。"③ 可见,诸侯国对中央王国,或者"藩属国"对"宗主国"的朝觐也要依规矩而行。

---

① 杨伯峻.孟子译注:告子章句上[M].北京:中华书局,1960:260.
② 朱熹.朱子全书:第2册[M].上海:上海古籍出版社,2002:861.
③ 朱熹.朱子全书:第2册[M].上海:上海古籍出版社,2002:861.

除了诸侯国对中央王国，"藩属国"对"宗主国"之外，诸侯国之间的礼节也是非常重要的，这相当于一个大家庭的成员之间的关系的处理，由于诸侯国同属中央王朝，诸侯国之间保持兄弟国之间的情谊是必须的，这种诸侯国之间的和谐状态对整个国家的政治稳定是至关重要的。宋代理学家们便将诸侯之间的相互聘问传统礼节保留下来，使之成为国家交往的准则。比如，国与国之间的接待礼节，在交往之前首先要发文书，表达交往的意愿，在交往之中，要以礼相待，根据对方的身份或者来宾人数的多寡进行针对性的布置。相互尊重和对等的原则是政治礼仪中非常重要的两个基本元素，任何蔑视和不充分尊重对方的行为都会导致双方外交关系的破裂，甚至兵戎相见。

(二)"礼乐"对封建社会的积极影响

从礼乐的内涵的层次，我们不难推断，礼乐的首要贡献便是达成"君臣有序"的政治秩序。在封建社会中，由于没有当今民主选举理念，政治的稳定只有靠君主的贤能来维持。那么怎样保证君主的贤能和有效治理天下呢？从古代的礼乐内容看，君主应该在以下四方面提高自己的素养，以达到"匡扶天下"的政治目的。第一，君主要有与"天"沟通的能力，在封建社会中，皇帝是祭祀仪式中唯一能够与"天"沟通的人选，他能够也应该用这种方法与"天"沟通信息，并维护着天、地、人三者之间的平衡关系；第二，君主要有学习能力，学习主要是读经，通过读经，一方面掌握管理国家的方法和技能，另一方面在读经的过程中提高自己的修为；第三，君主是国家政治的最高统帅，但君主也必须善于纳谏，这点和臣子的礼节是重叠的，君主要听从臣子正确的建议，而臣子也必须在君主决策出现重大或明显失误的时候"冒死直谏"；第四，君主也是天下道德上的楷模，他应该拥有值得天下仿效的道德品质，如果达不到天子道德的标准，就会引起"天"的惩戒，或使之"发怒"，如果君主被指责为"失德"，这就可能被用来作为易位的手段。

达成"井然有序"的社会秩序。政治秩序达成之后，稳定社会秩序就是接下来的主要任务，虽然社会的稳定也可以通过"严刑峻法"的手段来实现，但在儒家诸子看来，不进行教化，而使民犯法犯罪是"上位者"的失德行为，换言之，儒学家认为，社会的稳定主要不是靠"严刑峻法"，而是靠"礼俗"来实现，因为儒家治国的核心理念是"仁"，既然"仁者爱人"，那么整个社会的人际关系就必须以"礼俗"来维系。何为"礼"?"礼"是主流社会价值观的核心规范,何为"俗"?"俗"是依据主流价值观的"礼"去塑造社会习惯的规范,包括习俗和风俗。例如,宋朝的"讲史""宗约""义约"等方面的文化习俗深受广大市民的喜爱,它们将伦理、文化、史学和礼仪规范糅为一体,起到了移风易俗的作用,也使得整个社会的民众生活更加协调;再比如,在冠礼、丧礼、婚礼等方面都做了简约的规定,使得乡村的礼俗更加有乡村特色,这无疑促进了乡村社会的和谐与和美。

形成"家和万事兴"家庭伦理观念。家庭伦理是礼乐的一个组成部分,"弟子入则孝,出则悌,谨而信,泛爱众则亲仁"① 理念的形成,使得家庭形成了和谐氛围,由此也转变为良好的家风。中国古代是典型的农业立国的国度,以血缘为纽带的"家族"对儿童的成长起到非常重要的作用,父母是儿童的启蒙教师,而家庭伦理教育对儿童的成长产生深远的影响。良好的家风不仅仅在道德层面对儿童一生产生巨大影响,而且从个人事业品质等方面对儿童的未来产生巨大的促进作用。历史进入近现代以来,一大批钱氏家族的子孙活跃在中国的文化和科学领域,钱穆、钱基博、钱钟书、钱学森、钱三强等,这个家族便是吴越钱氏家族,它被人们赞誉为"千年名门望族""两浙第一世家",解读钱氏家族人才辈出的密码,不是权钱厚禄,而是《钱氏家训》,可见家风对人才培养的影响是巨大的。类似的《朱子家礼》《温公家训》和《袁氏世范》都是这种家庭礼乐文化的产物,它们的出现对其后代子孙的成长必将产生不可忽视的深远影响。

(三)"礼乐"对封建社会的消极影响

首先是"礼乐"对人性的压制。礼乐将"存天理,去人欲"视作不可逾越的行为准则,且将"天理"和"人欲"对立起来,认为两者是此消彼长的关系。理学家们认为,凡是"人欲"都是不正当的生活欲望,它们常常是与私欲或者物欲密切相关的,而这些欲望都是一切罪恶的源泉,因此宋明理学家运用"慎独"的方法达到去"人欲"的目的,而"慎独"的方法也是对人性的过分压制。其实,食、色、性三者是人的本能,客观地对待人的正常欲

---

① 杨伯峻. 论语译注: 学而篇 [M]. 北京: 中华书局, 2006: 6.

望，使之有正常的发泄空间会给人以向上的动力，反之，过分压制它们，不仅仅对人的健康不利，而且会阻碍人的天性的正常发展，使人的创造能力得不到最大限度的发挥。

其次，"礼乐"对女性的摧残。在中国封建礼乐体系中，女性一直处于从属地位，"父为子纲"决定女子在家从父（这里女子与男子都是父亲的子女），"夫为妻纲"决定女子出嫁从夫。封建礼乐思想让女性没有获得与男性同样职业选择的自由，古代社会，女子不能从政，不能从军，不仅在现实中受到男性在政治上的歧视、压迫和奴役，而且在生活中也同样受到男性的压迫和奴役。男人可以有"三妻四妾"，女人只有"三从四德"（《仪礼·丧服·子夏传》曰："妇人有三从之义，无专用之道。故未嫁从父，既嫁从夫，夫死从子。"《周礼·天官·九嫔》曰："九嫔掌妇学之法，以九教御：妇德、妇言、妇容、妇功。"），不仅如此，古代社会的女人还可以被视作物件或商品一般随意赠送或买卖，故白居易有诗云："人生莫作妇人身，百年苦乐由他人。"① 女性的个性完全被压制、扭曲。受制于封建礼乐的约束，女子活动与思想的空间受到了极大限制，她们无法接触社会现实，无法把握自己的命运。普通家庭的女子不能得到良好的教育机会，有些虽然受到了良好的教育，却由于缺乏实际生活的经验，只能简单地恪守教条。对待社会对女性的不公的压迫和奴役，她们只能以不受社会接受的方式反抗，结局往往是悲惨的。

最后，"礼乐"强调等级不可逾越。封建礼乐的政治设计上是"尊王"，即"君为臣纲"，这本质上是君主专制体制，尽管在具体的君臣礼仪中规定，君主要像对待家人一样对待臣子，臣子有义务对君主错误的大政方针提出谏议，但事实的情况是，臣子对君主的权威要绝对服从。官僚体制中也是等级森严，不同级别的官员之间有诸多的礼仪之规，众多的繁文缛节组成一张庞大的礼仪关系网络。这种网络礼仪一直延伸到家族和家庭之中，不同身份的家族或家庭成员之间都有礼仪之规，长辈与晚辈只有服从命令的严格。总之，在整个"礼乐"体系中，是"尊卑有别""长幼有序"。

---

① 白居易. 白氏长庆集：太行路 [M]. 长春：吉林出版集团股份有限公司，2005：876.

二、新文化运动对传统礼乐文明的彻底否定的局限性

（一）新文化运动大体上批判传统礼乐的合理性

首先我们来回顾一下新文化运动的主要内容：第一，提倡民主，反对独裁和专制；第二，提倡科学，反对封建迷信；第三，提倡新道德，反对旧道德；第四，提倡新文学，反对旧文学。关于新文化运动的民主问题。结合当时的时代背景，虽然中国的封建王朝在1911年的辛亥革命时已经寿终正寝，但窃取辛亥革命果实的袁世凯又重新掀起一股复古之风，所以，打击或否定与封建专制密切相关的儒家文化是非常有必要的，因为"孔家店"不倒，封建专制文化就还有卷土重来的可能性。况且，在当时的文化界，支持儒家文化的还大有人在，比如，资产阶级改良主义的代表人物康有为，由早年倡导维新变法的历史进步人士，最终蜕变为复辟运动的精神领袖，他甚至"鼓吹将孔教编入宪法，以封建纲常礼乐为'立国精神'……"[1]，针对这一情况，以胡适为代表的新文化运动领袖发起反传统、反孔教运动恰当其时，否定孔教，传统礼乐也就一道被打倒，通过对传统礼乐的批判，启发了人民的民主觉悟，为马克思主义在中国的传播和中国共产党登上历史舞台奠定了坚实的思想基础。关于新文化运动的科学问题。新文化运动从本质上说，是资产阶级性质的文化运动，资产阶级民主和科学在西方获得了巨大的成功，以胡适为代表的受过西方教育的"新青年"始终觉得中国的传统教育（特别是以《经学》为主的八股文）诞生不了现代科学，甚至还有迷信色彩，所以，中国要向西方学习科学技术和科学精神，一个是"德先生"（民主），一个是"赛先生"（科学），通过这种文化宣传，大大增强了广大民众的科学意识，也在一定程度上遏制了民众"学而优则仕"的传统观念，这时候大批的有志青年出国留学就是这种文化宣传的结晶。关于新文化运动的新道德问题。一个时代结束了，与之匹配的道德观念自然就应该寿终正寝，这是常理，其实，诞生于封建礼乐的许多传统观念和习俗早就应该受到批判，比如产生于旧礼乐和旧道德的歧视妇女的问题，《新青年》对该问题进行了激烈声讨，强烈要求

---

[1] 李侃，等．中国近代史 [M]．北京：中华书局，1994：489．

政府出台有关制度废除一切男女不平等的相关制度或政策，男女应该平等，妇女应该得到彻底的解放。这还不是最主要的，最主要的是需要建立与民主政治相匹配的一套道德观念，因为旧礼乐中的道德观念有相当一部分是封建君主专制的产物（当然也不是全部，本文后面会涉及此事），如果只批判君主专制思想，不批判封建礼乐思想，落后的道德思想或者观念就不能得到彻底的清除。关于新文化运动的新文学问题。文学是有鲜明的政治和文化观点的，有什么样的政治和文化倾向就必然会诞生与之对应的文学作品，旧的文学作品迫于政治压力，大都是歌功颂德的无病呻吟，偶尔出现一些偏激的文字还要受到"文字狱"的迫害，旧体制下的文学青年没有表达自己思想的自由。新文化运动开启之后，对旧制度批判的浪潮就一发不可收，典型的代表是鲁迅。《狂人日记》是这个时代的产物，鲁迅在《狂人日记》中对旧礼乐进行了血淋淋的批判，他将旧礼乐比作统治者吃人的工具，鲁迅在《狂人日记》中写道："我翻开历史一查，这历史没有年代，歪歪斜斜的每页上都写着'仁义道德'四个字。我横竖睡不着，认真看了半夜，才从字缝里看出字来，满本都写着两个字是'吃人'！"[1]

这时候的鲁迅对中国的传统文化是持全盘否定的态度，似乎孔子、《四书》《五经》等都阻碍了或正阻碍着中国的发展，他甚至提出要废除汉字的主张，主张用世界语，因为在他看来，中国文字中都包含了封建礼乐的腐朽思想，要不受感染只有换一种文字，或者不读古书。"我以为要少——或者竟不——看中国书，多看外国书。"[2]当然，白话文和新文学的推动是具有积极意义的，因为古语或者旧文学晦涩难懂，已经不适合于活跃思维的新青年，而要拓展现代青年的思维和思想，提倡新文化毫无疑问是正确的选择。

（二）新文化运动全盘否定传统礼乐的局限性

新文化运动站在新时代的角度对旧时代的东西进行批判，这在大的方向上是没有任何问题的，不破不立，只有批判旧的东西，新的东西才能顺利产生，但是，新文化运动在批判旧文化的过程中也不是没有问题。

---

[1] 鲁迅. 鲁迅全集：第一卷 [M]. 北京：人民文学出版社，1981：425.
[2] 鲁迅. 鲁迅全集：第三卷 [M]. 北京：人民文学出版社，1981：12.

<<< 第七章 "礼乐"文化传统思想与精神文明公共政策

首先,过于强调形式的东西,没有从内容上加以甄别。过于强调形式的东西是指,在对待具体的传统文化问题上,不看具体内容,只看形式,只要是封建社会的东西,一切都是不好的,这不符合马克思主义的历史唯物主义方法论。马克思历史唯物主义认为,任何历史的东西都有其存在的理由,新旧事物的界限也不是绝对的,新事物往往是在旧事物的基础上诞生出来的,换言之,新事物是吸收了旧事物的养料破壳而出的,标榜新事物不必将旧事物彻底否定,否则就会犯"历史虚无主义"的错误。马克思主义理论的诞生也不是横空出世的,它也是继承以下三大理论或思想创立起来的:第一是继承了德国古典哲学的精华,特别是费尔巴哈唯物主义的基本理论和黑格尔辩证法的合理元素;第二是继承了英国古典政治经济学家(亚当·斯密和大卫·李嘉图)的劳动价值理论;第三是继承了圣西门、傅立叶和欧文的空想社会主义思想。但新文化运动的领袖人物,没有掌握马克思历史唯物主义的批判精神,而他们所用的方法,其实还是属于资产阶级的方法,"他们反对旧八股……是很对的。但是他们没有历史唯物主义的批判精神……"[1]

其次,在批判传统礼乐的过程中犯了历史虚无主义的错误。所谓的历史虚无主义,是指在看待历史问题上,采用简单绝对的方法,不加分析地盲目否定一切历史文化、民族文化、民族传统和民族精神。鲁迅的《在现代中国的孔夫子》一文中就使用了该种方法对孔子进行分析。在该文中,鲁迅认为,"孔夫子之在中国,是权势者们捧起来的,是那些权势者或想做权势者们的圣人,和一般的民众并无什么关系。"[2] 但孔夫子真的只是权势者或者想做权势者们的圣人,而与普通民众无关吗?那么,孔夫子呼吁统治者"轻徭薄赋、多予少取",呼吁民众"己欲立而立人,己欲达而达人"都和一般的民众没有什么关系吗?在这里,鲁迅显然是选择性忽视孔子的治国思想,这就是典型的历史虚无主义。至于说到袁世凯之流利用孔子达到其政治目的,我们就更加要打倒他,"而孔夫子之被利用为或一目的的器具,也重新看得格外清楚起来,于是要打倒他的欲望,也就越加旺盛"[3]。这在理论上也是不成立的,历

---

[1] 毛泽东. 毛泽东选集:第一卷[M]. 北京:人民出版社,1966:833.
[2] 鲁迅. 鲁迅全集:第六卷[M]. 北京:人民文学出版社,1981:316-317.
[3] 鲁迅. 鲁迅全集:第六卷[M]. 北京:人民文学出版社,1981:317.

史唯物主义认为，一个人的思想是否伟大与其本身的品质有关，与被谁利用无关，他的思想能够被人利用不但不能证明他不伟大，恰好反证了他的伟大，孔子的思想在新中国成立后也曾经被多次否定，但时至建设中国特色的社会主义的今天，我们仍然认为他的某些思想是有用的，所以，我们用深邃的历史眼光看待孔子的思想和理论，这才是历史唯物主义的思想方法。

最后，对传统礼乐的全盘否定很可能会导致文化的断裂，并最终导致非常严重的后果。孔子传统礼乐思想对今天的中国乃至世界都是有借鉴作用的。孔子的礼乐思想诞生于封建社会，其中当然有"糟粕"成分，但看待事物要有辩证的观点，既然它能够在中国相当长的时期内发挥稳定社会的作用，那么，它一定是有其"精华"部分的。"我们这个民族有数千年的历史，有它的特点，有它的许多珍贵品……从孔夫子到孙中山，我们应当给以总结，承继这份珍贵的遗产。"① 但新文化运动有很多地方今天看来有文化自虐的严重倾向。比如，关于汉字的存续问题，这本来就是一个伪命题，但在反传统思想激烈的时代，有学者认为，"中国文化一切皆坏，西方文化一切皆好。例如，钱玄同为了反孔而主张'唯有将中国书籍一概束之高阁一法'。才能避免'中毒'，甚至要'废灭汉文'，采用世界语。这种绝对化、简单化的态度，从思想方法上说是主观主义和形而上学；从实践上说，则是脱离实际，不能解决批判继承和吸收的问题，对后来产生了不良影响。"② 正因为"五四"前后的新文化运动没能正确地看待封建礼乐，这种思潮在 20 世纪六七十年代又一次重来，因为"批孔批礼"，所以，起码的"人性"和"礼乐文明"都不要了，只要残酷无情的"阶级斗争"，具有古代礼乐文明遗风的敢谏直言之士，在这场劫难中鲜有幸免于难者，整个国家遭受空前的浩劫。

三、社会主义精神文明公共政策与传统礼乐文明的关系

（一）社会主义精神文明建设离不开优秀传统文化

毋庸置疑，社会主义精神文明建设的指导思想是马克思主义，马克思和

---

① 毛泽东. 毛泽东选集：第一卷 [M]. 北京：人民出版社，1966：522.
② 李侃，等. 中国近代史 [M]. 北京：中华书局，1994：487.

恩格斯在其理论中都非常注重文明的作用，他们尊重历史，将人类文明分成不同的阶段，认为奴隶社会是比原始社会更文明的社会，封建社会又比奴隶社会更文明，而资本主义社会是人类社会到目前为止最文明的社会，恩格斯认可空想社会主义者（傅里叶）的文明划分（将资产阶级社会视作最后一个文明社会），甚至称赞这是他"最了不起的地方"[①]。列宁则认为，只有社会主义国家和制度"能够"并且"已经达到了高度的文明"[②]。毛泽东在早年判断，随着社会主义经济建设步伐的加快，在中国将"不可避免地将要出现一个文化建设的高潮"，经过这个高潮之后，中国，不再"被人认为不文明"，相反，"将以一个具有高度文化的民族出现于世界"[③]。

但中国对于建设社会主义精神文明的紧迫性，不是出现在传统的社会主义建设时期，而是出现在中国开启改革开放之后，或许当时的中央高层预料到了，中国开启经济改革政策之后必然迎来经济的大发展和大繁荣，故此，叶剑英在1979年的中华人民共和国建立30周年大会上指出："我们要在建设高度物质文明的同时，提高全民族的教育科学文化水平和健康水平，树立崇高的革命理想和革命道德风尚，发展高尚的丰富多彩的文化生活，建设高度的社会主义精神文明。"[④]

随着改革开放进程的加快，商品经济理念逐渐深入人心，人们对于物质财富的狂热追求与社会主义传统观念发生激烈的冲突，这时候，社会上出现了一股学习西方、迷恋西方文化的思潮。针对社会上出现的上述现象和问题，政府加大了政策措施，去推动精神文明建设的快速发展，例如，在20世纪80年代中期，政府加大了对榜样人物宣传的力度，号召广大的青年树立崇高理想，为实现共产主义而奋斗。十五大报告提出了完整的中国特色社会主义文化的内涵："建设有中国特色社会主义的文化，就是以马克思主义为指导，以培育有理想、有道德、有文化、有纪律的公民为目标，发展面向现代化、面

---

① 马克思，恩格斯. 马克思恩格斯文集：第3卷 [M]. 北京：人民出版社，2009：532.
② 列宁. 列宁全集：第38卷 [M]. 北京：人民出版社，2017：203.
③ 毛泽东. 毛泽东文集：第5卷 [M]. 北京：人民出版社，1996：345.
④ 中共中央文献研究室. 三中全会以来重要文献选编：上 [M]. 北京：人民出版社，2011：204.

向世界、面向未来的，民族的科学的大众的社会主义文化。"①

中国特色的社会主义文化的内涵的确定，为中国精神文明建设指引了方向，我们要培养的是"四有"的新人，而在"四有"当中，"有理想"和"有道德"又是精神文明建设的重中之重，理想是实现共产主义的理想，道德主要是指爱国主义的道德。那么，怎样去建设中国特色的精神文明，是摆在政府和学界面前的紧迫课题。有学者提出，中国当代的精神文明建设发展应该涵盖以下四方面的内容：第一，将"以人为本"确定为精神文明建设的起点；第二，将精神文明建设和物质文明建设维持在一个动态的平衡之中；第三，精神文明建设的内容和形式都要有所创新；第四，要推动中华文化的现代化。② 这里的中华文化的现代化，当然是指将中华传统文化赋予时代的内涵。无独有偶，中国的社会主义精神文明建设同样引起了西方学者的注意，在谈到如何建设中国特色的精神文明建设的问题上，众多的西方学者认识到，由于中国古代在军事和道德思想上有很强的软实力，中国在新时代建设社会主义精神文明时，很可能会引入传统的道德思想，美国著名的学者约瑟夫·奈同样认为"中国传统文化中就已经包含了对软实力的理解"③，而要发展这种软实力，中国需要加强对传统文化的宣传。英国著名学者马丁·雅克认为，中国的发展不仅仅是经济的繁荣，而且是中国传统文明的复兴，未来整合东亚资源的文化必定是中国的传统文化，因为历史上中国的传统文化就对东亚文化圈产生过持久深远的影响。

"和谐社会"一词正式使用是在十六届四中全会上，2004年9月19日召开的十六届四中全会正式提出要"构建社会主义和谐社会"，"和谐社会"一词提出后，"和谐文化"的概念随之出现，两年之后的十六届六中全会提出了"建设和谐文化"的概念。"和谐文化"概念的提出，标志着有中国特色的社会主义文化的正式形成。"和谐社会"的提出是因为社会的发展出现了明显的贫富差距，为了社会的稳定，所以要提倡"和谐社会"。"和谐文化"的提出

---

① 江泽民. 江泽民在中国共产党第十五次全国代表大会上的报告[N]. 人民日报，1997-09-13（01）.
② 王岩. 新时代我国精神文明建设的基本理路研究[J]. 道德与文明，2017（06）：8-13.
③ 约瑟夫·奈. 中国与软实力[J]. 南非国际问题研究期刊，2012（2）：151-155.

是因为社会的文化呈现多元化的趋势，为了协调不同的文化，所以提倡"和谐文化"。先进文化与"和谐文化"的关系是，前者强调的是文化的一种品质的规定性，后者则是对不同文化之间状态的一种关系体现，在当代中国，马克思主义文化是指导中国社会发展的先进文化，但马克思主义文化并不排斥其他品质的文化，从这个意义上说，"和谐文化"是协调当代中国多元文化的"润滑剂"，有了它的存在，各种文化可以和谐相处，这对中国特色的社会主义文化建设有重要的理论和实践意义。

当代中国政府的历史使命是伟大的民族复兴，一是恢复中华民族物质文明的生产力，二是恢复中华民族精神文明的创造力。历史上，中华民族在上述两方面都曾经创造了灿烂的文明，尤其是后者，当中国的经济总量逼近世界顶点的历史时刻，构建对世界有吸引力的精神文明就显得尤其重要。历史上，西方世界与东方世界都创造过灿烂的精神文明，但不同的文明有各自文明的脉络，西方世界今天的文明也不是凭空产生的，它根植于古希腊和古罗马两大文明摇篮，几千年来源源不断从中吸收灵感和活力，成就今天的辉煌。中华民族能够经历近代的磨难重新崛起，必定有其文化传承的因素，英国著名教授马丁·雅克对中国的崛起有自己独特的观点，他认为，中国的崛起是历史的必然，他是站在文化的角度去论述这个问题的，"中国从来都不是一个单纯的国家，而是一个文明伪装成了国家。国家是有兴衰的，而文明只要有生命力就会不断延续。"换言之，中国作为一个国家在近代历史上曾经落后于西方，但中国的文明从来没有停止前进的脚步，它总是能在不同时期吸收外部文明成果，最终抓住历史机遇，完成了民族的重新崛起。无独有偶，预测中国能够崛起的学者或者政治家还大有人在，汤因比是成功预测中国崛起的著名历史学家。100多年前，汤因比预测中国会凭借其独特的文化优势在全世界强势崛起，他认为中华文明是世界独特的文明，世界上没有哪个国家能够数千年来还在广阔无垠的土地上一直维持着政治、文化的统一，正是中国的文化特质促成中国的重新崛起，在经济领域，汤因比认为，中国也不会走西方的老路，而是会依据其传统文化走一条不同于西方的道路。李光耀是成功预测到中国崛起的政治家。作为深受儒家思想影响的政治家，他始终认为，中国不会成为西方式的民主国家，中国的历史和文化与西方不同，中国历史上的强大国家都是在强有力的中央政府的领导下完成的,所以,中国会在中国共产党的领导下完成国家崛起、民族复兴的宏伟大业,但由于文明的基因不同,中国会寻求与世界强国平起平坐,但不会寻求西方式的霸权。

事实上,中国在崛起的过程中,传统文化一直在发挥着举足轻重的作用,无论是革命战争时期,还是社会主义建设时期,或者是改革开放时期,中国领导人都能够实事求是地根据本国国情找到适合本国发展的道路。在精神文明的建设上也是如此,中国当代的精神文明建设立足于社会主义文化理论,但又必须与中国传统文化进行有效嫁接,既要坚持马克思主义的基本原则,又要坚守文化根脉,从而完成由社会主义精神文明理论向中国特色社会主义文化理论的转变。"在当代中国,发展先进文化,就是发展中国特色社会主义的文化,就是建设社会主义精神文明。"① 而代表中国文化"软实力"的中华优秀传统文化,不仅是中国特色社会主义精神文明"植根的文化沃土"②;而且是"中华民族的精神命脉,是涵养社会主义核心价值观的重要源泉"③。那么,今天我们进行社会主义精神文明建设,就必须将当今社会主义精神的内容与传统的德行修养和文教昌明结合起来,并赋予传统的德行修养和文教昌明以新时代的内涵。中华优秀传统文化的文明因子,务必"结合时代条件加以继承和发扬,赋予其新的含义",来为"人们认识和改造世界提供有益启迪",来为"道德建设提供有益启发",来为"治国理政提供有益启示"。④

(二)社会主义精神文明需要传承传统礼乐中的合理元素

"和文化"是儒家学派"礼乐文化"的核心价值理念,也是儒家学派留给整个中华民族的一份珍贵的精神文化遗产。有子曰:"礼之用,和为贵。先王之道,斯为美。小大由之,有所不行;知和而和,不以礼节之,亦不可行

---

① 中共中央文献编辑委员会. 江泽民文选:第三卷 [M]. 北京:人民出版社,2006:276.
② 牢记历史经验历史教训历史警示为国家治理能力现代化提供有益借鉴 [N]. 人民日报,2014-10-14(1).
③ 中共中央文献研究室. 十八大以来重要文献选编:下 [M]. 北京:中央文献出版社,2018:135.
④ 习近平. 在纪念孔子诞辰2565周年国际学术研讨会上的讲话 [N]. 人民日报,2014-09-05(02).

也。"① 它是古代社会处理人与人、人与社会以及人与自然之间的基本准则，它不仅适合于古代社会，对当代的精神文明建设也具有借鉴意义。

"礼"是指导人们社会行为的一种准则，它可以协调社会成员间的关系，保障社会秩序的正常运转。古代的"礼"作为一种制度现在已消亡，但"礼"的合理内核却至今存在。广义的"礼"包含如下两方面的内容：一是指有文字的社会各种非强制性的规章制度的总和（当然这里的"礼"不包括强制执行的法律条文）；二是社会上人与人之间的上下等级，以及与这种等级相关的所有行为规范。这些东西，在任何历史时期的任何社会都是客观存在的。从历史的纵向角度看，法律就是在"礼制"的基础之上发展而来的特殊的"礼"，只不过它是以国家机器强制执行的而已。在现代社会，我们都知道制度的重要性，由此观之，礼在维持古代社会秩序方面上是有重大作用的，假如人人都不讲礼，社会秩序必然混乱，因此，政府有必要强调礼制，借此来保证社会的稳定发展。

如上所述，"礼之用，和为贵"。推行"礼"的目的，在于达到社会和谐。这个和谐包括的范畴是很宽泛的，既包括政府与民众的和谐，也包括君王与臣子关系、臣子与民众关系的和谐，更包括社会上普通民众之间的和谐。在以孔子为代表的儒家先哲看来，"礼"的本质就是协调各种关系，只有通过各种礼节处理好了各种社会关系，才真正有利于社会的生存和发展。中国封建社会贤能的君主，在治理国家时便是按照"礼"的规则来操作，以"和"的原则去处理所有的事情，所以才会出现天下大治的太平盛世，倘若君主放纵民众的"无礼"行为，便没有人会遵守礼节，这时候到处是一片混乱和暴力景象，整个社会毫无秩序可言，遑论和谐的太平盛世了。照直说，"礼"在这里就是社会的"软件"，它规定着社会各个层面的秩序，把各种关系糅合到一起，并保证各种关系朝着和谐的方向发展，而作为国家各种制度总称的"礼制"，则在整个社会发展过程中起到约束人们行为的规范作用。

今天中国的发展出现了诸多不和谐的现象。由于片面地追求物质财富而导致自然环境的破坏；由于贫富差距的持续扩大而出现极端的仇富心理；由

---

① 杨伯峻. 论语译注：学而篇 [M]. 北京：中华书局，2006：14.

于地区发展的不平衡所导致的地区差别问题突出；由于土地征用和城镇拆迁等问题引发群体性事件；由于社会价值观念的更加多元化导致众多不文明、不健康的生活方式。这些问题的出现都是社会不和谐的具体表现。而"和为贵"的观念，对纠正这些弊病，缓和上述各种矛盾，维护社会的平稳发展有着非常重要的作用。在今天，我们只有努力探索出能够解决当代中国现实问题的新"礼制"，才能达到真正意义上的和谐。

首先，传统礼乐文化中的道德修养方式仍然值得借鉴。它能够帮助当代中国社会形成"反省内求"的修身理念。儒家礼乐文化特别强调个人需要通过"自我修养"提高自身道德素质，而个人道德素质的提高又是实现社会和谐有序的前提和基础。因此，在当代精神文明建设中，要充分挖掘和发扬这种礼乐文化，使得当代民众形成以社会为本位的道德观念，将社会的整体利益置于个人利益之上，并不断地提高个人的道德修养，主动维护社会的和谐稳定。

其次，传统礼乐文化中的德育价值有利于现代民众养成"谦恭礼让"的性格特征。传统礼乐文化中有"为人谦恭""讲究礼节""互相谦让"的优秀品质。在现代社会交往与活动中，礼让、谦逊的原则仍然需要坚持，它不仅能够增进社会群体之间的团结互助，而且有利于保持整个社会的长远发展。因此，将传统礼乐文化中的"谦恭文化"融入当代精神文明建设之中，不仅继承和弘扬了中华传统美德，而且体现了当代道德价值体系对社会和谐的高度重视。

最后，传统礼乐文化中的"合理内核"能够在潜移默化之中培养当代社会追求道德价值的自觉意识。传统礼乐文化在实施礼乐教化的过程中，高度重视培养教育对象的道德自觉，该种教育方法在目前的国民道德教育中也依然具有现实意义，充分激发每个个体自觉向上意识，往往比单纯的道德观念灌输更具实效，而让民众自觉地遵守道德规范，维护社会和谐秩序，有利于精神文明建设最终目标的顺利实现。

大略观之，传统礼乐文化对当代精神文化建设有非常重要的借鉴意义，今天的中国要建设高度文明的社会主义国家，离不开从传统的礼乐文明中汲取丰富的滋养，其中的"仁爱、谦逊、诚信、和合"等优良品质，都是我们需要继承的,仁爱培养我们的科学认知能力,个人品德、家庭美德、社会公德,以及维系社会安宁和实现善治,都有很重要的作用。后两者尤为突出。比如其中的"崇仁爱、重民本、守诚信、讲辩证、尚和合、求大同"等优秀理念,"自强不息、敬业乐群、扶正扬善、扶危济困、见义勇为、孝老爱亲"等人们公认的传统美德,都有穿越时空"永不褪色的价值"[①]。

---

① 中共中央文献研究室. 十八大以来重要文献选编:下 [M]. 北京:中央文献出版社,2018:136.

第八章

尚"和合"传统思想与和平友好外交政策

"尚和合"是中国优秀传统思想,运用在古代政府的外交上是不以武力手段作为解决国际争端的主要手段。古代的和平外交思想还源于中国儒家的战略文化,儒家"王道"思想认为,决定国家命运的不是暴力,而是统治者的道德,古代中央政府倾向于运用外交手段解决国际争端。有鉴于此,"和为贵""亲仁善邻"和"协和万邦"成为中国古代政府的外交理念,"派遣使臣""会盟制度""朝贡体系"和"和亲政策"成为中国古代政府的外交政策。新中国成立之初就在外交上继承了古代和平外交理念,把发展本国经济,改善本国民生作为政府的工作重心,在外交上提出了著名的"和平共处"五项基本原则。不仅如此,新世纪到来之际,中国政府还提出了建立以和平发展、和谐共处、互利共赢为基础的"和谐世界",打造"人类命运共同体"等政策主张,这些政策主张的提出为构建新型国际关系做出了突出贡献,也得到了国际社会的普遍赞同。

一、和合传统思想的起源与发展

(一)和合思想的溯源

和合乃多音多义字,且非原本就连在一起使用。最早是于甲骨文上看见"和"字,金文里出现了"合"字,在殷周以前各自作为单独的字使用。"和"的释义为吹奏类的乐器,最初所指的是音乐之和;"合"的本义则是指嘴巴上下唇之间的合拢,显然也与声音有关。据统计,在《尚书》里出现了23次"和",以及5次"合"。诚然,古时先人已然认识到和合的重要性,并且对"和"和"合"这两字的运用已渐频繁。随着历史进程的发展,和逐渐演变出和谐、和平、祥和等内涵,"合"字则表示汇合、结合、联合等意。二字开始合用始于春秋时期,也就是"和合"这个概念的首次且正式出现在世人面前。"商契能和合五教,以保于百姓者也"①,乃"和合"二字第一次被合用的文献记载。所谓五教,即父义、母慈、兄友、弟恭、子孝,这五者和合,百姓才得以安身立命。由此可见,"和合"在这表现出的含义是各要素的有机结合、矛盾中得以和谐共生的原理。②

(二)诸子百家的和合思想概述

儒家的和合思想。有子说"礼之用,和为贵"③。他以仁为核心,礼为辅助,建立起他的仁礼和合的政治理念。其将和视为做人办事的主要尺度,主张"泛爱众而亲仁"。同时也强调"君子和而不同,小人同而不和"④为处理人际关系的准则;强调和的重要性,也承认"不同"的客观存在,以协商为手段,以此达和谐之境。孔子的观点可以概括为应以修身为起点,施行礼仪道德教化,达齐家、治国、平天下的理想之境;构建大同世界。

孟子在孔子的基础上进行继承和弘扬,其思想中虽未像《管子》《墨子》那样将和合并举,但将"人和"提高到了一个至高无上的地位。主张"仁民而爱物""天时不如地利,地利不如人和"⑤⑥;强调人际关系的和谐,人与社会的和谐共处。

荀子说"万物各得其和以生,各得其养以成"⑦,认为"和"是天地间最普遍的原则。反对用战争解决问题,主张从天下的视域出发,推进社会的和谐有序。

道家的和合思想。道家和的思想,可以将其概述为"和顺于道"的自然法则。老子提出"道生一,一生二,二生三,三生万物,万物负阴而抱阳,

---

① 左丘明.国语·郑语:卷十六[M].上海:上海古籍出版社,1989:29.
② 胡珊珊.论和合思想与大学生思想政治教育研究[D].长春工业大学,2007:4.
③ 杨伯峻.论语译注:论语·学而[M].北京:中华书局,2006:8.
④ 杨伯峻.论语译注:论语·子路[M].北京:中华书局,2006:159.
⑤ 杨伯峻.孟子译注:孟子·公孙丑下[M].北京:中华书局,2006:86.
⑥ 上海古籍出版社.二十二子[M].上海:上海古籍出版社,1986:3.
⑦ 上海古籍出版社.二十二子[M].上海:上海古籍出版社,1986:3.

冲气以为和"① 的思想,即世间所有生长的最终是和,其根本是和。道家所提倡的"生命观"同样是"天人合一",但与儒家所阐述的不同,儒家强调的是"先天"的,道家则是归结为自然上的"合一",是一种自然而然的状态,即人类与自然达到和谐共生的局面,便能在这当中找到自我,找准自己的位置。道家中的和合思想是一种超越理性的、提升心灵境界的哲学思想。

庄子"与人和者,谓之人乐;与天和者,谓之天乐""子,天之合也,我,人之合也"② 的观点,他认为和合是万物生成的根源,也是实现天乐人乐的基础,只有参透了和的意义,才能获得无穷的快乐,达到天人和合的同乐境界。

墨家的和合思想。墨子从"兼爱非攻"的思想出发,认为和合能帮助解决人与家庭、国家、社会之间的关系问题。"内之父子兄弟结怨仇,皆有离散之心,不能相和合"③ 指出父子兄弟结怨仇,不团结一心就会造成天下的不安定;而和合有利于凝聚家庭、社会群体在一起,是形成团结的社会整体结构的重要因素。

法家的和合思想。《管子》将和合并举连用,他指出:"畜之以道,养之以德。畜之以道,则民和;养之以德,则民合。和合故能谐,谐故能辑,谐辑以悉,莫之能伤也。"④ 认为有良好的道德,人们就能和合,和合便能使社会和谐,和谐便能团聚在一起,就可以免除伤害。在这里,和合成为蓄养道德的目标追求,他认为民众和合在一起,就会产生巨大的力量。

其他学派。五行学中,周太史史伯将和的理念进行提升,使之成为事物之和天地法则——五行和生物思想;以及提出"和实生物,同则不继"的观点。阴阳学认为世间万物都由阴阳两面构成,阴阳有序,事物由阴到阳,由阳到阴,最终实现阴阳平衡。事物是动态发展的,但发展的最终是实现平衡与和谐。中庸之道也蕴含深刻和合思想。"致中和,天地位焉,万物育焉"。我们所谈的持中,并非简单的折中处理;而求和,亦不是一味附和苟同、盲

---

① 冯达甫. 老子译注:老子·第四十二章 [M]. 上海:上海古籍出版社,1991:100.
② 杨柳桥. 庄子译注:庄子·天道 [M]. 上海:上海古籍出版社,2012:69.
③ 吴毓江. 墨子校注:墨子·尚同中 [M]. 北京:中华书局,2006:118.
④ 郭沫若,等. 管子集校:管子·幼官 [M]. 北京:科学出版社,1956:365.

目达成一致。凡事,在处理时都应持"执其中"的态度,用"叩两端"的方法,达到"守其正""致中和"的状态。从五行阴阳,到知行中庸,大到宇宙天地,小到人类的思维方式,和合思想都有所涉及。古人以和认识世界,以和为人际守则,以和治理国家,和合思想贯穿了中国传统文化的始终。

综上,中国古代先哲们通过对世间所存在的和合现象进行探讨,提出了各自对和合概念的不同理解,概括和合的本质。先秦时期,中华和合文化经历了产生、流传和发展的过程,最后成为人们普遍认同的价值观念。所谓和合,就是在承认不同事物之间存在矛盾的基础上,把不同性质的事物统一在一个共同体中,使得不同事物融合发展,优长而克短。[①] 其中孔子"和而不同"的思想能够反映和合文化的本质,它不只是局限于人与人之间的关系,包括人、社会、国家、自然这四者之间的交互关系,都可以用"和而不同"来加以概述。和合思想自产生以来,始终贯穿在中国历史发展进程中,成为中国文化的精髓和被普遍认同的人文精神。换句话说,中国思想文化其实就是一种和合文化,中国文化的伟大之处,就在于肯定各方的差异,使之融合,促进各方兼容并蓄、共存并处、相辅相成。和合思想作为中华人文精神的精髓对中国思想文化发展的整个过程影响深远。

(三) 和合的概念界定及其内涵

和合思想是华夏文明内在的、不息的精神,它始终贯穿于中国文化思想发展的全过程。在中国历史上,儒家的和合,是从差别中寻找;道家则脱离人与自然的关系求和合;墨家,兼爱非攻即为和;法家,守法为和合;阴阳家从对立的角度出发,佛学因缘际会是和合;名家从离坚白(公孙龙的著名观点)与合同异中求和合。

"和合"二字连用,既有融合、协作之义,更有向心、凝聚的含义,它突出强调了事物是不同因素紧密结合、相辅相成的结果,它蕴含着和谐共处的含义,体现了中华文化的辩证思想和系统观念。诸多异质元素并存对立构成的有机整体即为物质世界和人类社会,这些异质元素在矛盾与冲突中相互作用、制约,从而达到相对平衡协调的状态,实现多样性的统一,这就是"和

[①] 张立文. 和合学概论 [M]. 北京:中国人民大学出版社,2006:89.

合"思想的内涵所在。对"和合"的这一概念的本质内涵,我们可从以下三点来解释和理解:

首先,和谐是事物存在的理由和条件。和谐的基本特征是"和而不同"。事物的产生和存在需要多种因素和要素的相互作用。只有一种因素和一种力量是无法使事物产生和存在的。而许多异质元素只有通过达到和谐状态才能转化为新事物,所以和谐是新事物转化的理由和基础。

其次,和谐不仅是一种和谐状态,更是一个冲突与融合的过程。首先,和谐意味着允许多种多样的事物存在。如果没有事物的多样性,就没有和谐。因此,在这个层面上来说,和谐是多元化的。然而,这种状态是冲突的结果,也是冲突的表现。在冲突的过程中,多种事物相互融合、相互协调。

最后,和合是一个开放的、动态的过程。无论是作为一种状态、一种过程、一种原因、一种条件,和谐都是呈现开放状态的。比如,儒家道德境界是"民胞物与""协和万邦"的开放境界,道家的自然境界。他们所说的境界都是一种动态。和合是新事物的产生和发展,是一种作用的过程。和合体现着深刻的辩证统一的特点。

总之,和合的本质是和谐,它强调不同事物之间的和谐统一、协调发展,体现的是系统的和谐思想,是中国文化的原创理论,长期影响着中国人的思维方式,构建了中华民族的深层心理结构。和谐思想融合了世界文明和文化的优秀成果,同时紧跟时代发展步伐,不断完善和创新,显示出旺盛的生命力。[1]

二、"和合"思想在古代外交政策上的实践

和合文化对中国外交政策的施行具有深刻的影响。中国传统战略文化便以友好睦邻为主流,除了客观因素如地理方位、长期的农耕文明以外,主流意识形态推崇的思想也起着不可估量的作用。

---

[1] 董丹丹. 传统和合思想对于构建社会主义和谐社会的价值研究 [D]. 西安科技大学, 2011: 11–12.

第八章 尚"和合"传统思想与和平友好外交政策

（一）在古代外交实践中"和合"思想得以发扬

中华民族自古推崇和的思想，深知"君子和而不同"。广泛的和合思想使我们在认知上自觉、自律。《周礼·春宫宗伯·大同乐》中曾语："以和邦国，以谐万民，以安宾客，以说远人，以作动物"。用和谐友好的方式去处理邦国之间的关系，让民众生活在和睦的社会环境下，使宾客安定，让远方的人心悦诚服，动物也能繁衍生息。和，是一种方法，也是一种目的。

儒家更是和思想的忠实拥护者，将其作为思维行动的重要准则。孔子云，"礼之用，和为贵"。礼是为了成就和，治国处事、礼仪制度，皆以和为价值尺度，礼是和的具体体现。孟子主张以德服人，认为有仁德之才的人必然会得到百姓的拥戴；提倡君王之道，否定蛮横之道。对春秋战国时期诸侯"凌弱暴寡"，为争土地、城池而发动冲突，不惜伤害百姓的行为嗤之以鼻。在诸侯争霸、割据混战的时期，生活在一个和谐的社会，是老百姓的希望，而统治者，在夺取政权的同时，希望有更好的治国政策让他拥抱政权，一个国家并不是只有统治者，也需要百姓，"杀人盈城"的后果是百姓流离失所，民不聊生，这个国家又何来百姓拥护？儒家所宣扬的思想切合百姓所求，在这个时期开始崭露锋芒。

秦汉以来，和合理念逐渐受到了统治阶级的重视。到西汉，罢黜百家、独尊儒家；倡导和合的儒家思想逐渐成了统治阶级的正统思想，汉武帝以后，历代汉帝均采取以和为主的民族政策；与此同时中国古典外交制度在汉代进入新的发展阶段。

两汉之间，佛教的传入，倡导"因缘和合"，不仅是入世的儒家推崇和合思想，出世的佛道两教也推崇，显然，和合思想成为众人所认同的思想文化。汉唐以来，"儒释道"走向融合，宋明理学集齐三教优势，从儒家立场出发完成了三教融合。和合思想一下成为众人所求，上到统治者，下到平民百姓。

（二）古代和平友好的外交政策方式

和合思想应用于同周边国家的关系处理上，主要可以概括为四种外交方式。

派遣使臣。负责外交的机构早在春秋战国时期就已有雏形。在当时为传达政令，往往遣地位较高的人充当专使前往，这一管理方式沿袭各个朝代。

秦朝设立典客和典属国负责使臣外交；西汉设立大鸿胪，且使官配有行人令；魏晋南北朝时期则由鸿胪寺主管外交事宜；隋朝设立鸿胪寺和谒者台负责外交事宜；到了宋代，负责机构数量较多，有鸿胪寺、主客郎、客省、引进司、四方馆、东西合门等；明朝，机构简化，主要由鸿胪寺和行人司负责。

使臣外交的次数随着时代的发展而增多。秦汉以后，统治者践行"亲仁善邻"的原则，进行"和平友好"的外交政策。秦汉期间，张骞通使西域，开创了中欧友好交往的记录；隋唐时期，与外国的文化交往次数增多，单日本，便13次派使团访华，而后百余年间来华使者多达30余次；到宋元期间，我国对外交往进入鼎盛时期，元朝时来大都的商队和使节络绎不绝；在明朝前期，郑和先后七次下西洋，通好他国，怀柔远人。显而易见，我国的对外往来，重视外交礼仪和各国间的友谊，使得国与国之间进行平等友好交往。

会盟制度。会盟是分封制下的产物，通过各诸侯国加入盟会，以便周天子来确保各诸侯对自己的忠心。自会盟的开始、发展、鼎盛到结束，经历了从平等自愿到后来被胁迫进入以及不得不屈于大国的权威下。在会盟制度成熟鼎盛之时，还设有盟主，会盟之时，各诸侯国共同签署盟约，并且制定了违背盟约的惩罚等。盟会在维系长久统一的局面中扮演着不可或缺的角色，在《左传》《史书》中都有相关史实记载，如葵丘会盟，规定了不可独占水源、影响各地粮食流通以及同盟国都要言归于好等。从葵丘会盟的主要内容来看，其目的在于让各国和平修好、发展经济，从而建立了春秋时期的国际新秩序。再如唐蕃会盟，协调了民族关系，缓和民族冲突。唐蕃会盟使唐朝和吐蕃的纠纷画上了句号，符合当时两大民族人民的愿望，稳定了社会秩序。① 会盟制度，从社会的角度出发，是各国避免直接冲突、缓解矛盾的媒介，使战争爆发的可能性变小，形成了相对稳定的社会环境；而盟约，又在一定程度上促进了不同诸侯国、不同民族间文化的融合，让华夏文化与周边文化碰撞融合，产生新的火花。从另一种角度，盟会也可以看作是一种相对

---

① 唐建兵. "和合"思想与中国古代外交探微［J］. 淮北煤炭师范学院学报（哲学社会科学版），2008（04）：71.

第八章 尚"和合"传统思想与和平友好外交政策

和平的外交形式，成就了一段时间下的相对稳定的和谐社会。会盟制度在中国古代历史上曾扮演着重要角色。会盟的存在其实是一种多国外交的形式，高扬"道义"，在文化上奉行"和而不同"的价值取向，对于当今面对文化差异和多极化的发展趋势有重要的借鉴意义。

朝贡制度。古时，中国建立统一的政权所拥有的疆域乃是亚洲众多国家中最大的、周边列国所无法企及的。而疆域的大小，使得小国对大国产生政治依赖，以一种低姿态向大国进贡。

朝贡体系在尧帝时期便存在了。所谓朝贡，是指"藩属国"和外国使臣入朝，向大国贡献、奉上宝物或者特产。朝贡体系是古代中国与其他部分国家的一种关系或者贸易来往体制。朝贡制度经历了漫长的历史过程，从公元前3世纪到19世纪末期，没有任何一个事实能比它更有说服力来证明和合思想在对外交往上的应用。

朝贡制度是具有和平特征的对外交往模式。最直接的证明就是中国与"朝贡国"长期保持着一种互不侵犯的关系，并且"朝贡国"可以自由选择是否与中国往来以及向中国朝贡，不强迫、不存在武力交锋。外国学者指出："在理论上，且一般在实践上，中国并不设法通过这些方式（朝贡的方式）来直接干涉边界国家的内政。事实上，只要他们的统治者保持和平，同他们的人民照儒家的模型一道生活，并履行他们次一级地位的礼仪和其他义务，边界国家大部分是自主的。"[①] 只要"朝贡国"不在公共场合藐视中国的大国国威，按惯例朝贡，中国就不干涉其内政。这体现出了"和而不同"的和合内涵。其次中国封建统治者对"朝贡国"皆采取"厚往薄来"的政策，赐予他们的贵重物品往往比朝贡的物品数量更多、种类更丰富，实际上是各国之间经济上的互惠互利、礼尚往来，朝贡制度对双方都有利。中国的强大繁荣，周边国家依附于中国，可以免遭外国的侵略，并且可以获得经济利益。从中国的角度，朝贡制度消除了外国对自身的威胁，获得天朝上国的威望和朝贡物品。

---

① 中国科学院资料编译组. 外国资产阶级是怎样看待中国历史的 [M]. 北京：商务印书馆，1961：75.

朝贡制度是一种和平的对外交往模式，体现出了"和而不同"的文化理念。当下，"和而不同"的外交思想是中国外交实践的重要指导之一；"和谐世界"的创建，必然要对"和而不同"的外交理念继承和发展。

和亲。和亲是指两个不同民族或同一种族的两个不同政权的首领之间出于"为我所用"目的所进行的联姻，尽管双方和亲的最初动机不全一致，但总的来看，都是为了避战言和，保持长久的和好。①

和亲可以追溯到春秋战国时期，周襄王时期，"襄王娶狄女为妻，同狄兵伐郑"；一直到清代，几乎各个朝代都有次数不等、原因和目的各不相同的和亲。史书上有昭君出塞的佳话：公元前33年，汉文帝时期，王昭君与呼韩邪单于和亲，史称"宁胡阏氏"。和亲结束了匈奴的多年分裂战乱，同时奠定了中原王朝大一统的基础，传为佳话。史书上也记载了文成公主入藏的故事等，和亲之举不绝于书；或出于被迫，或出于自愿；结果或成功，或失败；但和亲作为处理民族关系的一种手段，被历朝历代的统治者不断使用，不外乎是由于和亲乃是表示对邻国的友好或者是暂时地推迟战争爆发的良策。专家学者对和亲政策的评价不一，但概括来说，和亲政策在一定程度上维护了社会稳定，有利于不同民族间的经济、文化交流和传播先进的科学技术，促进了民族融合。

在古代中国数千年的历史里，无论采取的是哪种外交形式，统治者的目的是"和"，是为了实现"和"，是为了维持"和"。"和合"思想是外交政策实行的理论基础，是实行不同的外交政策所要达成的共同的目标；不同的外交政策是"和合"思想在不同朝代在结合实际后的具体表现和实践。古时，先人以"崇和尚合"为基本理念，深知"国虽大，好战必亡"的道理，也是自古便倡导"强不执弱，富不侮贫"的价值观。在历史文明的浇灌下，和合思想在中华儿女间代代相承，根植于心。

---

① 崔明德. 中国古代民族关系研究二题 [J]. 中央民族大学学报（社会科学版），1995（02）：78.

三、中国当代"和平友好"外交政策与和合思想的关系

（一）和合思想的当代价值

研究和合思想的当代价值，就要从和合思想在当代的具体表现形式出发。新中国成立后，和合思想表现为和平共处五项原则，是稳定国家政权的需要；到了改革开放时期，"合作共赢"的外交理念是和合思想的新发展；随后提出的"和谐世界""人类命运共同体"是对和合思想内涵的超越。

"和平共处"。和合思想的最基本特征为"和实生物、同则不继"，诸多异质元素的和合发展形成新事物，推动其发展。资本主义社会和社会主义社会是当今世界存在的两种不同的国家形态。如何做到两种不同意识形态的和谐共生，求同存异是首要原则，贯彻和合思想内涵，中国提出了和平共处五项原则。

1953年万隆会议上，和平共处五项原则被首次提出。1957年，毛泽东于莫斯科发表演讲："中国坚决主张一切国家实行和平共处五项原则"；认为意识形态的不同不能成为阻碍双方交流、交往的原因；应做到相互尊重，互不干涉内部事务；遵守求同存异的原则，让不同意识形态的国家和谐共处。《论语》曰："君子和而不同，小人同而不和。"[1] 自古以来中国承认事物之间的差异性，并且认为差异和矛盾是和谐共生的前提。每个国家都处在国际这个大环境下，只有尊重各国的差异，才能做到和平共处。

中国，在行动上认真实践和平共处五项原则。1956—1961年，先后解决了缅甸、尼泊尔、蒙古、巴基斯坦和阿富汗等国的边界问题；这些历史遗留问题的解决，对稳定我国周边环境具有重大战略意义。20世纪60年代，为反帝反修选择联合"两个中间地带"势力的策略，并且愿意背负当时情况下对我们国家来说难以承受的经济负担，支持亚非拉的民族解放运动。[2] 到60年代中期，中国实现与英国半建交；且同与我国意识形态、政治制度有着巨大差异的法国建交。在冷战时期，国际形势严峻，欧洲和日本这些国家经济发

---

[1] 杨伯峻. 论语译注: 论语·子路 [M]. 北京: 中华书局, 2006: 159.
[2] 王晓燕. 新时期下对毛泽东外交思想的重新思考 [J]. 知识经济, 2009 (01): 166.

展缓慢；但中国以韧性和智慧，同这些国家发展了关系。① 到了70年代，随着国际形势的变化发展，毛泽东审时度势灵活应变，先后与美国、日本等国家建立和平友好的外交关系。1971年，中国恢复在联合国的合法席位，并且与大多数国家实现建交。

　　几十年来，和平共处五项原则在处理国际关系上发挥了重要作用，被众多国家所支持认可。中国始终坚持和平共处五项原则，坚持走和平发展的道路，这是中国人在长期和合思想的浸润下所形成的特有的民族性格。

　　合作共赢。世间万物具有多样性，处于一种多元状态，也是一种冲突的状态。和合的前提是多样性、差异性的存在，在这个共同体中，当冲突实现融合，在彼此的共同意愿下达成合作，就能实现共同发展。

　　1978年，十一届三中全会确立了改革开放政策，使中国发生了天翻地覆的变化，这归功于邓小平同志。毛泽东等第一代领导核心的国际战略和外交政策奠定了我国外交的大方向；进入改革开放时期，不仅国内形势发生变化，国际环境也已不似从前。新的历史环境下，邓小平等第二代领导核心果断做出应变。

　　十一届三中全会后，国家的工作重心发生转移，经济建设成为侧重点。国内外环境变化发展，邓小平同志的焦点更多地放在了经济利益上。加强与世界各国的经济往来，同时学习、吸引各国的先进方面是我国对外开放的重点。经济全球化的潮流下，各国之间存在着共同利益，合作不可避免。除此之外，跳开意识形态的束缚，无敌、我、友的区分，采取"不结盟"战略，不参加任何集团，坚持与所有国家建立友好交往关系。中国表示，处理不同类型国家的问题，要以世界发展趋势和本身利益为依据。结伴而不结盟，同所有国家发展友好关系。

　　在改革开放后的10年内，中国积极发展与世界各国的友好关系，并且取得了重要进展。中国始终站在第三世界的阵营中，加强与第三世界的交往，推进同第三世界的经济政治的合作，如"南北对话""南南合作"；建立或恢

---

① 章百家. 论独立自主的和平外交政策的实践与经验 [N]. 光明日报，2004-10-26（08）.

复与周边国家的友好关系。在维持中美关系稳步发展的同时努力使中苏关系正常化。积极发展同欧洲国家的关系,认为西欧国家是一支重要的和平力量;尊重东欧国家选择自身所适合的制度发展。作为联合国的五大常任理事国之一,中国积极履行自己的职责,调解争端,积极参与多边外交。

20世纪80年代后期到90年代初期,东欧剧变、苏联解体使世界格局发生重大变化,中国也发生了政治风波。邓小平沉着应对,保持对外政策的连续性,开展睦邻外交,进一步加强同第三世界的交流与合作。更值得一提的是,与此同时顶住了来自西方国家的压力,打破其制裁,恢复和稳定了双方的关系。到了90年代中期,世界多极化和经济全球化使国际形势发生变化;建立面向新世纪的对外关系新格局成为中国外交的主要任务;同时坚决反对霸权主义和强权政治,维护世界和平,中国义不容辞;推动建立国际新秩序。迈向新世纪,如何兼顾好同大国、发达国家、周边国家以及广大发展中国家的关系成为中国外交工作考虑的重点。以重视发展关系为基础,积极开展、参与多边外交活动和多种形式的民间外交。始终坚持不结盟、不对抗、不针对的原则;并同部分国家建立和发展面向21世纪双方关系的基本框架。

中国以和平共处为目的,合作共赢为追求,实现不同意识形态的冲突融合,认真贯穿中国传统和合思想。

和谐世界。和合是一个开放的过程,是新事物的产生和发展,是诸多优质要素的融合发展。和合是不同要素在冲突碰撞中逐渐走向融合,实现和谐状态。

和谐世界理念第一次出现在国际舞台上是在2005年胡锦涛在雅加达亚非峰会上提出的。其基本内涵为"坚持民主平等,实现协调合作;坚持和睦互信,实现共同安全;坚持公正互利,实现共同发展;坚持包容开放,实现文明对话"。我国所提出的和谐世界,是在世界范围内形成民主、和睦、公正、包容的氛围,这是最终目标。党的十七大明确指出,"中国的前途命运日益紧密地同世界的前途命运联系在一起。无论国际风云如何变幻,中国政府和人民都将高举和平、发展、合作旗帜,奉行独立自主的和平外交政策,恪守维护世界和平、促进共同发展的外交政策。"① 为推进不同文明的和谐共处、平等对话，共创和谐世界，党的十七大报告从政治、经济、文化、环境、安全五个角度全面解释和谐世界的内涵，即"政治上相互尊重、平等协商，共同推进国际关系民主化；经济上相互合作、优势互补，共同推动经济全球化朝着均衡、互惠、共赢方向发展；文化上相互借鉴、求同存异，尊重世界多样性，共同促进人类文明繁荣进步；安全上相互信任、加强合作，坚持用和平方式而不是战争手段解决国际争端，共同维护世界和平稳定；环保上相互帮助、协力推进，共同呵护人类赖以生存的地球家园"②③。

在大变革、大调整的国际环境下，我党科学判断外交的根本任务，争取良好和平的国际环境和周边关系，助力国家发展，服务全面建设小康社会。和谐世界理念的提出，向全世界表明中国未来的社会走向和不称霸的决心，强有力地回击了国际上的"中国威胁论"。和谐世界是每个人的共同愿望，是人类所希望生活的世界模样。构建和谐世界，是中国传统和合思想的精髓；和谐世界的理念，是和合思想在中国外交观上的价值回归。和谐世界是和平共处的更深层次体现，是在和平共处五项原则基础上的创新发展，是中国外交史上的重大突破。④ 在和平与发展的时代大潮下，中国担起大国责任，为构建和谐社会贡献自己的力量，推动国际新秩序的建立。

和谐世界的理念，是继承中国传统和合思想的伟大理念，不仅对中国发展道路起了指导作用，也是建立全球国际政治伦理与国际秩序的指导原则，只有不同意识形态、政治制度的国家在冲突中实现融合，共建和谐世界，才能促进人类发展进步和世界繁荣。

人类命运共同体。无论是和平共处、合作共赢、和谐世界，都是中国传统和合思想传承的结果，同时在继承的基础上也有创新。人类命运共同体是

---

① 中共中央文献研究室.改革开放三十年重要文献选编（下册）[M].北京：中央文献出版社，2008：1737.
② 中共中央文献研究室.改革开放三十年重要文献选编（下册）[M].北京：中央文献出版社，2008：1737.
③ 唐诗.中国和平外交政策演进历程及基本经验研究[D].东北师范大学，2019：157-158.
④ 疏东红.习近平对毛泽东国际战略思想的发展与创新[D].安庆师范大学，2020：6.

第八章 尚"和合"传统思想与和平友好外交政策

中国传统和合思想在当代的理念创新,彰显了旺盛的生命力。是以习近平为领导核心的党中央,从国情出发,紧跟国际形势变化所提出的伟大理论。人类命运共同体是和谐世界理念的更深层次的阐述。

习近平总书记继任以来,重视外交,亲自指导和推进中国外交工作。习近平总书记立足新时代,在原有的基础上进行创新,构建了习近平新时代中国特色社会主义外交思想,对中国,乃至世界都产生了不可估量的影响。其主要外交思想内容可以概括为:第一,坚定不移走和平发展的道路;第二,打造人类命运共同体;第三,构建新型国际关系;第四,推进"一带一路"建设。习近平总书记在讲话中指出:"中国从一个积贫积弱的国家发展成为世界第二大经济体,靠的不是对外军事扩张和殖民掠夺,而是人民勤劳、维护和平。中国将始终不渝走和平发展道路。无论中国发展到哪一步,中国永不称霸、永不扩张、永不谋求势力范围。历史已经并将继续证明这一点"。随着和平发展方针的持续实施,我国坚持走和平发展道路,求同存异,力求实现合作共赢。在习近平总书记的带领下,中国现代化建设不断加强,综合国力持续上升,中国的"一带一路"建设更是惠及了周边许多国家,为经济全球化的发展做出了贡献。维护和平、持续发展是中国对世界的承诺,我们的领导人身体力行聚精会神地兑现该承诺。中国是个热爱和平的国家,泱泱大国,礼仪之邦,自古以来便是如此,不容置喙。

2012年党的十八大召开,习近平总书记在会议上首次提出构建人类命运共同体的理念,而后具体阐述了人类命运共同体的五大内涵。这五大内涵囊括了"天下为公"的大国情怀,"和而不同"的文化发展观,"天人合一"的生态文明智慧,"和衷共济"的大国意识,"协和万邦"的睦邻智慧。这些都能从习近平总书记的讲话中体现,如在出席"共商共筑人类命运共同体"高级别会议发表的主旨演讲:"我们应该遵循天人合一、道法自然的理念,寻求永续发展之路"。在今日,我们坚信、秉持以及践行"生态兴则文明兴"的观点,与自然和谐共生是我们必须要做到的。我们共同生活在地球村上,每个人、每个国家都必须行动起来,人类命运共同体的提出和落实,就是传统的中国智慧在新时代大放光彩的证据。

习近平的外交思想,在继承前几位领导人的基础上,进行了创新发展。

但有一点始终不变,我们国家走的是和平崛起的道路,我们不与霸权为伍,也不做霸权;中国人自古是倡导和平的,直至当下,作为世界上的第二经济大国,我们积极响应和平与发展的时代主题,走合作共赢的道路。我们的最高目标是实现共产主义,"中国共产党是为中国人民谋幸福的政党,也是为人类进步事业奋斗的政党。"

从新民主主义革命,到社会主义建设,再到"两个一百年"中国梦的实践,中共一贯坚持的指导思想便是中庸之道,即求大同存小异。中国共产党尊重每一个不同的宝贵意见,但始终保证以最广大群众最根本利益为目标,历史证明,这是一条成功的经验。外交是内政的扩展,传统和合思想的价值不仅发挥在内政上,在世界这个大舞台上,世界政治文明的进程上,中国贡献出了中华和谐文化。为人民谋幸福,推进人类事业的进步,必走这和平之路。

(二) 和合思想在当今外交政策上的运用

面对多元的、多样化、瞬息万变的国际大环境,我国在坚决维护本国利益、民族利益和人民的利益的基础上,尊重他国的立场上,发展本国的同时也帮助他国发展,提出积极有益的外交政策。今日,我们依旧可以从许多政策中看到和合的理念。

在政治方面,中国不嘲笑、不抹黑他国,这是中国同西方部分国家的差别所在。新疆棉花事件就是最好的体现。西方多家品牌抵制中国棉花,称中国不尊重人权,借人权、价值观、意识形态制造舆论攻击。扭曲事实,制造谣言,是中国所不齿也不屑做的事情。在面对不同国家社会制度之间,我国以"履不必同,期于适足;治不必同,期于利民"的态度面对,推动构建新型国际秩序,以互相尊重作为交往原则,深刻体现了"和而不同"的外交理念。习近平总书记多次指出:"要促进不同文明不同发展模式交流对话,在竞争比较中取长补短,在交流互鉴中共同发展","要把'和''合'的传统理念付诸彼此相处之道"。这是中国的外交风度,也是大国风范。

中国作为世界和平的维护者,提出构建人类命运共同体,并将理论转变到行动上。大力推动"一带一路"是构建人类命运共同体的伟大实践。中国秉承"共商共建共享"的原则推动共建"一带一路"。我们所倡议的"一带一路"是开放包容的经济合作,是为了迎接共创共享的新时代,是为了形成和平与发展的新形态。以尊重各国文化为前提,以带动经济为主要目标,让和平发展成为最高标准。简而言之,"一带一路"是一条和谐之路。于世界而言,这是一项新鲜事物,虽然要将它真正地由理念向实践发展的过程会受到来自各方的质疑和障碍,但这条和谐之路不会就此封闭,新事物的发展与成熟需要长时间的斗争换来全新的样子。我们愿意用时间证明,"一带一路"的开展,是正确的选择,我国坚持推崇合作共赢,"一带一路"充分尊重各国自主选择的权利,并且愿意在力所能及的范围内承担更多的义务和责任,强有力地证明了中国不存在强权政治,更不会以强欺弱,社会主义核心价值观表明中国一直以和平发展、共享双赢处世。"一带一路"的发展不但促进各国的发展,而且符合全球化趋势,其尊重各国参与权的决定,欢迎各国提出建设性建议,更充分体现了我国的大国风姿,也充分彰显了中华传统的"尚和合,求大同"文化理念。

全球生态问题的治理,也是构建人类命运共同体的重要组成部分。绿水青山就是金山银山,大自然的馈赠就是我们最宝贵的财富;与自然和谐共处,尊重自然的发展是不可被打破的原则。不少环境失衡案例给我们惨痛的教训:人为地干预自然的发展会造成生态的失衡,如马尔温岛的猫灾、夏威夷的蜗牛灾、华盛顿州的金鱼灾……还有为了发展经济大力发展污染企业、不重视污染的处理转化,在得到大自然的反馈后,我们深刻地知道造成了怎样的无法挽救的局面,才更清醒地认识到"和"的重要、"和"的必要。古人以他们的认知和理解提出了"天人合一",人与自然是不可分割的,是相互依存的,追求的是一种人与自然万物和谐共生的状态,更蕴含了人们要敬畏自然、尊重自然、顺应自然、保护自然的价值观;我们应该挖掘"天人合一"观点的价值,来充实和丰富我国的生态文化。在当今,我们正在走向中国特色社会主义生态文明的新时代,不断强调环境保护,强调走绿色的、可持续的发展道路;回望十八大以来,我国在生态文明建设中已然取得一系列的成就;在当今,我们大声呼吁、倡导在世界范围内,每个国家、每个人都树立"天人合一"的绿色生态理念。

无论是实现"五位一体"抑或是推动构建人类命运共同体,都必须做到人与自然协调发展、和谐共生。"天人合一"的观点符合客观规律和历史发展潮流,这一传统的中国智慧无疑为全球生态治理提供了新方法。

中国梦的实现同样是以和合文化为理论支撑。中国梦是谋复兴的伟大蓝图,是社会和谐稳定、百姓安居乐业的美好憧憬。作为大国,我们更有兼济天下的责任感,也将带领世界人民共同踏入美好幸福的新生活,这是我们所勾画的世界梦。我们深知人类是休戚与共、风雨同舟的命运共同体,没有谁能独善其身,都须"兼济天下"。我们恪守"己所不欲勿施于人"的原则,贯彻"四海之内皆兄弟"的处世之道;我们以"各美其美,美人之美,美美与共,天下大同"为箴言,推动建设人类命运共同体。这是我们的大国责任感,也是我们世代相传的爱和、尚和的价值观所驱动的。全球190多个国家,70多亿人口,对如何增加各国人民的福祉,我们发出"中国声音",用"中国智慧",给出"中国答案"。

面对全球化的困境和挑战,我们必将展现大国担当、世界胸怀,以和合理念贯穿外交思想和政策,以其为价值支撑,严以律己,不忘和平与发展的时代主题。我们将与世界各国,共创繁荣美好的地球家园。

从和平共处、合作共赢、和谐世界到人类命运共同体,这些外交理念以及外交政策,是传统和合思想在当代外交上的体现。毋庸置疑,尚和合的传统思想与我国实行的睦邻友好的外交政策有着密不可分的关系。尚和合的传统思想是睦邻友好外交政策实行的理论溯源也是理论支撑,睦邻友好外交政策是尚和合传统思想的具体体现。在继承中国传统和合思想的同时,对它进行了创新,人类命运共同体是对和合思想的超越,为传统和合思想注入新的活力。

(三)和合思想的未来发展

和合思想是优秀的中华传统文化,体现着中国式的处世哲学,是我们所骄傲的"中国智慧",它所提倡的大同,和谐共生,必然受到以美国为首的利己主义和强权政治的抵制。它的发展道路必然是曲折的,必然需要我们的不断努力,向世界宣扬我们的优秀文化。我们必须不忘初心,牢记使命,坚定大国担当,不畏强权。面对出现逆全球化现象,如贸易战,以牺牲他国利益且会"自毁长城"的做法无疑是饮鸩止渴,得不偿失。贸易战没有赢家,但被迫应战时我们不会退缩,我们坚守底线原则,坚定不移地推动改革开放,坚定不移地发展自己,也将坚定不移地推动构建人类命运共同体。以一己之力助推世界和平与发展的大潮。

除了可能遭受的外部的挑战,文化自身也是不可忽略的因素。和合思想作为一种优秀传统文化,它的发展,不会是一成不变,也不是止步不前。世界是变化发展的,文化也是,必然跟随时代的变化而发展,顺应时代发展的潮流。和合文化中所具有的哲学价值,也必须结合历史的发展和时代的特征,立足我国国情,选择恰当适宜的,不是一味照搬照抄,不是无原则地贯彻其理念。必须坚守底线利益,在共产党的领导下、指挥下,才能发挥它的巨大作用。

时代的发展对国民的素质有了更高的要求,"以和为美"是我们民族的价值取向,"以和为贵"是我们的民族意识,是中国人有责任感有担当的体现。在国民教育方面,大力推进和合文化进校园、进社会的活动。在教学过程和课外活动中,借隐性课程如班风、校风、文化长廊等,渗透和合文化,让"和"贯彻教育、生活的方方面面。在教学过程中,强调教师和学生之间的和谐互动,树立正确的师生关系,师生共同成长;在学校生活中,促进学生与学生之间的友好协作,团结统一;让"校园霸凌"等恶劣现象彻底消失。在社会生活中,和合文化的宣传力度和倡导不可降低,社会活动中不以奖励或个人利益为噱头;活动的意义在于促进社会和谐,提高社会稳定程度,提升国民素质。在当下,医患矛盾和"家校"矛盾层出不穷,这些矛盾焦点的化解,需要人们主观上和行动上的改变。我们所要达到的就是"和美"的局面,我们所追求的、所珍惜的就是和谐的人际关系、社会环境和生态环境。和谐,是发展的首要前提条件,也是发展的根本目的。构建社会主义和谐社会是贯穿中国特色社会主义事业全过程的长期历史任务。以和为贵不是简单的四个字,我们每个人都必须付出努力。未来,社会将会唱响和谐美好之声。

中华民族优秀文化一直是中华人民的骄傲,社会主义先进文化的发展,中国特色社会主义核心价值观的建设,无一不促进着新一代年轻人积极进取,传承和弘扬中华优秀传统文化。新时代背景下,对于年青一代,更应该自觉做到热爱本国文化,增强文化自信力,以传承优秀中华文化为己任,让它蓬勃发展成为我们中华民族的骄傲。现今，国与国之间的比较不仅仅是经济科技方面，文化"软实力"更是在和平发展的大潮下，各国进行无声的对比。增强文化软实力，使本国国民拥有更强烈的文化自信力，让中国优秀文化得以延续，走出国门，走向世界，获得世界人民的认可和尊重，使其在世界文化中占有一席之地，成为璀璨新星，绽放属于自己的光彩。

总之，从和合的溯源发展，到和合思想的具体内涵，阐述了和合思想的价值所在。又从古代到现代的外交政策、外交理念，证明和合思想对中国外交史的重大意义，从而论述尚和合传统思想与睦邻友好外交政策有着不可分割的关系。走和平发展的道路，是当今时代发展潮流所决定的，也是中国特色社会主义社会所决定的，更是中国传统和合文化决定的。新中国外交根植于中国传统和合思想，有强大的生命力，有着浓厚的中国智慧，同时也是世界人民的心之所向，构建人类命运共同体，推动世界和谐、繁荣发展。

在未来，和合思想也将继续经历时间打磨和历史的沉淀，发挥自身在推动个人、社会、国家乃至世界发展中的积极价值。在未来，我们必将用"中国智慧"，开创习近平新时代中国特色大国外交新局面。

参考文献

著作类

[1] 左丘明. 左传 [M]. 长沙：岳麓书社，1988.

[2] 高诱. 吕氏春秋 [M]. 上海：上海书店，1986.

[3] 王先慎. 韩非子集解 [M]. 北京：中华书局，1998.

[4] 黎翔凤. 管子校注 [M]. 北京：中华书局，2004.

[5] 刘昫. 旧唐书·志 [M]. 北京：中华书局，1975.

[6] 王夫之. 读通鉴论三 [M]. 北京：中华书局，2013.

[7] 陈亮. 陈亮集 [M]. 北京：中华书局，1987.

[8] 孟森. 明清史讲义：上册 [M]. 北京：商务印书馆，2011.

[9] 叶辉，郭培贵. 明史 [M]. 北京：中华书局，2009.

[10] 马克思，恩格斯. 马克思恩格斯选集：第3卷 [M]. 北京：人民出版社，2012.

[11] 列宁. 列宁全集：第41卷 [M]. 北京：人民出版社，2017.

[12] 中央纪委宣教室. 中国行政监察简论 [M]. 中国方正出版社，2002.

[13] 全国人大常委会办公厅. 中华人民共和国监察法 [M]. 中国方正出版社，2018.

[14] 习近平关于党风廉政建设和反腐败斗争论述摘编 [M]. 北京：中央文献出版社，2015.

[15] 中共中央文献研究室. 邓小平文选：第3卷 [M]. 北京：人民出版社，1993.

[16] 中共中央文献研究室. 十八大以来重要文献选编（上）[M]. 北京：中央文献出版社, 2014.

[17] 梅膺祚, 吴任臣. 字汇[M]. 上海：上海辞书出版社, 1991.

[18] 许慎. 说文解字[M]. 北京：中华书局, 2008.

[19] 顾野王. 宋本玉篇[M]. 北京：北京市中国书店, 1983.

[20] 朱骏声. 说文通训定声[M]. 北京：中华书局, 1984.

[21] 魏徵. 群书治要（全本）：卷四十七·政要论[M]. 北京：北京理工大学出版社, 2013.

[22] 陈立. 白虎通疏证[M]. 北京：中华书局, 1994.

[23] 王符. 潜夫论[M]. 上海：上海古籍出版社, 1978.

[24] 王元慎. 韩非子集解[M]. 北京：中华书局, 2013.

[25] 刘昫. 旧唐书[M]. 北京：中华书局, 2002.

[26] 司马光. 资治通鉴[M]. 北京：中华书局, 1956.

[27] 王夫之. 读通鉴论[M]. 北京：中华书局, 1975.

[28] 班固. 汉书·王嘉传：卷（86）[M]. 北京：中华书局, 1962.

[29] 世舜, 王翠叶. 尚书·洪范[M]. 北京：中华书局, 2012.

[30] 中国共产党中央统战部研究室. 历次全国统战工作会议概况和文献[M]. 北京：档案出版社, 1988.

[31] 毛泽东. 毛泽东选集：第5卷[M]. 北京：人民出版社, 1997.

[32] 周恩来. 周恩来统一战线文选[M]. 北京：人民出版社, 1984.

[33] 吴毓江. 墨子校注：墨子·节葬下[M]. 北京：中华书局, 1993.

[34] 陈戍国. 礼记校注[M]. 长沙：岳麓书社, 2004.

[35] 杨伯峻. 孟子译注[M]. 北京：中华书局, 1960.

[36] 杨东莼. 中国学术史讲话[M]. 北京：东方出版社, 1996.

[37] 朱熹. 四书章句集注[M]. 北京：中华书局, 1983.

[38] 马克思, 恩格斯. 马克思恩格斯选集：第3卷[M]. 北京：人民出版社, 1995.

[39] 马克思, 恩格斯. 马克思恩格斯全集：第4卷[M]. 北京：人民出版社, 1965.

[40] 列宁. 列宁选集：第3卷 [M]. 北京：人民出版社，1995.

[41] 列宁. 列宁全集：第36卷 [M]. 北京：人民出版社，1985.

[42] 中共中央文献研究室. 毛泽东文集：第1卷 [M]. 北京：人民出版社，1993.

[43] 中共中央文献编辑委员会. 邓小平文选：第3卷 [M]. 北京：人民出版社，1994.

[44] 中共中央文献研究室. 江泽民论有中国特色的社会主义（专题摘编）[M]. 北京：中央文献出版社，2002.

[45] 中共中央文献研究室. 毛泽东文集：第7卷 [M]. 北京：人民出版社，1999.

[46] 中共中央文献研究室. 周恩来选集：下卷 [M]. 北京：人民出版社，1984.

[47] 汪东林. 梁漱溟与毛泽东 [M]. 长春：吉林人民出版社，1989.

[48] 朱根友. 从人道主义角度看儒家仁学与自由主义对话的可能性 [M]. 北京：三联书店，2001.

[49] 习近平. 出席第三届核安全峰会并访问欧洲四国和联合国教科文组织总部、欧盟总部时的演讲 [M]. 北京：人民出版社，2014.

[50] 康有为. 康有为全集 [M]. 北京：中国人民大学出版社，2007.

[51] 中国社会科学近代史研究所. 孙中山全集：第9卷 [M]. 中华书局，2006.

[52] 孙中山. 孙中山选集：下卷 [M]. 北京：人民出版社，1956.

[53] 孙中山. 孙中山选集：第九卷 [M]. 北京：中华书局，1986.

[54] 吴兢. 贞观政要集校 [M]. 北京：中华书局，2003.

[55] 范晔. 后汉书 [M]. 北京：中华书局，1965.

[56] 张廷玉. 明史 [M]. 北京：中华书局，1974.

[57] 宋濂. 元史 [M]. 北京：中华书局，1976.

[58] 朱彬. 礼记训纂 [M]. 北京：中华书局，1996.

[59] 王钟翰. 清史列传 [M]. 北京：中华书局，1987.

[60] 钱仪吉. 碑传集 [M]. 台北：文海出版社，1966.

[61] 永瑢,等.四库全书：世宗宪皇帝圣训·卷十九 [M].上海：上海古籍出版社,2003.

[62] 李焘.续资治通鉴长编 [M].北京：中华书局,2004.

[63] 王化雨.面圣：宋代奏对活动研究 [M].上海：三联书店,2019.

[64] 李焘.续资治通鉴长编 [M].北京：中华书局,2004.

[65] 脱脱.宋史 [M].北京：中华书局,1985.

[66] 曾布.曾公遗录：卷七 [M].北京：中华书局,2016.

[67] 宋敏求.唐大诏令 [M].北京：中华书局,1991.

[68] 中国大百科全书总编辑委员会.中国大百科全书 [M].北京：中国大百科全书出版社,2004.

[69] 吴泽炎,等.辞源 [M].上海：商务印书馆,1931.

[70] 辞海编辑委员会.辞海 [M].上海：上海辞书出版社,1979.

[71] 毛泽东.毛泽东选集：第3卷 [M].北京：人民出版社,1952.

[72] 毛泽东.毛泽东选集：第1卷 [M].北京：人民出版社,1991.

[73] 马克思,恩格斯.马克思恩格斯选集：第1卷 [M].北京：人民出版社,1995.

[74] 中共中央文献研究室.十六大以来重要文献选编（中）[G].北京：中央文献出版社,2006.

[75] 邓小平文选：第2卷 [M].北京：人民出版社,1994.

[76] 江泽民.论党的建设 [M].北京：中央文献出版社,2001.

[77] 慕平.尚书 [M].北京：中华书局,2009.

[78] 左丘明.左传 [M].上海：上海古籍出版社,2016.

[79] 李山,等.管子：牧民 [M].北京：中华书局,2009.

[80] 吴毓江.墨子校注：非乐上 [M].北京：中华书局,2006.

[81] 班固.汉书 [M].北京：中华书局,1962.

[82] 毛泽东.毛泽东选集：第3卷 [M].北京：人民出版社,1991.

[83] 安小兰.荀子：王制篇 [M].北京：中华书局,2007.

[84] 冯达甫.老子译注：第四十九章 [M].上海：上海古籍出版社,1991.

[85] 毛泽东. 毛泽东选集：第4卷 [M]. 北京：人民出版社, 1991.

[86] 中共中央文献研究室. 毛泽东著作专题摘编（下）[M]. 北京：人民出版社, 2003.

[87] 中共中央文献研究室. 十八大以来重要文献选编（上）[M]. 北京：中央文献出版社, 2014.

[88] 杨伯峻. 论语注释 [M]. 北京：中华书局, 1980.

[89] 李山, 等. 管子 [M]. 北京：中华书局, 2009.

[90] 黎翔凤. 管子校注 [M]. 北京：中华书局, 2004.

[91] 杨伯峻. 孟子译注：滕文公上 [M]. 北京：中华书局, 1960.

[92] 苏舆. 春秋繁露义证·度制 [M]. 北京：中华书局, 1992.

[93] 班固. 汉书 [M]. 北京：中华书局, 1962.

[94] 王利器. 盐铁论校注：贫富 [M]. 北京：中华书局, 1992.

[95] 陈寿. 三国志魏书：卷1武帝纪 [M]. 北京：中华书局, 1974.

[96] 萧涤非. 杜甫诗选注 [M]. 北京：人民文学出版社, 1998.

[97] 司马光. 资治通鉴：卷二百一十二·唐纪二十八 [M]. 北京：中华书局, 2011.

[98] 董诰. 全唐文 [M]. 北京：中华书局, 1975.

[99] 张泽咸. 唐代阶级结构研究 [M]. 郑州：中州古籍出版社, 1996.

[100] 脱脱, 等. 宋史 [M]. 北京：中华书局, 1977.

[101] 张廷玉. 明史 [M]. 北京：中华书局, 1974.

[102] 张磊. 中国扶贫开发历程 [M]. 北京：中国财政经济出版社, 2007.

[103] 国家统计局. 中国农村贫困监测报告（1978）[M]. 北京：中国统计出版社, 1978.

[104] 张磊. 中国扶贫开发历程 [M]. 北京：中国财政经济出版社, 2007.

[105] 张磊. 中国扶贫开发政策演变（1949—2005）[M]. 北京：中国财政经济出版社, 2007.

[106] 中共中央文献研究室. 新中国成立以来重要文献选编：第4册

[M］．北京：中央文献出版社，2011．

［107］中共中央文献研究室．毛泽东年谱：第2卷［M］．北京：中央文献出版社，2013．

［108］陈戌国．礼记校注［M］．长沙：岳麓书社，2004．

［109］中共中央文献研究室．邓小平年谱（1904—1974）（下）［M］．北京：中央文献出版社，2004．

［110］中共中央文献研究室．邓小平年谱（1975—1997）（上）［M］．北京：中央文献出版社，2004．

［111］李山，等．管子：侈靡［M］．北京：中华书局，2009年．

［112］邓小平．邓小平文选：第3卷［M］．北京：人民出版社，1993．

［113］胡希宁，等．前沿经济学理论要略［M］．北京：研究出版社，2009．

［114］李山，等．管子：揆度［M］．北京：中华书局，2009．

［115］中共中央文献研究室．新中国成立以来重要文献选编：第7册［M］．北京：中央文献出版社，1993．

［116］毛泽东．毛泽东文集：第6卷［M］．北京：人民出版社，1999．

［117］张舜徽．周秦道论发微［M］．北京：中华书局，1982．

［118］中共中央文献研究室编．习近平谈治国理政：第一卷［M］．北京：外文出版社，2017．

［119］杨伯峻．论语译注［M］．北京：中华书局，2006．

［120］张载．张载集［M］．北京：中华书局，1978．

［121］程颢，程颐．二程集［M］．北京：中华书局，1981．

［122］朱熹．朱子全书：第2册［M］．上海：上海古籍出版社，2002．

［123］白居易．白氏长庆集：太行路［M］．长春：吉林出版集团股份有限公司，2005．

［124］李侃，等．中国近代史［M］．北京：中华书局，1994．

［125］鲁迅．鲁迅全集：第一卷［M］．北京：人民文学出版社，1981．

［126］鲁迅．鲁迅全集：第三卷［M］．北京：人民文学出版社，1981．

［127］毛泽东．毛泽东选集：第一卷［M］．北京：人民出版社，1966．

[128] 鲁迅. 鲁迅全集：第六卷 [M]. 北京：人民文学出版社，1981.

[129] 李侃，等. 中国近代史 [M]. 北京：中华书局，1994.

[130] 马克思，恩格斯. 马克思恩格斯文集：第3卷 [M]. 北京：人民出版社，2009.

[131] 列宁. 列宁全集：第38卷 [M]. 北京：人民出版社，2017.

[132] 毛泽东. 毛泽东文集：第5卷 [M]. 北京：人民出版社，1996.

[133] 中共中央文献研究室. 三中全会以来重要文献选编（上）[M]. 北京：人民出版社，2011.

[134] 中共中央文献编辑委员会. 江泽民文选：第三卷 [M]. 北京：人民出版社，2006.

[135] 中共中央文献研究室. 十八大以来重要文献选编（下）[M]. 北京：中央文献出版社，2018.

[136] 杨伯峻. 论语译注：学而篇 [M]. 北京：中华书局，2006.

[137] 左丘明. 国语·郑语：卷十六 [M]. 上海：上海古籍出版社，1989.

[138] 杨伯峻. 孟子译注 [M]. 北京：中华书局，2006.

[139] 上海古籍出版社. 二十二子 [M]. 上海：上海古籍出版社，1986.

[140] 冯达甫. 老子译注 [M]. 上海：上海古籍出版社，1991.

[141] 杨柳桥. 庄子译注 [M]. 上海：上海古籍出版社，2012.

[142] 吴毓江. 墨子校注 [M]. 北京：中华书局，2006.

[143] 郭沫若，等. 管子集校 [M]. 北京：科学出版社，1956.

[144] 张立文. 和合学概论 [M]. 北京：中国人民大学出版社，2006.

[145] 中共中央文献研究室. 改革开放三十年重要文献选编：下册 [M]. 北京：中央文献出版社，2008.

[146] 中国科学院资料编译组. 外国资产阶级是怎样看待中国历史的 [M]. 北京：商务印书馆，1961.

[147] 习近平. 决胜全面建成小康社会夺取新时代中国特色社会主义伟大胜利——在中国共产党第十九次全国代表大会上的报告 [M]. 北京：人民

出版社，2017.

杂志类

[1] 王雪玲．论唐代的封驳制度［J］．史学月刊，2005（9）．

[2] 卢兴，吴倩．中国古代政治协商传统的思想内涵与基本特征［J］．天津社会科学，2015（5）．

[3] 司季勤，张国安．吸收古代政治协商精华建设中国特色协商民主［J］．贵州大学学报（社会科学版），2013（1）．

[4] 俞荣新．十六字方针的历史由来［J］．红岩春秋，2021（3）．

[5] 孙铁民．"治国必先治党，治党务必从严"是推进党的建设新的伟大工程的重要保障——学习江泽民同志有关"从严治党"的论述［J］．中国共产党杭州市委党校学报，2002（6）．

[6] 宋俭．关于无党派人士及其政治参与的若干思考［J］．重庆社会主义学院学报，2012（1）．

[7] 袁驷．无党派人士的群体特征与作用［J］．中国统一战线，2014（1）．

[8] 冯颖红．关于无党派人士群体作用的思考［J］．中央社会主义学院学报，2020（3）．

[9] 李成林．中国特色多党合作与政治协商制度建设：历史必然与当代启示［J］．中国共产党青岛市委党校，2019（2）．

[10] 袁廷华．论政治协商的政治功能、民主价值及完善途径［J］．中央社会主义学院学报，2006（5）．

[11] 周晔．中国古代谏议制的现代启示［J］．江南学院学报，2001（1）．

[12] 廖清成，罗家为．中国协商民主的文化渊源、制度创新与逻辑进路［J］．江西社会科学，2021（2）．

[13] 唐震．改革开放以来的村民自治实践及启示［J］．中共云南省委党校学报，2008（3）．

[14] 颜艳．建国60年来农村基层民主自治实践及启示［J］．西安社会

科学，2010（1）.

[15] 王久高. 改革开放以来我国城市社区民主自治建设的历史考察 [J]. 中国特色社会主义研究，2009（1）.

[16] 朱佳木. 陈云与中国工业化起步过程中若干基本问题的解决 [J]. 当代中国史研究，1995（3）.

[17] 零月莹. 从"举牌哥"浅谈中国民主进程 [J]. 传承，2012（8）.

[18] 潘允康，王光荣. 基层群众组织——民主自治的理性思考 [J]. 社会，2001（8）.

[19] 杨玉凤. 民本思想与建设有中国特色的社会主义民主政治 [J]. 龙岩师专学报，2000（3）.

[20] 王玉贵. 试析1953年梁漱溟受到批判的原因 [J]. 中共青岛市委党校，2014（6）.

[21] 宋开之，葛宽余. 论儒家民主思想的缺失 [J]. 南京理工大学学报（社会科学版），2011（2）.

[22] 陈贻汉. 试析中国历代富民思想 [J]. 财会月刊，2000（2）.

[23] 刘雪河，涂筱辉. 墨子富民思想初探 [J]. 广州大学学报（社会科学版），2003（6）.

[24] 何芳. 墨子"民本"平等思想的现代审思 [J]. 枣庄学院学报，2009（1）.

[25] 王保国. 老庄民本思想发微 [J]. 甘肃社会科学，2006（4）.

[26] 肖飞. 孙中山民本思想探析 [J]. 山东社会科学，2012（7）.

[27] 卢玲. 孙中山三民主义思想探析 [J]. 人民论坛，2013（8）.

[28] 周溯源，翟金懿. 论孙中山的民生观及其当代意义 [J]. 广东社会科学，2015（3）.

[29] 刘彤，张等文. 论中国共产党民本思想对传统民本思想的传承与超越 [J]. 马克思主义研究，2012（12）.

[30] 王德礼. "一条鞭法"与农村税费改革 [J]. 经济研究参考，2003（64）.

[31] 宋国春. "以阶级斗争为纲"到"以人为本"——从社会进步看党的工作重心的转移 [J]. 成都教育学院学报, 2005 (7).

[32] 杨近平. "无产阶级专政下继续革命理论"对马克思主义的背离 [J]. 中国延安干部学院学报, 2019 (1).

[33] 林祖华. 新中国 70 年我们党解决民生问题的成功经验 [J]. 群众, 2019 (19).

[34] 杨秋菊, 刘大勇. 几代中央领导集体执政理念中的"民本"价值诉求 [J]. 黑龙江教育学院学报, 2007 (8).

[35] 李合敏. 论邓小平对马克思主义关于发展生产力思想的丰富和发展 [J]. 成都教育学院学报, 2000 (8).

[36] 刘彤. 论中国共产党民本思想对传统民本思想的传承与超越 [J]. 马克思主义研究, 2012 (12).

[37] 宁骚. 中国公共政策为什么成功?——基于中国经验的政策过程模型构建与阐释 [J]. 新视野, 2012 (1).

[38] 李秋蒙, 王浩. 中国贫富差距问题分析 [J]. 学理论, 2018 (11).

[39] 王岩. 新时代我国精神文明建设的基本理路研究 [J]. 道德与文明, 2017 (6).

[40] 约瑟夫·奈. 中国与软实力 [J]. 南非国际问题研究, 2012 (2).

[41] 唐建兵. "和合"思想与中国古代外交探微 [J]. 淮北煤炭师范学院学报 (哲学社会科学版), 2008 (4).

[42] 李埏. 试论中国古代农村公社的延续和解体 [J]. 思想战线, 1979 (3).

[43] 岳希明, 李实, 史泰丽. 垄断行业高收入问题探讨 [J]. 中国社会科学, 2010 (3).

[44] 崔明德. 中国古代民族关系研究二题 [J]. 中央民族大学学报 (社会科学版), 1995 (2).

[45] 王晓燕. 新时期下对毛泽东外交思想的重新思考 [J]. 知识经济,

2009（1）．

　　［46］钟鸿业．孔孟的仁政思想与现代民主政治［J］．国学论衡，1998（10）．